Os Direitos Humanos como Tema Global

Coleção Estudos
Dirigida por J. Guinsburg

Equipe de realização – Revisão: Kiel Pimenta e Sílvia Cristina Dotta; Sobrecapa: Sergio Kon; Produção: Ricardo Neves, Sergio Kon e Lia Marques.

José Augusto Lindgren Alves

OS DIREITOS HUMANOS COMO TEMA GLOBAL

PERSPECTIVA

Dados Internacionais de Catalogação na Publicação (CIP)
(Câmara Brasileira do Livro, SP, Brasil)

Alves, José Augusto Lindgren
    Os direitos humanos como tema global / José Augusto Lindgren Alves — São Paulo: Perspectiva, 2015. — (Estudos; 144 / dirigida por J. Guinsburg)

3 reimpr. da 2. ed. de 2003
ISBN 978-85-273-0067-4

1. Direitos humanos 2. Direitos humanos (Direito internacional) I. Título. II. Série.

94-4024   CDD-342.7 (100)

Índices para catálogo sistemático:
1. Direitos humanos : Direito público internacional   342.7 (100)

2ª edição – 3ª reimpressão

Direitos reservados à
EDITORA PERSPECTIVA S.A.

Av. Brigadeiro Luís Antônio, 3025
01401-000 São Paulo SP Brasil
Telefax: (011) 3885-8388
www.editoraperspectiva.com.br

2015

*Para Juliana,
minha filha*

Sumário

PARA A NOVA EDIÇÃO XI
APRESENTAÇÃO – *Antônio Augusto Cançado Trindade* XXV
PREFÁCIO – *Celso Lafer* XXXIII
INTRODUÇÃO LI

1. OS DIREITOS HUMANOS COMO TEMA GLOBAL 1
   1.1. A Questão da Universalidade 4
   1.2. Soberania e Interesses 5
   1.3. "Abstencionismo" x "Intervencionismo" 6
   1.4. Os Mecanismos de Controle 8
      1.4.1. O Controle Confidencial de Situações 8
      1.4.2. O Controle Ostensivo de Situações 11
      1.4.3. O Controle Temático 16
   1.5. Rumo à Tutela Internacional? 20

2. O SIGNIFICADO POLÍTICO DA CONFERÊNCIA DE VIENA SOBRE DIREITOS HUMANOS 23

3. SOBERANIA E DIREITOS HUMANOS 37

4. O SISTEMA INTERNACIONAL DE PROTEÇÃO DOS DIREITOS HUMANOS E O BRASIL 41
   4.1. O Quadro Normativo 45
      4.1.1. A Declaração Universal 45
      4.1.2. Os Pactos 48

OS DIREITOS HUMANOS COMO TEMA GLOBAL

    4.1.3. As Grandes Convenções 54
        4.1.3.1. *A Convenção contra a Discriminação Racial* 54
        4.1.3.2. *A Convenção sobre os Direitos da Mulher* 56
        4.1.3.3. *A Convenção contra a Tortura* 58
        4.1.3.4. *A Convenção sobre os Direitos da Criança* ... 59
        4.1.3.5. *Outros Documentos Relevantes* 61
    4.2. O Controle de Violações 61
        4.2.1. O Procedimento Confidencial 63
        4.2.2. Os Relatores Especiais para Países 64
        4.2.3. Os Relatores Temáticos 66
    4.3. Controle e Tutela 68
    4.4. A Política Brasileira de Direitos Humanos 71

5. AS NATUREZAS DISTINTAS DO SISTEMA UNIVERSAL E DOS SISTEMAS REGIONAIS 73
    5.1. O Sistema da ONU 73
    5.2. O Sistema Europeu 75
    5.3. O Sistema Interamericano 77
    5.4. Considerações Finais 83

6. O BRASIL E A COMISSÃO DOS DIREITOS HUMANOS DA ONU 87

7. A FALÁCIA DAS "PRESTAÇÕES NEGATIVAS" 103

8. OS DIREITOS HUMANOS NO MUNDO "PÓS-VIENA" 119
    8.1. As Recomendações de Viena 122
        8.1.1. O Alto Comissário e as Situações de Conflito .. 122
        8.1.2. A Questão do Terrorismo 128
        8.1.3. Os Direitos da Mulher 130
        8.1.4. O Direito ao Desenvolvimento 132
    8.2. Os Avanços Conceituais 135
        8.2.1. A Legitimidade da Preocupação Internacional .. 136
        8.2.2. A Interdependência entre Democracia, Desenvolvimento e Direitos Humanos 137
        8.2.3. A Universalidade dos Direitos Humanos 138
    8.3. Conclusão 144

APÊNDICE – DECLARAÇÃO E PROGRAMA DE AÇÃO DE VIENA 149

A ATUALIDADE DA DECLARAÇÃO DOS DIREITOS HUMANOS 187

BIBLIOGRAFIA 195

Para a Nova Edição

Ao receber da Editora Perspectiva, com alegria, em janeiro de 2003, notícia de sua intenção de reeditar *Os Direitos Humanos Como Tema Global*, indagando-me se eu desejaria fazer alguma modificação, senti imediatamente que, com exceção de minúsculas correções, mais lógico seria manter o texto original, explicitando alguns fatos aqui. Pretender atualizar um texto escrito há dez anos, cujo objeto evolui constantemente, não apenas por violações contínuas e renovadas, mas também pela adição incessante de instrumentos normativos e mecanismos de monitoramento, é aspiração ambiciosa, a requerer dois ingredientes de que não disponho agora: conhecimento direto decorrente de experiência pessoal e possibilidade de dedicação quase exclusiva.

Quando escrevi o "manuscrito" da primeira edição, minhas funções profissionais no Itamaraty, como Chefe da Divisão das Nações Unidas, levavam-me a conviver com o tema global dos direitos humanos diariamente, em Brasília, Genebra (Comissão dos Direitos Humanos da ONU) ou Nova York (Terceira Comissão da Assembléia Geral) – além de, excepcionalmente, Viena, na Conferência Mundial de 1993. Hoje, por mais que ainda mantenha "um pezinho" nessa área, na qualidade de membro, a título pessoal, do

CERD[1], minhas funções profissionais são outras. Ex-Cônsul Geral do Brasil em São Francisco, de 1997 a 2001, e, desde abril de 2002, Embaixador na Bulgária, onde resido atualmente, não mais disponho da vivência, nem, infelizmente, do entusiasmo que tinha na primeira metade dos anos de 1990. Eles foram os principais estímulos que me impulsionaram a procurar divulgar, na terra pátria, sofrida mas esperançosa, o que se vinha fazendo na ONU e na OEA para a promoção e proteção daquilo que parecia ser, desde o fim da Guerra Fria, a mim e a muitos outros, a última – e realizável – utopia.

Para a crença nessa utopia haviam contribuído muitos fatores: o papel dos direitos humanos na luta pela redemocratização do Brasil; a força com que eles se afirmaram na sociedade civil quando da preparação de nossa Constituição "cidadã", nela se refletindo em "cláusula pétrea"; a onda de democracia que parecia irrepresável nos quatro cantos do mundo desde 1989 (malgrado a continuação de guerras e tensões antigas em vários lugares, assim como a eclosão de novos conflitos internos na África, a que se acrescentavam, na Europa, os horrores da "limpeza étnica" e outros fenômenos ameaçadores, de abrangência quase universal, como o recrudescimento do racismo, do fundamentalismo religioso e da violência criminal). Havia contribuído também a revalorização da ONU como foro essencial à busca de soluções para problemas que se revelavam, com a queda das barreiras ideológicas bilaterais, claramente planetários, juntamente com o entendimento, aparentemente predominante, de que, na definição e listagem que lhes dava a Declaração Universal de 1948, reafirmada em múltiplos documentos, os direitos humanos, indivisíveis, interdependentes e interrelacionados, poderiam vir a contar com efetiva transversalidade política. Inspiradora desse entendimento fora a própria Conferência Mundial de Direitos Humanos de 1993, foco das atenções deste livro. As inúmeras divergências que a haviam marcado no processo preparatório e durante sua realização, até quase o último momento, pareciam inviabilizar resultados consensuais sobre os aspectos mais essenciais da matéria. No entanto, a Declaração e Programa de Ação de Viena foi, afinal, adotada por consenso, após árduas negociações, presididas por um brasileiro, que tive a honra de auxiliar[2].

---

1. Sigla inglesa do Comitê para a Eliminação da Discriminação Racial (*Committee on the Elimination of Racial Discrimination*), órgão de supervisão que acompanha a aplicação pelos Estados-partes da Convenção Internacional para a Eliminação de Todas as Formas de Discriminação Racial, de 1965, por ela própria estabelecido no Artigo 8º.
2. Ver infra, p. 26.

De fato, sem pretender adiantar ou, mais precisamente, repetir o que é dito nos capítulos adiante, o documento de Viena logrou superar, no discurso do texto finalmente acordado, os excessos do culturalismo que, num contexto de globalização capitalista irrefreada, logo se substituíram, na década de 1990, à antiga dicotomia bipolar ideológica comunismo *versus* capitalismo como fonte de desentendimentos[3]. Para fazê-lo, a Declaração estabeleceu a fórmula – ambígua como necessário a um documento que se propunha universal e o foi – pela qual os direitos humanos, desprovidos de seu etnocentrismo ocidental antes arraigado, poderiam ser observados e valorizados por todos. Definiu, ao mesmo tempo, consensualmente, como linha mestra desse novo mundo supostamente "desideologizado", o nexo – para mim ainda certamente indissolúvel – entre democracia, desenvolvimento e direitos humanos, aplicável, com adaptações que não cheguem a desvirtuá-lo, a todos os regimes políticos e tradições culturais. Graças a esse nexo (mais do que àquela fórmula), os direitos humanos se tornaram, por certo tempo, item obrigatório (levado a sério) da agenda internacional e, o que fora inesperado, fulcro conceitual, simultaneamente instrumento e meta, de todas as demais conferências sobre temas sociais na década[4].

O passar do tempo comprovou, porém, o abismo, ao que tudo já indicava, crescente, entre esse magnífico discurso e a realidade vivida. Além de a maioria dos problemas persistirem, eles acusam agora evidente tendência ao agravamento diante das perspectivas de nova guerra no golfo que se nos apresentam como inevitável neste início de 2003, com probabilidade de intensificação e alastramento dos atos de terrorismo (já transformados em rotina sangrenta nos territórios palestinos ocupados e no território do Estado de Israel, eles atingiram há pouco até a ilha pacífica, paradisíaca, de Báli, na Indonésia).

Não é correto atribuir responsabilidades exclusivas para a disparidade flagrante entre o discurso e os fatos, na área dos direitos humanos, a um ou a outro grupo de países, a uma ou outra "cultura", a uma ou outra orientação política. Por mais capitalista e ocidental que fossem a origem e o padrão do mercado planetário, todos dele queriam – e querem – usufruir. Era, porém, bastante evidente, desde meados dos anos de 1990, que a situação desses direitos e da "onda de democracia" piorava à medida que a globalização sem

---

3. Daí o sucesso imediato obtido pelo ensaio de Samuel Huntington sobre o conflito de civilizações como novo paradigma das relações internacionais.
4. Sobre esse assunto e para uma análise dessas conferências, v. José Augusto Lindgren Alves, *Relações Internacionais e Temas Sociais: A Década das Conferências*. Brasília, FUNAG/IBRI, 2001.

controles se acentuava. Afinal, nesse mundo "desideologizado", avesso a tudo o que pudesse representar a curto prazo perda de eficiência e competitividade econômica, a mal-disfarçada ideologia do neoliberalismo, travestida de idioma apolítico, "consensual" porque declaradamente inescapável, não podia reconhecer, por seus fundamentos e princípios, a noção de direitos econômicos e sociais. Os próprios direitos liberais "de primeira geração", com os direitos civis distorcidos pela aplicação punitiva concentrada nos pobres e nas minorias, e os direitos políticos transformados em direitos de voto existentes, mas voluntariamente pouco exercidos pelas populações de grandes democracias, desinteressadas porque bem-aquinhoadas (ou amortecidas pela propaganda antiestatal dominante), acabaram-se transformando em arremedos jurídicos, sem real sentido de justiça.

Mas nada disso provocou o arrefecimento ou a relativização da linguagem dos direitos humanos. Nos foros competentes internacionais, o reconhecimento das violações acrescidas levava e ainda leva as delegações, bem-intencionadas ou não, a proporem o estabelecimento de novos mecanismos de monitoramento, muitos dos quais voltados para as causas profundas de violações atuais. Assim, em contraste com os onze mecanismos "temáticos" (Grupos de Trabalho, Relatores Especiais, Representantes do Secretário Geral ou Peritos Independentes) existentes no âmbito da Comissão dos Direitos Humanos das Nações Unidas em 1994[5], em 1999 já existiam vinte e um, sendo os dez mais recentes dedicados aos seguintes "temas": pessoas internamente deslocadas; impacto de conflitos armados sobre crianças; efeitos adversos do movimento ilícito e do despejo de produtos ou restos de produtos tóxicos ou perigosos; direitos humanos dos migrantes; efeitos da dívida externa sobre o exercício dos direitos econômicos, sociais e culturais; direitos humanos e pobreza extrema; o direito à educação; o direito ao desenvolvimento; restituição, compensação e reabilitação das vítimas de graves violações de direitos humanos; políticas de ajuste estrutural[6]. Sua pertinência comprova, como já dizia este livro em 1994, que a Comissão dos Direitos Humanos, com todos os entrechoques dos Estados que a integram, funciona, justamente porque é "politizada"[7]. Menos mobilizadora para "criar

---

5. Ver infra, p. 67.

6. *Report of the United Nations High Commissioner for human rights and follow-up to the World Conference on Human Rights*, documento das Nações Unidas E/CN.4/2000/5, de 9 de agosto de 1999.

7. Ver infra, pp. 84-86.

embaraços" éticos à imagem dos Governos do que em períodos passados, ela ainda é uma espécie de "consciência" das Nações Unidas – por mais inócua que tal consciência se revele diante de violações inerentes ao sistema neoliberal globalizado.

Sem força para abordar com conseqüência real problemas estruturais que levam a violações, a Comissão dos Direitos Humanos prossegue com suas atividades e denúncias, as quais se consubstanciam de forma mais veemente na designação de monitores para países específicos (Relatores Especiais, Representantes da Comissão ou do Secretário Geral da ONU e Peritos Independentes, todos os quais acompanham a situação respectiva, anotam e relatam o que apuram e sugerem alterações corretivas). Dos onze casos de Estados observados em 1994 por monitor especial[8], permaneciam sob esse sistema "de controle" em 1999 o Afeganistão, a Guiné Equatorial, o Irã, o Iraque, Myanmar, o Sudão, Haiti, os territórios palestinos ocupados desde 1967 e a antiga Iugoslávia (em 1999 o relator especial para esta última tinha um mandato que cobria nominalmente a Bósnia-Herzegovina, a Croácia e o que restava da República Federal da Iugoslávia – a Sérvia e o Montenegro –, mas não para acompanhar a situação da Eslovênia, nem a da Macedônia). Apenas El Salvador, com conflitos superados e normalidade institucional aparentemente garantida, e Cuba, que excepcionalmente nesse ano tivera o projeto de resolução sobre ela rejeitado, haviam deixado de constar da relação. Dela, em compensação, haviam passado a fazer parte o Burundi, Ruanda, a República Democrática do Congo, o Cambódia e a Somália, perfazendo-se um total de quatorze observadores oficias para a situação de dezesseis países (a Bósnia e a Croácia, com independências consolidadas, não podiam mais em 1999 ter seu monitoramento subentendido naquele da atual Iugoslávia – a qual, por sua vez, em 2002, aprovou legalmente a abolição desse nome, a ser substituído pelos da Sérvia e do Montenegro, sem haver definido o tipo de ligação institucional a ser mantida entre eles).

Aparentada à idéia de monitoramento, mas já com claras feições judiciais de sentido retributivo – e, espera-se, dissuasório –, a maior criação recente contra as violações maciças e sistemáticas de direitos fundamentais não se deu no contexto da Comissão dos Direitos Humanos da ONU, nem tampouco do Conselho de Segurança, por mais que este segundo órgão viesse atuando na esfera desses direitos e do direito humanitário, em particular desde o início dos anos de 1990[9]. Oriunda de longas negociações na Comis-

---

8. Ver infra, p. 65.
9. Ver infra, pp. 126-7. Aí não cheguei a referir-me à Resolução 688, de 1991, que, logo após a Guerra do Golfo, exigia do Iraque permissão imediata para fazer

são de Direito Internacional das Nações Unidas (também sediada em Genebra), essa criação foi formalizada na Conferência de Roma de 1998, que aprovou, com alguns votos contrários, o Estatuto do Tribunal Penal Internacional, ora prestes a ser constituído. Se levarmos em conta que a aceitação de um tribunal desse tipo parecia tão distante em 1993 que o máximo registrado sobre o assunto no Programa de Ação de Viena foi um meio parágrafo 92, pelo qual a Conferência Mundial encorajava a Comissão de Direito Internacional "a continuar seus trabalhos" sobre a matéria, a evolução verificada nesses cinco anos chega a causar assombro. Tenderia, inclusive, a invalidar minha descrença, exposta em 1994, ao afirmar que a idéia do tribunal, por mais nobre que fosse, incluída como diretriz nas Disposições Transitórias de nossa própria Constituição Federal, mas ostensivamente defendida por poucos Governos, não se coadunava com um sistema internacional tão assimétrico e relações interestatais balizadas de maneira tão evidente pelos diferenciais de poder[10].

Ficaria eu hoje feliz se então estivesse errado. Infelizmente pareço ter acertado em cheio ao qualificar de ilusória a esperança de que, nas condições existentes, uma potência viesse a acatar de um órgão internacional desse tipo sentenças contrárias a seus interesses. Lamentavelmente acho que errei para menos. Conforme o poderio de que disponha face aos demais Estados, uma superpotência age em sentido ainda menos equânime, ou quiçá mais arrogante, com apoio – ou desinteresse – de sua população, malgrado o constrangimento causado até mesmo aos principais aliados, quando se sente minimamente em risco. Exemplos históricos abundam, mas não são muito freqüentes em nossa "era dos direitos". Na fase atual supostamente legalista, o caso mais visível de desapreço por normas universais é justamente do país que sempre se apresentou como modelo da *Rule of Law*. Ao mesmo tempo em que cobram punição exemplar para um Milosevic no tribunal *ad hoc* das Na-

---

chegar aos curdos deslocados e perseguidos a ajuda humanitária internacional (do Ocidente). Não o fiz porque a citação dessa resolução desviaria o escopo do livro para área demasiado polêmica que não fortalecia o conceito dos direitos humanos como tema global, bem mais útil para o Brasil, distante de conflitos bélicos. Além disso, ela não fora sequer contemplada na Declaração e Programa de Ação de Viena. Hoje uma referência à Resolução 688 seria incontornável. Ela se comprovou, afinal, a primeira aplicação "autorizada" do então discutidíssimo "direito de ingerência" nos termos em que se tornou freqüente. Mas o "recurso" a esse "direito", geralmente na forma de bombardeios aéreos, com ou sem respaldo da ONU, tem ocorrido de maneira tão arbitrária que essa resolução deveria representar também um primeiro passo para a hoje claramente necessária regulamentação da "ingerência".

10. Ver infra, pp. 33 e 34.

ções Unidas para a ex-Iugoslávia, em que exigem ações decisivas contra os participantes do genocídio de Ruanda no tribunal de Arusha e em que advogam com veemência julgamento internacional para os dirigentes do Khmer Rouge ora detidos no Cambódia, os Estados Unidos, que pelo direito internacional poderiam simplesmente não-ratificar o Estatuto de Roma de 1998 para os efeitos jurídicos em mente, fizeram questão de "desassiná-lo" – por comunicação formal ao Secretário Geral das Nações Unidas retiraram (ou declararam nula), em gesto sem precedentes, a assinatura que lhe fora aposta no final do ano 2000 pelo Governo Clinton – e de buscar impor a seus parceiros, não necessariamente aliados – até como condição para a renovação de mandatos de forças de paz da ONU em funcionamento – acordos bilaterais que tornem os soldados norte-americanos "legalmente" imunes à jurisdição do Tribunal Penal Internacional.

Apesar desses desafios, o fato de essa Corte não ser hoje universal, nem de realisticamente poder vir a sê-lo em futuro previsível, não significa que ela seja, na prática, irrelevante. Ao contrário, o Tribunal Penal com o Estatuto aprovado na Conferência de Roma, a ser sediado na Haia como a Corte Internacional de Justiça das Nações Unidas (e o tribunal para a ex-Iugoslávia), terá sempre valor simbólico na luta por uma Justiça Internacional eficaz. Seu funcionamento, com julgamentos públicos amplamente divulgados e a imposição de sentenças a responsáveis por crimes contra a humanidade, poderá ser dissuasório para ditadores ou governantes eleitos, mas arbitrários, de muitos países médios (embora eu duvide que o seja para demagogos agressivos como Milosevic e seus pares antagônicos das recentes guerras balcânicas). Terá suas decisões cumpridas pelos que o reconhecem a sério. E servirá, quando menos, como experiência comprobatória da inconsistência de poderosos que se arrogam em defensores de direitos em todo o mundo, mas, não obstante a firme postura assumida para os outros, rejeitam a possibilidade, ainda que bastante improvável, de julgamento no exterior, por Corte internacional legítima, de seus próprios cidadãos.

É, portanto, positivo – além de constitucionalmente imperativo – que o Brasil tenha reconhecido o Tribunal Penal Internacional, ao ratificar seu Estatuto, e que dele deseje participar de forma ativa, como o demonstra a apresentação de candidatura de profissional brasileira a uma das dezoito vagas dos juízes que o constituirão[11].

---

11. Ao se escreverem estas linhas, o Brasil havia lançado a cadidatura da Juíza Sylvia Helena de Figueiredo Steiner, para as eleições pelos Estados-partes, marcadas para fevereiro de 2003.

XVIII   OS DIREITOS HUMANOS COMO TEMA GLOBAL

Mais imediatamente conseqüente para nossa situação nacional é, todavia, sem dúvida, o reconhecimento pelo Governo, feito em 1998, da competência judicial, ou contenciosa, da Corte Interamericana de Direitos Humanos, sediada em São José da Costa Rica, presidida há vários anos por nosso compatriota Antônio Augusto Cançado Trindade (reeleito em 2002), juiz titular desse órgão desde 1994[12].

Conquanto o Tribunal Penal Internacional aparente ter como precedentes imediatos os tribunais criados pelo Conselho de Segurança da ONU para julgar os responsáveis pelas atrocidades na ex-Iugoslávia e, em seguida, em Ruanda, deixo para mencioná-los depois, de maneira deliberada, pelas razões que agora exponho.

O estabelecimento do primeiro desses dois tribunais especiais já havia ocorrido quando da publicação da primeira edição deste livro, e propostas para a constituição do segundo vinham sendo apresentadas[13]. Apesar disso, diante da possibilidade de multiplicação infinita desse tipo de instituição judicial *ad hoc* e por razões que na época eu atribuía exclusivamente ao apego dos Estados às respectivas soberanias, no sentido "westfaliano" do termo, o tribunal para a ex-Iugoslávia, já então existente mas inativo, não foi sequer mencionado na Declaração e Programa de Ação de Viena – até hoje o documento mais abrangente sobre direitos humanos no âmbito das Nações Unidas. As desconfianças que levaram a referência ao Tribunal Penal Internacional, no parágrafo 92 do Programa de Ação, a emergir tão diluída e desanimadora eram as mesmas dessa omissão. Mas há problemas mais graves a envolver esses tribunais *ad hoc* de que só mais tarde fui ter compreensão adequada.

Respaldado por Estatuto negociado ao longo de anos em órgão multilateral competente, aprovado em conferência internacional reunida para esse fim, com tudo preparado e adequado do ponto de vista do direito para tornar-se uma corte universal, já sabemos que o Tribunal Penal Internacional não o será. Se isso é decepcionante para quem encara a sério os direitos humanos e suas violações como um tema de incidência e interesse globais, pior é levar em conta as características históricas e políticas que levaram à criação do tribunal para a ex-Iugoslávia, ainda que seu trabalho judicial não

---

12. Ver infra, p. 80. Quando da primeira edição deste livro, em 1994, o Governo brasileiro ainda relutava em aceitar a jurisdição contenciosa da Corte Interamericana, não havendo feito a declaração necessária quando da adesão ao "Pacto de São José" em 1992. Desde então, diga-se de passagem, a título de atualização, o número de casos julgados pela Corte com sentenças prolatadas e cumpridas por diversos países do continente, aumentou enormemente.

13. Ver infra, pp. 127-128.

seja negligenciável[14] (não examinarei detidamente o tribunal *ad hoc* para Ruanda porque me faltam informações suficientes, embora o que sei indique que seus defeitos de origem fossem assemelhados).

Sobre o tribunal *ad hoc* para a ex-Iugoslávia pode-se superficialmente pensar numa comparação com os tribunais de Nuremberg e de Tóquio, que hoje quase ninguém critica, até porque deram origem ao valioso conceito de "crime contra a humanidade". Além de terem estabelecido o princípio da responsabilidade individual por crimes cometidos em conflitos bélicos internacionais, eles tampouco foram idealizados como cortes universais. Estabelecidas pelos vencedores contra os vencidos, tinham como réus pessoas de uma única nacionalidade ou "cultura", responsáveis por horrores praticados contra vítimas inocentes. O tribunal para a ex-Iugoslávia não foi uma criação de Estados vitoriosos contra regimes derrotados, mas é certo que o Conselho de Segurança, ao estabelecê-lo, não poderia esperar que ele viesse a julgar vencedores. Os tribunais de Nuremberg e de Tóquio, constituídos depois da guerra, além de se disporem a fazer justiça, pretendiam, pelo exemplo, varrer do horizonte futuro a possibilidade de repetição do fenômeno ideológico, intrinsecamente mau, baseado no racismo, que transformara indivíduos normais em fanáticos assassinos, cidadãos trabalhadores e ordeiros em criminosos frios, os quais torturavam e matavam os "outros, inferiores", com métodos racionais e burocráticos, "cientificamente" aplicados. No caso da ex-Iugoslávia os horrores eram muitos, às vezes igualmente terríveis, ainda que não realizados de maneira "científica", por isso mesmo ainda mais chocantes em alguns de seus "pormenores"[15]. Inspirados por nacionalismos exaltados, assemelhados ao nazi-fascismo (e alguns dos protagonistas não-sérvios tinham sido aliados dos nazistas na Segunda Guerra Mundial), os responsáveis na ex-Iugoslávia pela "limpeza étnica", cruel e também "burocrática", em muito se assemelhavam aos seguidores de Hitler. Até mesmo porque, como que hipnotiza-

---

14. Diferentemente da inação por falta de réus que se verificava em 1994, o tribunal para a ex-Iugoslávia já julgou até agora vários líderes militares e políticos dos conflitos na ex-Iugoslávia e vem construindo uma jurisprudência internacional positiva para certas categorias de crimes "novos", tais como a prática sistemática de estupros coletivos como "tática" de guerra.

15. Para quem tem estômago forte o suficiente para agüentar descrições de suplícios infernais e toscos por uma das próprias vítimas que não chegou a morrer, v. Rezak Hukanovic, *The Tenth Circle of Hell – A Memoir of Life in the Death Camps of Bosnia* (com prefácio de Elie Wiesel), trad. do original bósnio por Colleen London e Midhat Ridjanovic. Nova York, Basic Books, 1996 (a primeira edição é de Oslo, 1993).

dos por pregações exaltadas, muitos dos ex-concidadãos iugoslavos que se perseguiam, torturavam e matavam tinham sido amigos de infância, companheiros e vizinhos, às vezes até unidos por laços familiares.

Havia, porém, uma diferença na origem desses tribunais que lhes mudava o caráter: as guerras da Iugoslávia eram conflitos atuais nos anos de 1990. Seus horrores, sobretudo os praticados contra civis na Bósnia, ocorriam naquela hora, eram documentados, filmados, transmitidos em nossas casas por canais de televisão. Jornalistas e organizações humanitárias a tudo assistiam de perto e sobre tudo o que viam escreviam, acusando a inação dos poderosos. Todos de nossa época tínhamos consciência do que por lá vinha ocorrendo. E ninguém, ou melhor, nenhum país com capacidade de atuar conseqüentemente fazia efetivamente nada que pusesse fim aos massacres. As sanções determinadas pelo Conselho de Segurança das Nações Unidas que proibiam o fornecimento de armas a todas as partes em conflito, na prática eram parciais, afetando apenas os bósnios, facilitando seu morticínio. A operação militar de paz, apesar de denominada "Força de Proteção das Nações Unidas" (UNPROFOR – *United Nations Protection Force*), inerme (a não ser para autoproteção) e ineficiente para proteger quem quer que fosse, acabava por funcionar como testemunha conivente – ou humilhada a ponto de ter seus soldados tomados como reféns contra (já então autorizados) bombardeios da OTAN às forças sérvias atacantes no emblemático episódio do massacre de Srebenica[16]. Foi em meio a essas circunstâncias que o Conselho de Segurança estabeleceu o tribunal *ad hoc*, sem a mínima possibilidade de entrar em funcionamento[17]. Até porque, se entrasse, não seriam factíveis negociações como as de Dayton, envolvendo líderes internacionalmente indiciados. O tribunal foi criado, pois, não para fazer justiça, mas para limpar a consciência de líderes indecisos, procurando demonstrar, não se sabe bem a quem, que o mundo vinha atuando. Não era um tribunal de justiça; era uma ilusão de ação.

Se o tribunal *ad hoc* para a ex-Iugoslávia, que hoje serve de palco ao show de autodefesa de Slobodan Milosevic, causador direto ou indireto de 200.000 mortes e muitas atrocidades (não se

---

16. A quantidade de livros disponíveis sobre a guerra na Bósnia é enorme. Dos que li, o que mais me pareceu convincente é de Peter Maass, *Love thy Neighbor – A Story of War*. Nova York, Vintage Books, 1996.

17. Ver infra, p. 128. Sua lógica se assemelhava, de certa forma, à da figura jurídica de nossos "crimes hediondos": não podendo acabar de fato com um problema concreto, optamos por indicar que, na lei, quando alguém for pegado, a punição será maior.

devendo descartar que outros líderes não-sérvios também cometeram muitas violações), foi o máximo que a ONU conseguiu produzir num dos momentos mais graves da década de 1990, sua criação representou a primeira inflexão para baixo dos direitos humanos como tema global. Depois dele, no Kossovo, para evitar a mesma inação vergonhosa, a OTAN entrou em cena, sem procurar a ONU.

No dizer de seus entusiastas, essa intervenção armada era uma guerra "humanitária", assim sendo condizente com a globalidade do tema dos direitos humanos[18]. De fato, em contraste com outras intervenções militares, recentes e no passado, a chamada Guerra do Kossovo – na verdade uma guerra da OTAN contra a Sérvia, em defesa dos kossovares – era "desinteressada" (pelo menos não se podia dizer que visasse a proteger fluxos de petróleo, aliados ameaçados, parentes de etnia ou sequer correligionários da mesma fé transcendental)[19]. Contudo a verdade é que, em nome dos direitos humanos, com toda sua tecnologia de ponta, em bombardeios designados "cirúrgicos" (às vezes fragorosamente errados), feitos a partir de vôos de grande altitude, a OTAN venceu essa guerra não contra os militares sérvios, seguidores até constitucionais do Presidente da República (Milosevic era governante eleito), nem contra paramilitares fanáticos, quase sempre os mais cruéis no tratamento de insurretos e simples habitantes pacíficos da "outra" nacionalidade. Venceu-a sem qualquer baixa, destruindo alvos econômicos de um país inteiro, matando inocentes sérvios, croatas e até mesmo albaneses, destroçando em suas "cirurgias" não guarnições militares, mas sobretudo instalações civis[20] (chegando a atingir por engano uma residência nos arredores de Sófia, capital de um país que nada tinha a ver com essa história).

---

18. Como já escrevi mais detidamente sobre esse assunto, sugiro, a quem interessar possa, leitura das pp. 110-116 de meu ensaio "O contrário dos direitos humanos (explicitando Zizek)", *in Lua Nova*, n. 55-56, 2002.

19. Com visão abrangente e perspicaz, nem cáustica nem denegadora do interesse humanitário declarado, Franck Debié entrevê nas intervenções "ocidentais" nas guerras da ex-Iugoslávia uma espécie de ensaio cômodo, precisamente porque desprovido de real interesse estratégico, para as novas "montagens institucionais da segurança coletiva" ("La communeauté internationale et les Balkans", *in* Stéphane Yérasimos, *Le retour des Balcans 1991-2001*. Paris, Éditions Autrement, 2002, pp. 28-43).

20. Em paralelo a obras "egajadas", como de Michel Parenti, *To Kill a Nation – the Attack on Yugoslavia* (Londres e Nova York, Verso, 2000), ou de Noam Chomsky, *The New Military Humanism – Lessons from Kosovo* (Monroe, Common Courage Press, 1999), vale a pena ler sobre a matéria o testemunho, inocente e imparcial, de quem nada tinha que ver com o assunto, mas dele sofria conseqüências como se fosse culpada, no livro de Jasmina Tesanovic, *The Diary of a Political Idiot – Normal Life in Belgrade*, San Francisco, Midnight Editions, 2000.

A seqüência de tudo isso é bastante conhecida. Após o fatídico onze de setembro (de 2001), o terror vem destruindo vidas em várias partes do mundo, assim como, indiretamente, a própria idéia de direitos fundamentais inalienáveis. Os ataques ao *World Trade Center* e ao Pentágono, em Nova York e Washington, incontestavelmente monstruosos, servem de justificativa à suspensão de direitos civis na "guerra contra o terrorismo"[21]. A operação bélica no Afeganistão não passou, de certa forma, de uma repetição do Kossovo, nesse caso punitiva e, esperava-se, preventiva, mas dessa feita, pelo menos, não declarada "humanitária" (por piores que tenham sido os talibãs em geral, e em especial para as mulheres, não foi para liberá-las, ou a quem quer que fosse oprimido, que se atacou o país)[22]. E a importantíssima Conferência Mundial sobre o Racismo, Discriminação Racial, Xenofobia e Intolerância Correlata, primeira do novo século, realizada em Durban, África do Sul, no ano de 2001, polêmica antes, durante e após sua realização, logo depois de encerrada, pouco antes do onze de setembro, parece ter sido, fora do Brasil, propositalmente esquecida[23].

É difícil, nessas circunstâncias, continuar a dizer que os direitos humanos sejam ainda um tema global verdadeiro. Eles, sem dúvida, permanecem na agenda internacional e engendram disputas na ONU, na OEA e alhures. É, todavia, inegável que esse tema global – como, creio, todos os outros – vem perdendo a legitimidade que teve nos anos de 1990, por obra de seus violadores e autoproclamados defensores. O monitoramento externo continua, certamente, por relatores da Comissão dos Direitos Humanos, pelas organizações não-governamentais (ONGs), assim como pelos *treaty bodies* dos pactos e convenções. Estes continuam examinando relatórios periódicos de Estados-partes do respectivo instrumento normativo e recomendando ações aos Governos, quase nunca

---

21. Apesar de os atentados do onze de setembro (de 2001) nos Estados Unidos e a "guerra contra o terrorismo" proclamada por Washington terem, compreensivelmente, elevado a questão do terrorismo ao primeiro nível das atenções internacionais, sobrepondo-se na prática a qualquer outro assunto, tudo o que se encontrava assinalado sobre a matéria, infra pp. 128-130, permanece válido.

22. Confirma-se assim a interpretação de Franck Debié indicada na nota 19 supra, que ele explicita ainda mais ao dizer: "...C'est dans les Balcans que la communauté internationale a appris à être ce qu'elle sera dans les premières années du XXI siècle" (*id*. p. 43), analisando os arranjos entre potências, Estados "emergentes" e ONGs de todo gênero, agora necessariamente envolvidos em todas as intervenções armadas internacionais (concretizados ou planejados), inclusive após o encerramento dos combates.

23. Para uma análise dessa conferência v. J. A. Lindgren Alves, "A Conferência de Durban contra o Racismo e a responsabilidade de todos", in *Revista Brasileira de Política Internacional* Ano 45 n. 2, 2002.

observadas. Os informes da Anistia Internacional e da Human Rights Watch continuam a denunciar violações em todo o mundo, mas, sendo os primeiros a criticar posturas dos Estados Unidos e outros países ocidentais, deixaram de obter a repercussão que antes tinham. Os Relatores Especiais, Grupos de Trabalho e Peritos Independentes apresentam anualmente seus relatórios em Genebra. Mas estes, de tão repetitivos, já não despertam o interesse que causavam.

Não acho que vivamos, ou que continuemos a viver, na "era dos direitos" visualizada por Bobbio. Neste início de século, mais do que na primeira metade da década passada, o mundo voltou a se revelar mais moldado pelo realismo de Hobbes do que sequer inspirado pelo idealismo de Kant. O discurso global dos direitos humanos soa falso, tão seletivo quanto na Guerra Fria, com o agravante de que agora, quando usado por pregadores neoliberais do Ocidente, ele não se propõe nem mesmo a libertar dissidentes. Ao contrário, é usado como engodo, para encobrir o fechamento de fronteiras pelos países mais ricos, que continuam a temer invasões de novos bárbaros, para prender e expulsar minorias oriundas de etnias distintas, enquanto os mercados, estes sim, têm a liberdade sem controles unilateralmente exigida. O discurso soa falso essencialmente porque, novamente encarados como se fossem de naturezas distintas, os direitos civis, políticos, econômicos, sociais e culturais, não mais se apresentam como sempre os afirmou a ONU: indivisíveis, inter-relacionados e interdependentes, além de, por definição, universais.

Nada disso, porém, impede que continuemos a lutar por tais direitos. A crítica que aqui faço às deturpações respectivas tem os mesmos objetivos que me inspiraram para a primeira edição deste livro. É preciso conhecer e divulgar os direitos humanos, sabendo agora, com clareza, identificar sua utilização como elementos encobridores de arbítrio ou opressão. A fase de que tratei nos capítulos que se seguem permanece extremamente importante. Foi nela que se estabeleceu o instrumental existente, normativo e de controle, na esfera internacional. Ele pode e deve ser utilizado como arma de luta pacífica e para pressões não-militares. Para intervenções armadas no exercício do "direito de ingerência" ele de pouco serve ou, conforme acima descrito, é contraproducente.

Em contraste com o que se passa alhures, de maneira surpreendente, observa-se no Brasil uma crença fortalecida no tema dos direitos humanos, mais falados e estudados no momento do que nunca. Com toda nossa violência, com todas nossas injustiças e disparidades sociais, eles ainda são cultivados por personalidades influentes e gente de nosso povo como a utopia diretiva que deveria ser de todos. Graças em certa medida às normas e mecanismos internacionais, adotamos a Lei dos Desaparecidos; a tortura virou crime; lançamos duas versões do Programa Nacional de Direitos Humanos; os crimes dolosos contra a vida praticados por policiais militares passaram à competência da Justiça Civil; criamos um Departamento de Direitos Humanos e Temas Sociais no Ministério das Relações Exteriores e uma Secretaria de Estado para os Direitos Humanos, no Ministério da Justiça – isso sem mencionar as inovações adotadas por estados e municípios, que não posso, nem cabe aqui, relatar. É fato que lançamos às vezes campanhas rapidamente esquecidas. É fato, também, que a violência cotidiana leva o cidadão comum e políticos de todos os credos a caírem na tentação de defender a "tolerância zero" como solução punitiva, esquecendo-se dos problemas estruturais que provocam e estimulam essa mesma violência. Ainda assim a Casa de Detenção do Carandiru, de triste memória, foi recentemente implodida; alguns violadores de casos notórios de massacres, longamente processados, têm sido afinal condenados; juízes se organizam em associações democráticas para promover avanços politico-sociais; e, na preparação para a Conferência de Durban, lá e em sua seqüência temos sido exemplares[24].

É preciso que não nos iludamos com o discurso dos outros, nem nos desanimemos em nossos esforços internos. Ao contrário do que se passa no exterior, o discurso dos direitos humanos conta agora no Brasil com mais adeptos e mais força. Se essa força existe em tão contrastante país, precisamos cultivá-la com empenho. Primeiro porque os direitos humanos podem ser os meios para diminuir os contrastes. Segundo porque talvez os brasileiros possamos, algum dia, ajudar a reentronizar tais direitos no lugar que lhes cabe a sério, com legitimidade inconteste, entre os temas globais de sempre. Em Viena e em Durban já trabalhamos com algum êxito para esse fim na esfera do discurso. Não é absurdo pensar que possamos trabalhar também para ajudar na prática.

José Augusto Lindgren Alves
Sófia, 25 de janeiro de 2003.

---

24. Digo isso com a convicção que me tem proporcionado a experiência no CERD. Pelo que tenho podido ver, o Brasil é o país que mais seriamente se preparou para a conferência e vem tentando aplicar recomendações de Durban, particularmente no que diz respeito à adoção de medidas práticas destinadas e elevar o nível social de afro-descendentes.

Apresentação

*Antônio Augusto Cançado Trindade**

Decorridas quatro décadas e meia de experiência acumulada na proteção internacional da pessoa humana, adentramo-nos hoje, enfim, na era dos direitos humanos, os quais se mostram presentes em todos os domínios da atividade humana. Podemos hoje testemunhar um notável reconhecimento generalizado da identidade dos objetivos do direito público interno e do direito internacional no tocante à proteção do ser humano. Em razão de sua universalidade nos planos tanto normativo como operacional, acarretam os direitos humanos obrigações *erga omnes*. Envidam-se hoje esforços, como por ocasião da recente II Conferência Mundial de Direitos Humanos (Viena, 1993), no propósito de assegurar *na prática* a indivisibilidade de todos os direitos humanos – civis, políticos, econômicos, sociais e culturais –, com atenção especial aos mais necessitados de proteção (os socialmente excluídos e os segmentos mais carentes e vulneráveis da população). Tais esforços indicam que, depois de muitos anos de luta, os princípios do direito internacional dos direitos humanos parecem enfim ter alcançado as bases das sociedades nacionais.

As duas primeiras décadas de experiência na proteção internacional coincidiram com a fase legislativa de elaboração dos instrumentos internacionais de proteção, também marcada pela

---

* Ph.D. (Cambridge), Juiz da Corte Interamericana de Direitos Humanos, Professor Titular da Universidade de Brasília e do Instituto Rio-Branco, Diretor Executivo do Instituto Interamericano de Direitos Humanos.

gradual asserção da capacidade de agir dos órgãos de supervisão internacionais e pela cristalização da capacidade processual internacional dos indivíduos. A evolução passava da internacionalização (Declarações Universal e Americana de 1948) à globalização (I Conferência Mundial, de Teerã, 1968) dos direitos humanos. Ao alcançarmos a fase da implementação dos tratados e instrumentos de proteção (em níveis global e regional), tidos como essencialmente complementares, testemunhamos a aceitação virtualmente universal da tese da indivisibilidade de todos os direitos humanos. Da globalização movemo-nos à indivisibilidade, no período que se estende da I à II Conferências Mundiais de Direitos Humanos (1968-1993).

Na verdade, tanto a Conferência de Teerã como a de Viena formam parte de um processo prolongado de construção de uma cultura universal de observância dos direitos humanos. Assim como a Proclamação de Teerã contribuiu sobretudo com a visão global da indivisibilidade e inter-relação de todos os direitos humanos, a Declaração (e Programa de Ação) de Viena poderá também contribuir ao mesmo propósito se sua aplicação se concentrar doravante nos meios de assegurar tal indivisibilidade *na prática*, com atenção especial às pessoas discriminadas ou desfavorecidas, aos grupos vulneráveis, aos pobres e aos socialmente excluídos, em suma, aos mais necessitados de proteção.

Isto requer a mobilização de todos, nos planos nacional e internacional, o que reflete o reconhecimento de que os direitos humanos permeiam, como já indicado, todas as áreas da atividade humana e o quotidiano da vida de cada um. Passamos, assim, da indivisibilidade à onipresença dos direitos humanos. O processo de diálogo verdadeiramente universal gerado pela recente II Conferência Mundial de Direitos Humanos constitui passo decisivo rumo à consolidação de um monitoramento constante da observância dos direitos humanos por todos e em toda parte e a todo momento.

Esta evolução extraordinária pode ser apreciada de ângulos distintos, por ser a temática dos direitos humanos essencialmente multidisciplinar. Propõe-se o presente livro a considerar o panorama atual da matéria sob o prisma da política externa e, mais especificamente, da diplomacia multilateral. Conheci o autor há quase uma década, quando ele servia como Conselheiro de nossa Embaixada em Caracas e eu era Consultor Jurídico do Itamaraty. Na época, já revelava ele especial interesse pela temática dos direitos humanos, ao se preparar para os exames do Curso de Altos Estudos (CAE) do Itamaraty e eleger, como tema de sua tese para o CAE do MRE, "As Nações Unidas e os Direitos Humanos: A Operacionalidade de um Sistema em Crise", concluída em fevereiro de 1989. Nela abordou os desenvolvimentos na Comissão de Direitos Humanos (CDH) das Nações Unidas e na III Comissão da Assembléia Geral das Nações Unidas no período 1985-1988. Considero este seu trabalho como o ponto de partida para o presente livro (o embrião ao menos de seus Cap. 4 e 6), pois foi a partir dele que o Ministro Lindgren Alves, com a experiência subseqüente, acumulada a partir do segundo meado dos anos oitenta na participação em sucessivas sessões da CDH como membro da Delegação do Brasil, pôde desenvolver os distintos capítulos que compõem o presente livro.

Tive o prazer de acompanhar a evolução de seu trabalho, e de editar – no *Boletim da Sociedade Brasileira de Direito Internacional* (n. 77/78, de janeiro/março de 1992, pp. 45-61) – seu primeiro artigo dado a público. Encontra-se o texto aqui reproduzido como Cap. 1, dando inclusive o nome ao presente livro, o qual tenho agora a satisfação redobrada de apresentar. Não poderia esta obra surgir em momento mais oportuno, na emergência do mundo pós-guerra fria em que, como ressalta o próprio autor, se desenvolve uma consciência cada vez maior da correlação entre a observância dos direitos humanos e da paz, como atestado na recente II Conferência Mundial de Direitos Humanos (Viena, 1993) (Cap. 1, 2 e 8). Neste contexto, dedica o autor especial atenção à evolução dos métodos de operação da CDH (como os monitoramentos por países, ou os temáticos) (Cap. 1 e 6), sem deixar de se referir aos procedimentos convencionais, baseados nos tratados de direitos humanos no âmbito das Nações Unidas (Cap. 4), assim como aos sistemas regionais de proteção (Cap. 5), todos essencialmente complementares e a reforçar assim a salvaguarda dos direitos protegidos.

Compõem o presente livro quatro artigos já publicados (Cap. 1-4), acrescidos de quatro novos textos do autor (Cap. 5-8), tendo todos como ponto de referência a II Conferência Mundial de Direitos Humanos. Como adverte o autor em sua Introdução, não é seu propósito o de apresentar um compêndio de direito internacional dos direitos humanos, mas sim o de desenvolver a matéria sob o prisma de sua área de atuação profissional, qual seja, o da diplomacia. Ao assim proceder, não deixa o autor de se referir a nossas realidades internas em matéria de direitos humanos (Cap. 4 e 7), porquanto, como ele próprio corretamente assinala, no presente domínio não podem estas desvincular-se das relações exteriores.

A mensagem básica do presente livro reside no reconhecimento da conquista da temática dos direitos humanos como um dos mais importantes, se não o mais importante, dos itens da agenda internacional contemporânea, o qual, mesmo sob o prisma da política externa dos Estados, não mais pode ser questionado com base na soberania (Cap. 3) ou no relativismo [cultural] (Cap. 8). É uma mensagem alentadora, que me leva a algumas breves ponderações. Sobre este último ponto, permito-me recordar que, desde meu primeiro trabalho publicado sobre a matéria, em 1969, ano seguinte ao da I Conferência Mundial de Direitos Humanos, de Teerã (*Fundamentos Jurídicos dos Direitos Humanos*, Belo Horizonte, Faculdade de Direito da UFMG, 1969, pp. 3-54), tenho entendido e sustentado que não há noção mais alheia à proteção internacional dos direitos humanos que a da soberania. Não há, a meu ver, como partir da noção de soberania para examinar a proteção internacional dos direitos humanos. Tal proteção implica necessariamente o abandono ou abdicação daquela noção, em benefício do ser humano.

Uma das manifestações remanescentes da referida noção, a da assim chamada "competência nacional exclusiva", encontra-se há mais de duas décadas definitivamente superada pela própria atuação, com a aquiescência dos Estados, dos órgãos de supervisão internacionais no presente domínio de proteção, inclusive no plano global (Nações Unidas). Nenhum governo, em nossos dias, ousaria de boa-fé levantar a exceção de "domínio reservado" do Estado à ação dos órgãos internacionais competentes em matéria de direitos humanos, por saber que tal objeção estaria fadada ao insucesso. A coincidência dos objetivos do direito público interno e do direito internacional neste particular – a proteção do ser humano – contribuiu para esta alentadora evolução, constituindo hoje uma conquista inquestionável e definitiva da civilização.

O outro *caveat*, o do relativismo [cultural], afigura-se em nossos dias mais complexo e preocupante, dado seu infeliz recrudescimento no decorrer da II Conferência Mundial de Direitos Humanos de Viena (1993) e de seu processo preparatório. Permito-me aqui recordar um momento crucial da Conferência de Viena: estávamos juntos, na sala de seu Comitê de Redação, lado a lado, o autor do presente livro e seu apresentador, no dia 23 de junho de 1993, quando, às 20:45 horas, quase ao apagar das luzes da Conferência, logrou-se enfim o consenso quanto ao trecho fundamental do primeiro parágrafo da Declaração de Viena (parte operativa I) segundo a qual o caráter universal dos direitos humanos é inquestionável.

APRESENTAÇÃO

Experimentamos um verdadeiro alívio, porquanto dias antes se havia adotado pelo Comitê de Redação outra passagem (parágrafo quinto da mesma parte do texto final) contendo uma referência a particularidades nacionais e regionais de cunho histórico, cultural e religioso, que, não fosse pela adoção posterior do primeiro parágrafo acima referido, teria matizado ou relativizado o universalismo da matéria. Foi, pois, necessário perseverar até a noite de 23 de junho para obter a reafirmação categórica do universalismo dos direitos humanos, sepultando de vez as pretensões dos partidários do relativismo. Como tive ocasião de ponderar em meu relato da Conferência de Viena (*Boletim da Sociedade Brasileira de Direito Internacional*, n. 87/90, de junho/dezembro de 1993, p. 34, e cf. pp. 9-57), compreendeu-se finalmente que a universalidade é enriquecida pela diversidade cultural, a qual jamais pode ser invocada para tentar justificar a denegação ou violação dos direitos humanos. Os princípios do direito internacional dos direitos humanos pareciam enfim estar consolidados – embora a reasserção da universalidade dos direitos humanos, do modo como se efetuou em Viena, ainda que parecesse um avanço, afigurava-se antes como uma salvaguarda contra um retrocesso.

Este episódio contribuiu a sedimentar minha impressão, formada ao longo de mais de duas décadas de atuação nesta área, de que o progresso aqui verificado, real e considerável, nem sempre tem sido linear, mas antes pendular. Os avanços logrados têm sido invariavelmente suados e sofridos, fruto da convicção e perseverança, se não paixão, despertados pelo tema. Por mais que se tenha avançado, de 1948 até o presente, ainda resta um longo caminho a percorrer, e é imperioso que se esteja sempre consciente disso. Se, porém, por um momento olhamos para trás, constatamos que, nos derradeiros anos que nos conduzem ao final do século, alcançamos ao menos o alentador reconhecimento de que os direitos humanos são onipresentes, permeiam todas as áreas da atividade humana.

A recente Conferência de Viena não deixou de externar preocupação no sentido de assegurar, em um plano horizontal, a incorporação da dimensão dos direitos humanos em todas as atividades e programas dos organismos que compõem o sistema das Nações Unidas, e, em um plano vertical, a incorporação no direito interno e as medidas nacionais de implementação dos instrumentos internacionais de proteção – precisamente por serem os direitos humanos onipresentes. Ao enfatizar a inter-relação entre os direitos humanos, a democracia e o desenvolvimento (situando o ser humano como sujeito central deste último), atentou, como não poderia deixar de fazê-lo, para a necessidade de fortalecimento das instituições nacionais diretamente vinculadas à vigência plena dos direitos humanos e do Estado de Direito. A esta nova e ampla dimensão dos direitos humanos contribuiu decisivamente a asserção da indivisibilidade dos direitos humanos, avançada a partir da reavaliação global da matéria na I Conferência Mundial de 1968. A partir daí, a superação da dicotomia entre "categorias" de direitos (civis e políticos, por um lado, e econômicos, sociais e culturais, por outro) era uma questão de pouco tempo. O próximo passo decisivo seria dado em fins dos anos setenta e início dos anos oitenta, com a busca de maior aproximação entre os meios de implementação de uns e outros (nos planos tanto global como regional). O presente livro aborda um dos aspectos do problema, a saber, o do alcance das obrigações e medidas – negativas assim como positivas – que se impõem aos Estados (Cap. 7) no presente domínio de proteção.

Para afastar as incertezas que têm circundado este tema em nada tem contribuído a teoria das chamadas "gerações de direitos", a meu ver historicamente incorreta e juridicamente infundada. Tal teoria tem, ademais, fomentado a visão atomizada dos direitos humanos, com todas suas distorções. O fenômeno que testemunhamos em nossos dias, em meu entendimento, não é o de uma fantasiosa e indemonstrável sucessão "generacional" de direitos (que poderia inclusive ser invocada para tentar justificar restrições indevidas ao exercício de alguns deles, como já ocorreu na prática), mas antes o da expansão, cumulação e fortalecimento dos direitos humanos consagrados, todos essencialmente complementares e em constante interação.

O "dever de abstenção" não é apanágio de determinados direitos civis e políticos, como o revela, por exemplo, o direito à greve, no âmbito dos direitos sociais. As medidas "positivas" tampouco se limitam aos direitos econômicos, sociais e culturais, como o revela a mobilização de recursos públicos para, por exemplo, assegurar as garantias do devido processo legal, ou o direito de participação na vida pública (mediante eleições livres). Tem razão Lindgren Alves em criticar a visão simplista da identificação de determinadas medidas de implementação com a pretensa natureza dos direitos protegidos. O próximo passo seria o abandono da própria teoria das "gerações de direitos", pelo dano – ainda que involuntário – que tem causado à teoria e prática dos direitos humanos. Os redatores da Carta Africana de Direitos Humanos e dos Povos demonstraram a possibilidade de conceber um instrumento de proteção dotado de um mesmo mecanismo de implementação comum a distintas "categorias" de direitos consagrados.

Até mesmo o mais fundamental dos direitos humanos, o direito à vida, compreende o direito de todo ser humano de não ser privado arbitrariamente de sua vida (medidas negativas de abstenção) assim como o direito de todo ser humano de dispor dos meios apropriados de subsistência e de um padrão de vida decente (medidas positivas). Pertence, pois, a um tempo, ao domínio dos direitos civis e políticos, e dos direitos econômicos, sociais e culturais, ilustrando assim a indivisibilidade de todos os direitos humanos. É rica a jurisprudência da Comissão e Corte Européias de Direitos Humanos no sentido de que as obrigações dos Estados Partes em relação aos direitos (civis e políticos) consagrados na Convenção Européia de Direitos Humanos não se limitam a uma simples abstenção; ao contrário, a Comissão e a Corte Européias têm afirmado a existência de obrigações positivas por parte dos Estados em relação, *e. g.*, ao direito de acesso à justiça, ao direito ao respeito à vida familiar, ao direito à liberdade de reunião pacífica, e até mesmo ao próprio direito à vida abarcando um mínimo de serviços médicos e sociais básicos. A pobreza crítica ou extrema constitui, com efeito, ilustração das mais enfáticas da denegação da totalidade dos direitos humanos.

Não poderia concluir estas palavras sem um último testemunho pessoal sobre o autor do presente livro, com quem tive a satisfação de compartilhar bons momentos por ocasião da II Conferência Mundial de Direitos Humanos, tanto em seu processo preparatório (no diálogo com as organizações não-governamentais brasileiras) como durante a realização da mesma. Na Conferência de Viena, enquanto eu me incumbia da relatoria do Fórum Mundial das Organizações Não-Governamentais (Grupo de Trabalho D, sobre "Direitos Humanos, Democracia e Desenvolvimento") e das reuniões especializadas dos órgãos de supervisão internacionais de direitos humanos no âmbito da Conferência oficial, Lindgren Alves desempenhava a espinhosa tarefa de coordenador da "força-tarefa" informal do competente Presidente do Comitê de Redação, Embaixador Gilberto Sabóia, da Delegação do Brasil, instrumental na obtenção dos resultados dos trabalhos daquele Comitê.

Nos muitos momentos que compartilhamos no Centro Austríaco em Viena, pude testemunhar a dedicação com que Lindgren Alves desempenhou aquela função. Diplomata competente, da melhor linha do Itamaraty, tem ele nos últimos anos sabido pôr o seu talento, dentro de sua área de atuação profissional a da política externa –, também a serviço da nobre causa da proteção dos direitos humanos. É um dos poucos compatriotas que conhecem de perto a prática das Nações Unidas, notadamente os procedimentos extraconvencionais, sobre a matéria. Em um país que por muito tempo se manteve à margem dos avanços na proteção internacional dos direitos humanos, devido em grande parte à adesão tardia aos tratados gerais de proteção (a Convenção Americana sobre Direitos Humanos e os dois Pactos de Direitos Humanos das Nações Unidas), é importante que se estimulem e bem acolham novos estudos, como o presente, que divulguem, com conhecimento seguro, a matéria em nosso meio. É imperioso que se formem novas gerações de estudiosos da disciplina. Afinal, trata-se de um tema global de nossos dias, como bem ressalta o autor deste livro, e que não mais se pode negligenciar, como no passado. O presente volume deixa uma significativa contribuição, sob a ótica da diplomacia multilateral, para o cultivo do tema entre nós e o desenvolvimento futuro da ainda nascente bibliografia brasileira sobre a matéria. Não tenho dúvidas de que, para nossa continuada satisfação, José Augusto Lindgren Alves prosseguirá sempre e com a mesma sinceridade no propósito de servir à causa dos direitos humanos, tanto no seio da Subcomissão de Prevenção de Discriminação e Proteção de Minorias das Nações Unidas como no Serviço Exterior brasileiro.

Brasília, 22 de julho de 1994.

Prefácio

Celso Lafer

I

Os Direitos Humanos como Tema Global é um livro de qualidade. Enriquece a bibliografia brasileira na matéria, inovando-a em função do seu ângulo de abordagem. Com efeito, como pertinentemente J. A. Lindgren Alves aponta na introdução, a perspectiva do diplomata no trato dos direitos humanos, enquanto representante de um Estado, não pode ser idêntica à do jurista, à do professor universitário ou à de um militante de uma organização não-governamental. Estes podem guiar-se exclusivamente por uma ética de princípios e, para usar as palavras de Raymond Aron, viver "dans l'obssession de défendre les droits de l'homme". Aqueles, porque, para continuar com Aron, não se pode fazer política externa apenas a partir da idéia do respeito aos direitos humanos[1], não podem deixar de ponderar a complexidade dos fatores políticos incidentes no assunto. Precisam *ex officio* levar em conta os interesses no plano interno e internacional do Estado que representam. É o que pode ocorrer na organização da agenda internacional, por exemplo, diante da *seletividade* no trato de situações e casos problemáticos de direitos humanos em sociedades nacionais, quando a falta de abrangên-

---

1. Raymond Aron, *Le Spectateur Engagé*, Paris, Julliard, 1981, p. 289.

cia, agasalhada por considerações éticas, eventualmente exprime interesses estritamente políticos de estados e organizações não-governamentais. Daí a hipótese, mesmo no campo dos direitos humanos, de situações nas quais a política internacional não se esgota na Moral.

Esta tensão e este risco são a inquietação subjacente à reflexão de J. A. Lindgren Alves. Ele busca dirimí-la neste livro, valendo-se de sua experiência de diplomata, afeito ao trato da matéria no âmbito da ONU; de seu conhecimento de *scholar* e de sua adesão aos valores consagrados pelo respeito aos direitos humanos. O caminho escolhido e percorrido nos oito capítulos é o de analisar os fatores e atores que vêm contribuindo para criar, através da inserção do tema dos direitos humanos na agenda internacional, uma relação que, se não de identidade, é claramente de convergência e complementaridade entre a Ética e a Política.

Em síntese, na minha leitura, mostra o A. que não é pertinente, para recorrer à formulação de Bobbio, um *dualismo* que separa a Política e a Moral em círculos que não se tangenciam. O que vem a propósito é um *monismo flexível*, no âmbito do qual, mesmo admitindo-se, por analogia com a experiência jurídica e com base em argumentos que se colocam na esfera do razoável, a derrogação da ética de princípios, em determinadas circunstâncias de tempo, lugar, pessoa ou natureza da ação, a Ética, em função da exigência da legitimidade, é o fundamento de todo o poder que não seja um simples poder de fato[2].

Daí uma visão da política, interna e internacional, não como um permanente estado de natureza hobbesiano a requerer sempre e somente o estrategista, mas sim como uma ordem de composição de conflitos voltada para a convivência. Como aponta Bovero, esta última visão tem como figura emblemática o tecelão que se preocupa e se ocupa com a integridade do tecido social[3]. É precisamente este processo de tessitura que eu qualificaria de kantiano, de ordem internacional, no qual os direitos humanos podem ser encarados como um sinal de progresso moral[4], o que J. A. Lidgren Alves, como dedicado e competente tecelão, procura evidenciar neste livro, lastreado na sua experiência diplomática e no seu saber acadêmico.

2. Norberto Bobbio, "Etica e Politica" *in Etica e Politica* – a cura de Walter Tega, Parma, Pratiche Editrice, 1984, pp. 7-17.
3. Michelangelo Bovero, "Etica e Politica tra Macchiavellismo e Kantismo", *Teoria Politica*, vol. IV, n° 2, 1988, pp. 43-63.
4. Norberto Bobbio, *L'età dei diritti*, Torino, Einaudi, 1990, pp. 143-155.

Com efeito, o que são os *direitos humanos como tema global* – a tese básica deste livro – senão um limite à subjetividade discricionária das soberanias? Este limite se coloca através da instauração do ponto de vista da humanidade, como princípio regulador englobante da comunidade mundial, tal como indicado por Kant no *Projeto de Paz Perpétua*[5]. Os direitos humanos como tema global representam, neste sentido, para falar com Perelman, a constituição e a institucionalização do *comum* de um *auditório universal*[6] perante o qual argumenta-se a legitimidade das condutas internas e internacionais das soberanias.

A construção, examinada pelo A., do *comum* do ponto de vista da humanidade, através da elaboração jurídico-diplomática dos direitos humanos como *tema global*, representa um valor normativamente reconhecido. Todo valor refere-se mas não se reduz aos fatos e tem, entre as suas características, na lição de Miguel Reale, a graduação hierárquica da preferência; a realizabilidade e a inexauribilidade[7]. J. A. Lindgren Alves sabe, mas, em função do seu ângulo de abordagem, não discute neste livro que sempre se pode ter mais respeito pelos direitos humanos. Aliás, à tarefa de comprovar, na *praxis*, a sua inexauribilidade como vetor de conduta, dedicam-se, observo eu, os militantes de boa-fé dos movimentos de direitos humanos, grande parte dos quais está estruturada em organizações não-governamentais. O que o ocupa, neste livro, é a análise política dos fatores que tornaram possível a realizabilidade e a graduação hierárquica da inserção preferencial dos direitos humanos de maneira abrangente e não seletiva na agenda internacional.

II

A inserção dos direitos humanos como tema global na agenda internacional não tem a sua origem no repertório do realismo político, pois, como observa o A. nos Cap. 1 e 4, não resulta de "interesses concretos" dos estados do tipo daqueles que ocorrem

---

5. Cf. E. Kant, *Projet de paix perpetuelle* (trad. de J. Gibelin), 2ª ed., Paris, Vrin, 1970; W. B. Gallie, *Philosophers of Peace and War*, Cambridge University Press, 1978, pp. 8-36.
6. Ch. Perelman e L. Olbrechts Tyteca, *Traité de l'argumentation: la nouvelle rhétorique*, 2ª ed., Bruxelas, Ed. de L'Inst. de Sociologie, Univ. Libre de Bruxelles, 1970, pp. 40-46.
7. Miguel Reale, *Introdução à Filosofia*, São Paulo, Saraiva, 1988, cap. XII, XIII, XIV.

no campo estratégico-militar ou no econômico. Nestes campos, o jogo da reciprocidade explica, na maioria das vezes, as normas de mútua colaboração instauradoras da interdependência e delimitadoras da subjetividade das soberanias[8].

Em outras palavras, em matéria de direitos humanos, não existe a troca percebida como compensatória que se pode detetar seja em tratados de desarmamento e de não-proliferação – *o do ut des* por exemplo, do controle internacional de armas pelo acesso a tecnologias sensíveis – seja em tratados econômico-comerciais – nos quais as concessões mútuas, por exemplo, de reduções tarifárias e acesso a mercados, são ponderadas tendo em vista o mútuo benefício decorrente da expansão das trocas. Os direitos humanos também não são, como o meio-ambiente, um tema global evidente em função da hoje inequívoca percepção de que os danos ecológicos ou a inadequada gestão interna do meio-ambiente têm repercussão transfronteiras e, por isso, são do explícito interesse dos estados e da comunidade mundial.

Os direitos humanos, como tema global, não se explicam igualmente – para ampliar a argumentação do A. – pela dinâmica estrita da paz e da guerra, inerente ao funcionamento das relações internacionais. Esta dinâmica ensejou o artigo 11 do Pacto da Sociedade das Nações. Este, ao reconhecer que toda guerra ou ameaça de guerra, no mundo contemporâneo, transcende as partes diretamente envolvidas, pois afeta a todos, afirmou a indivisibilidade da paz e inseriu na agenda internacional o primeiro tema global.

A evolução, no plano internacional, da globalização temática dos direitos humanos, foi distinta. Começou, no entanto, por uma lógica política de interesses muito específicos, que me permito sumariar, pois foi a que deu origem à sua vigência tópica na vida mundial.

Com efeito, esta lógica explica, por exemplo, a criação do direito humanitário no século XIX. Este direito trata de um tema clássico de Direito Internacional Público – a paz e a guerra. Baseia-se numa ampliação do *jus in bello*, voltada para o tratamento na guerra de combatentes e de sua diferenciação em relação a não-combatentes, e faz parte da regulamentação jurídica do emprego da violência no plano internacional, suscita-

---

8. Cf. Celso Lafer, *O Convênio do Café de 1976 – Da Reciprocidade no Direito Internacional Econômico*, São Paulo, Ed. Perspectiva, 1979; *Paradoxos e Possibilidades – Estudos sobre a Ordem Mundial e sobre a Política Externa no Brasil num Sistema Internacional em Transformação*, Rio de Janeiro, Ed. Nova Fronteira, 1982, cap. IV.

do pelos horrores da batalha de Solferino, que levou à criação da Cruz Vermelha.

Esta mesma lógica dá conta, pós-guerra, do processo inicial de positivação internacional de direitos econômico-sociais, uma vez que a harmonização legislativa promovida pela criação da OIT, através de Convenções, tinha, entre os seus objetivos, no campo econômico mundial, lidar com o tema da concorrência desleal, na parte referente à regulamentação das condições de trabalho.

Esta linha de considerações explica, no plano internacional, os direitos originários dos dilemas de funcionamento do sistema internacional, não dirimível pela subjetividade das soberanias, entre os direitos dos povos e os direitos humanos. Foi o que ocorreu, igualmente no primeiro pós-guerra, quando a derrocada dos impérios multinacionais (Império Austro-Húngaro, Russo e Otomano) e a vigorosa afirmação do princípio das nacionalidades como critério de legitimação da personalidade internacional dos Estados provocou, especialmente na Europa Oriental, a não coincidência entre o Estado e a Nação.

Daí dilemas que, por comprometerem o equilíbrio do sistema interestatal levaram, no âmbito da Sociedade das Nações, à *proteção internacional de minorias* – lingüísticas, étnicas, religiosas – e a um esforço de tutelar internacionalmente, no plano interno dos estados soberanos em que viviam, o seu tratamento igualitário. Como isto não foi sempre possível, o sistema da Sociedade das Nações teve que cuidar do problema dos *refugiados*, tendo em vista o grande número de pessoas deslocadas, seja pela afirmação do princípio das nacionalidades, seja pelo arbítrio autoritário das soberanias[9].

Em poucas palavras, para retornar à argumentação do A., os direitos humanos, como tema global, não resultam, por analogia com o meio-ambiente, apenas das inadequações de sua tutela que tem repercussão transfronteiras, com impacto no campo político ou econômico da vida mundial, como a emigração em massa ou as levas de refugiados. Provêm de uma elaboração no *campo dos valores*, derivada da percepção de um comum universal nas formas de conceber a vida em sociedade, que ultrapassa as concepções tradicionais de "interesses" da soberania, pois diz respeito à questão da legitimidade. Esta elaboração acabou

---

9. Cf. Nicolas Valticos, "Nations, Etats, Regions et Communauté Universelle: niveaux et étapes de la protection des droits de l'homme", *in Humanité et Droit International – Mélanges René-Jean Dupuy*, Paris, Pedone, 1991, pp. 339-348.

sendo, no tempo, convergente com o que ocorreu no plano interno, quando, através das Declarações de Direitos, que remontam à Revolução Americana e à Revolução Francesa, instaurou-se a legitimidade da perspectiva *ex parte populi* como forma superior de convivência coletiva, domesticadora e controladora do poder dos governantes. De fato, os direitos humanos, como tema global, significam, ao internacionalmente deles se tratar, no âmbito da jurisdição de cada estado, em tempos de paz, que somente a garantia efetiva dos direitos humanos da população confere legitimidade plena aos governantes no plano mundial.

III

A Declaração Universal dos Direitos Humanos de 1948, consagrada pela Assembléia Geral da ONU – que faz eco às Declarações que estão na base da Revolução Americana e da Francesa – assinala o início desta *vis directiva* no campo dos valores no plano internacional. Resultou da percepção política que as atrocidades do totalitarismo representavam uma ruptura inédita da tradicional preocupação ética com o bom governo. Configurou-se como a primeira resposta jurídica da comunidade internacional ao fato de que o direito *ex parte populi* de todo ser humano à hospitalidade universal (apontado por Kant no terceiro artigo definitivo do seu *Projeto de Paz Perpétua* e negado em larga escala na prática pela existência de refugiados, apátridas, deslocados, campos de concentração e pelo genocídio) só começaria a viabilizar-se se o "direito a ter direitos", para falar com Hannah Arendt, tivesse uma tutela internacional, homologadora do ponto de vista da humanidade[10]. Foi assim que começou efetivamente a ser delimitada a "razão de estado" e corroída a competência reservada da soberania dos governantes, em matéria de direitos humanos, encetando-se a sua vinculação aos temas da democracia e da paz.

A Declaração de 1948 tem a natureza jurídica de uma *soft law* proclamatória de normas. Desdobra-se, em consonância com as características do processo legislativo internacional, na *hard law* convencional, de que são paradigmas os dois grandes pactos de 1966: o de Direitos Civis e Políticos e o de Direitos Econômicos,

---

10. Hannah Arendt, "The Rights of Man, what are they?" *Modern Review*, 3 (1), Summer, 1949, pp. 24-37; *The Origins of Totalitarianism* (new ed., with added prefaces), N. York, Harvester Book, 1973, cap. 9; Celso Lafer, *A Reconstrução dos Direitos Humanos – Um Diálogo com o Pensamento de Hannah Arendt*, São Paulo, Cia. das Letras, 1988, cap. 4.

Sociais e Culturais. Este processo de passagem da *soft law* para a *hard law* espelha o reconhecimento, no plano internacional, da hierarquia da preferência dos valores consagrados pelos direitos humanos. Como observa o A., a esta fase corresponde, na ação da Comissão de Direitos Humanos da ONU, a etapa de redação de normas gerais e de promoção internacional da constelação axiológica representada pelos direitos humanos, através de seminários, cursos, publicações etc. Esta fase, que se estende de 1947 a 1966, tem sido qualificada pelos estudiosos de "abstencionista". A ela se sucede, a partir de 1967, uma nova etapa, preocupada com a realizabilidade dos direitos humanos e, por isso, de natureza "intervencionista", na acepção de um controle internacional de observância, no plano interno, por parte dos estados, de *standards* jurídicos internacionais e das obrigações convencionais por ele contraídas.

Com competência acadêmica devidamente lastreada na sua experiência diplomática, J. A. Lindgren Alves examina, especialmente nos já referidos capítulos I e IV, estes mecanismos de controle: o controle confidencial de situações e do direito individual de petição; o controle ostensivo de situações através de grupos especiais de peritos, de representante especial, de relatores especiais; o de controle temático – por exemplo, desaparecimentos forçados ou involuntários, execuções sumárias ou arbitrárias, torturas, intolerância religiosa – que opera através de relatores individuais ou de grupos de trabalho. Distingue estes mecanismos de controle, criados pela Comissão de Direitos Humanos da ONU, dos órgãos de monitoramento dos Pactos e Convenções; do controle não autorizado pelo sistema interestatal do tipo que é feito por organizações não-governamentais, como a Anistia Internacional, a "Human Rights Watch", a Comissão Internacional de Juristas; do controle por parte de países como os relatórios elaborados pelo Departamento de Estado dos EUA ou os preparados pelo Parlamento Europeu. Compara e diferencia, também, no Cap. 5, o sistema da ONU do sistema regional europeu e do inter-americano.

Não cabe, neste prefácio, dar maiores indicações sobre estes mecanismos, que são mecanismos de controle na acepção de *fiscalização* e não de um poder de controle, com o sentido forte de comando do sistema internacional da tutela dos direitos humanos[11]. O leitor os encontrará no texto do livro. O que me

---

11. Cf. Fábio Konder Comparato, *O Poder de Controle na Sociedade Anônima*, Rio de Janeiro, Forense, 1983, cap. I.

parece importante sublinhar, na análise do A., é o exame que faz do processo que desencadeou o "intervencionismo" fiscalizador.

IV

Com efeito, para retomar a linha da minha argumentação e para usar a terminologia kantiana da quarta proposição da *Idéias de uma História Universal de um Ponto de Vista Cosmopolita*, é a *insociável sociabilidade dos homens*[12] que, no plano internacional, se exprime através da *seletividade*, que está na origem da fase "intervencionista".

O primeiro momento da fase "intervencionista" começa em 1967, pela ação do Terceiro Mundo, mobilizada pelo combate ao *apartheid*, e que logrou inserir na agenda da Comissão de Direitos Humanos o tema da violação de direitos na África do Sul, depois de um prévio trabalho de articulação diplomática no Comitê de Descolonização e no Conselho Econômico e Social. Isto ensejou, primeiro um controle confidencial, depois um controle ostensivo, com designação de relator especial.

O segundo momento da fase "intervencionista" da Comissão de Direitos Humanos foi a investigação, através de um Grupo de Peritos, de alegações sobre o descumprimento, por parte de Israel, da Convenção de Genebra de 1949, no que diz respeito ao tratamento de civis, em tempo de guerra, nos territórios árabes ocupados em 1967, como conseqüência da guerra travada naquele ano.

O caso da África do Sul, em função do combate ao racismo no âmbito do movimento de descolonização, e o dos territórios árabes ocupados por Israel, em função de se situarem no campo do direito humanitário e, portanto, de paz e de guerra (tendo como horizonte o tema do título para a aquisição de território), podem ser analisados como casos de "seletividade intervencionista" à luz dos fatores políticos que incidem na dinâmica do funcionamento do sistema internacional. Esta "seletividade", fruto da "insociável sociabilidade" foi, no entanto, da maneira indicada por Kant, um meio de desenvolver a moralidade, pois representou a base do primeiro grande precedente – o do Chile de Pinochet – voltado para o tema de violações maciças de direitos humanos no âmbito interno de um estado.

---

12. Immanuel Kant, *Idéias de uma História Universal de um Ponto de Vista Cosmopolita*, Ricardo R. Terra (org.), Rodrigo Neves e Ricardo R. Terra (trad.), São Paulo, Brasiliense, 1986, p. 13.

Com efeito, o Grupo de Trabalho Especial sobre a situação dos Direitos Humanos no Chile, estabelecido em 1975 por resolução da Comissão de Direitos Humanos, inaugurou uma investigação ostensiva que rompeu efetivamente com a competência reservada da soberania dos governantes na matéria. Deu, assim, margem para uma elaboração mais ampla no campo dos valores, pois os países não alinhados, ao aprová-la, foram além de sua posição, até então restrita ao anti-racismo e ao anticolonialismo –; o bloco socialista ao aceitá-la, admitiu uma acomodação tática de sua tradicional postura de defesa intransigente da noção clássica de soberania, e os países ocidentais transcenderam, no caso, os seus interesses no campo estratégico e econômico. Daí, como observa o A., a abertura do caminho para a criação de novos mecanismos de controle ostensivo, que representam, diria, o início do efetivo exame perante o *comum* de um *auditório universal* da legitimidade das condutas internas e internacionais das soberanias.

V

A evolução que estou descrevendo, com base nas análises de J. A. Lindgren Alves, ocorreu na vigência da bipolaridade EUA/URSS e, portanto, das relações de conflito, cooperação e competição entre duas superpotências, com poder suficiente para definir o parâmetro de funcionamento do sistema internacional. No campo dos valores, ou seja, dos modelos percebidos como legítimos da estruturação das sociedades, isto fez dos EUA, na batalha ideológica em função do papel da herança liberal na afirmação dos direitos humanos de primeira geração, consagrados no Pacto de Direitos Civis e Políticos, um propugnador seletivo de seu reconhecimento na organização da vida coletiva. Da mesma maneira, a URSS, levando em conta o papel da herança socialista na elaboração dos direitos de segunda geração, reconhecidos no Pacto de Direitos Econômicos, Sociais e Culturais, colocou-se como um articulador seletivo de sua relevância nos modelos de organização social.

A Guerra Fria e a bipolaridade dela derivada não davam conta, como é sabido, de toda a vida mundial e, nas suas brechas, constitui-se, através da articulação diplomática do Terceiro Mundo, a polaridade Norte/Sul. A polaridade Norte/Sul, no campo dos valores, em matéria de direitos humanos, além da reivindicação do clássico direito à autodeterminação dos povos, contemplada na Carta das Nações Unidas, que fundamentou o processo de descolonização, inseriu na pauta outros direitos de titularidade coletiva, considerados direitos de terceira geração. Entre eles, o direito à paz e o direito ao desenvolvimento e a correspondente postulação de uma nova ordem política e econômica mundial mais solidária.

Direitos de primeira geração, defendidos pelos EUA; direitos de segunda geração, argumentados pela URSS; direitos de terceira geração reivindicados pelo Terceiro Mundo, explicam, na lógica das dicotomias Leste/Oeste e Norte/Sul, a dinâmica política dos direitos humanos num sistema internacional de polaridades definidas. Estas polaridades, por obra dos interesses que implicam a seletividade, não impediram, com a sua "insociável sociabilidade", como foi visto, o avanço representado pelo "intervencionismo". Dificultaram, no entanto, a plena afirmação da graduação hierárquica e da realizabilidade, no campo dos valores, dos direitos humanos como *tema global*, pois, como indica o A. no Cap. 7, ao tratar da falácia das "prestações negativas", os direitos humanos como tema global passam não pela seletividade mas sim pela indivisibilidade e interdependência das três gerações de direitos. Esta interdependência, aponta ele, baseado em Vasak, pode ser doutrinariamente sustentada levando-se em conta a dialética da complementaridade inerente à tríade dos valores da Revolução Francesa: Liberdade, Igualdade e Fraternidade. Por isso devem ser simultaneamente conjugados os direitos civis e políticos como direitos de liberdade; os direitos econômicos, sociais e culturais como direitos de igualdade e os de terceira geração, do tipo do direito ao desenvolvimento e à paz, como direitos de fraternidade na acepção de solidariedade.

A oportunidade política, para asseverar a indivisibilidade e a interdependência dos direitos, perante o *comum* do *auditório universal* e superar as descontinuidades de seletividade, surge com o fim da Guerra Fria, que deu início a um sistema internacional de polaridades indefinidas. Este sistema está sendo conformado pelo movimento de duas forças contraditórias: as centrípetas que impelem à globalização, e as centrífugas que favorecem a fragmentação.

Na primeira etapa do pós-Guerra Fria – que vai da queda do muro de Berlim até a guerra do Golfo – predominaram as forças centrípetas, instigadoras da lógica da globalização – da finanças, do investimento, do comércio, da informação, da democracia, dos direitos humanos, do meio ambiente e da segurança coletiva (uma ONU revigorada, regida por consensos facilmente atingíveis). Em síntese, estaríamos chegando ao fim da História (Fukuyama), e no horizonte próximo da *paz perpétua*

Na segunda etapa do pós-Guerra Fria, que se inicia com a decomposição da URSS e do edifício interestatal através do qual se articulava o socialismo soviético, aparecem, com pleno vigor, forças centrífugas de desagregação e secessão de Estados (por exemplo, Iugoslávia). Novas identidades nacionais, novas modalidades de protecionismo, o espraiar-se de fundamentalismos, a "purificação étnica", novos dilemas de segurança (por exemplo, Bósnia, Somália, Ruanda) anunciam a reversão do otimismo "iluminista" da primeira etapa do pós-Guerra Fria com o *Sturm und Drang*, romântico da lógica de fragmentação e do conflito de civilizações, apontado por Huntington[13].

Se as "forças profundas" que estão modelando o sistema internacional são estas que derivam da interação entre a lógica da unificação e a lógica da fragmentação e das imprevisibilidades que provocam, não é fora de propósito concluir que o equilíbrio político entre as duas lógicas só é alcançável pela tolerância e esta só se viabiliza pela associação positiva entre direitos humanos e democracia, como condição da construção da paz. Esta é a minha tese, compartilhada pelo A. neste livro, e foi a linha que imprimi à diplomacia brasileira, em 1992, quando tive a responsabilidade de conduzir o Itamaraty[14] e contei com a sua dedicada e competente colaboração nesta área.

Com efeito, num mundo de polaridades indefinidas, permeado por forças centrífugas e centrípetas, a tolerância indispensável para a afirmação não seletiva dos direitos humanos vai além do lidar com o "diferente" na religião e na política que levou, no plano interno, à aceitação democrática da fragmentação do poder ideológico dos governantes por meio da tutela da liberdade religiosa e política. Significa construir, no plano interno e internacional, uma tolerância centrípeta em relação ao "diverso" centrífugo das etnias, das línguas, das identidades políticas e dos tipos de visão do mundo no pluralismo da civilização.

---

13. Cf. Celso Lafer e Gelson Fonseca Jr., "Questões para a Diplomacia no Contexto Internacional das Polaridades Indefinidas" (notas analíticas e algumas sugestões) *in* Gelson Fonseca Jr. e Sérgio Henrique Nabuco de Castro (org.), *Temas de Política Externa Brasileira II*, vol. I, Brasília, Fundação Alexandre de Gusmão, São Paulo, Paz e Terra, 1994, pp. 49-77.

14. Cf. *A Inserção Internacional do Brasil: a Gestão do Ministro Celso Lafer no Itamaraty*, Brasília, Ministério das Relações Exteriores, 1993, especialmente discurso em 19.05.92 na XXII Sessão da Assembléia Geral da OEA (pp. 73-83); discurso em 21.09.92 na abertura do Debate Geral da XLVII Assembléia Geral da ONU (pp. 217-235).

Esta construção tem a justificá-la, para recorrer a Bobbio e sustentar a complementaridade entre a Política e a Moral afirmada no início deste prefácio, tanto argumentos de prudência e de realismo, quanto de natureza ética[15]. Os argumentos de prudência política baseiam-se no princípio da reciprocidade inerente à convivência pacífica. Esta pede o compromisso realista de não querer impor, pela força, um ponto de vista, dada a distribuição do poder prevalecente no sistema internacional. Um compromisso deste tipo é, ao mesmo tempo, um cálculo utilitário e uma aposta existencial em prol da paz. Os argumentos de natureza ética têm como fundamento a aceitação e o respeito pelo Outro, base da democracia. Assentam-se, em termos kantianos, na "razão prática" do que é eticamente devido a todo ser humano na sua individualidade. A construção da tolerância, nestes moldes, passa pela afirmação da indivisibilidade dos direitos humanos e, neste sentido, pode-se dizer que a agenda dos direitos humanos é um dos ingredientes da governabilidade do sistema internacional dos nossos dias. É por esse motivo que os direitos humanos são, hoje, efetivamente, um *tema global*.

VI

A consagração dos direitos humanos, como *tema global*, no atual sistema internacional de polaridades indefinidas, como o A. mostra nos Caps. 2 e 8, ocorreu na Conferência de Viena, realizada de 14 a 25 de junho de 1993. Viena está para os direitos humanos assim como a Rio-92 – a primeira grande conferência multilateral da ONU do mundo pós-Guerra Fria – está para o meio ambiente e o desenvolvimento. Ambas lidaram com *temas globais*, encarando-os numa "visão de futuro" sob o signo da cooperação, tendo como horizonte criar condições de governabilidade do sistema internacional.

Em Viena, a diplomacia brasileira teve um papel construtivo na linha da Rio-92. Nela J. A. Lindgren Alves destacou-se como coordenador da "força-tarefa" informal que cuidou da Parte III de Recomendações, dando, como diplomata *scholar*, uma inestimável colaboração à importante atuação do embaixador Gilberto V. Sabóia, que foi o Presidente da Comissão de Redação[16].

---

15. Norberto Bobbio, *L'età dei diritti, cit.* pp. 235-252.
16. Cf. Gilberto Vergne Sabóia, "Um Improvável Consenso: a Conferência Mundial de Direitos Humanos e o Brasil", in *Política Externa*, vol. 2, n° 3, São Paulo, Paz e Terra, dezembro 1993, pp. 3-18.

A Conferência de Viena foi a maior concentração de representantes de estados e entidades da sociedade civil em matéria de direitos humanos. Reuniu delegações de 171 Estados, teve 813 organizações não-governamentais acreditadas como observadoras da Conferência e mobilizou 2 000 organizações não-governamentais no Forum Paralelo das ONG's. Neste sentido explicitou: (*I*) a globalização da temática dos direitos humanos como um assunto que, da mesma maneira que o meio ambiente, tem tanto atores governamentais quanto não-governamentais e (*II*) reconheceu diplomaticamente a existência axiológica de um *consensus omnium gentium* a respeito da universalidade dos direitos humanos.

Com efeito, a Conferência de Viena, dada a sua representatividade, conferiu abrangência inédita aos direitos humanos, ao reafirmar, por consenso, sua universalidade, indivisibilidade, interdependência e inter-relacionamento. Superou, assim, resistências derivadas do "conflito de civilizações", aceitando a unidade do gênero humano no pluralismo das particularidades das nações e das regiões, e de seus antecedentes históricos, culturais e religiosos.

Cuidou de conceitos de particular interesse dos países em desenvolvimento como pobreza extrema e exclusão social, apoio aos países menos desenvolvidos em sua transição para a democracia, meio ambiente e despejos tóxicos.

Reconheceu, sem ambigüidades, o direito ao desenvolvimento, assegurando a devida ênfase, na tradição liberal dos direitos de primeira geração, à pessoa humana como sujeito central do desenvolvimento e titular de dignidade e valor, ao sublinhar que direitos humanos reconhecidos internacionalmente não podem ser cerceados por falta de desenvolvimento.

Condenou todas as formas de terrorismo, o racismo e a xenofobia como atentatórias aos direitos humanos. Realçou as complexidades da crise global de refugiados. Construiu um equilíbrio entre os direitos das populações indígenas e o de minorias, e as obrigações que têm de contribuir para a estabilidade política e social dos estados em que vivem.

Aceitou, e este é um ponto-chave, os direitos humanos como tema global e, portanto, como ingrediente de governabilidade do sistema mundial, ao reconhecer a legitimidade da preocupação internacional com a sua promoção e proteção. Neste sentido, afastou a objeção de que o tema dos direitos humanos está no âmbito de competência exclusiva da soberania dos Estados e poderia ser excluído do temário internacional com fundamento no princípio da não ingerência nos assuntos internos dos Estados.

A Declaração de Viena registrou, igualmente, que a observância dos direitos humanos contribui para a estabilidade e para o bem-estar necessários às relações pacíficas e amistosas entre as nações e, conseqüentemente, para a paz e a segurança. Finalmente, a Declaração de Viena foi o primeiro documento da ONU que explicitamente endossou a democracia como a forma de governo mais favorável para o respeito aos direitos humanos e às liberdades fundamentais.

VII

A análise que estou fazendo, instigada pela qualidade deste livro de J. A. Lindgren Alves, sobre a consolidação dos direitos humanos como um tema global, estaria incompleta sem um destaque conclusivo em torno do seu exame da posição da política externa brasileira em matéria de direitos humanos, da qual é não apenas um estudioso mas também um operador de grandes méritos.

No Cap. 4 merecem referência as informações sobre a adesão do Brasil às grandes convenções sobre direitos humanos. Estas convenções representam compromissos internacionais que têm repercussão interna por força do artigo 5º – LXXVII – § 2º da Constituição de 1988 que, ao referir-se expressamente aos tratados internacionais de que o país seja parte, contempla o alargamento do escopo dos direitos e deveres individuais elencados no Cap. I do texto constitucional.

Neste mesmo Cap. 4 o A. indica que os mecanismos de controle temático são os que mais têm cobrado ações e informações do governo brasileiro, apontando entre os itens inseridos na agenda: o assassinato de menores, atos de violência e assassinatos de líderes rurais, indígenas e militantes de movimentos da sociedade civil. Refere-se, igualmente, à movimentação internacional de organizações não-governamentais e de países tendo em vista episódios como os da Candelária no Rio; da casa de detenção do Carandiru em São Paulo; o dos índios ianômani, na aldeia de Haximu.

Na análise desta problemática mostra o A., preocupado e ocupado com a realizabilidade dos direitos humanos, como a capacidade de resposta diplomática do Brasil a esta fiscalização internacional exige, independentemente da avaliação da "seletividade", uma melhor coordenação da administração pública nos níveis federal, estadual e municipal e uma maior eficácia do Judiciário. Isto requer, operacionalmente, como aponta o A. no Cap. 7, medidas apropriadas de reorganização do Estado, para torná-lo apto a cumprir as "prestações positivas" inerentes à tutela dos direitos humanos. Com efeito, no Brasil de hoje, a violação dos direitos humanos não tem como fulcro e foco o arbítrio discricionário do poder concentrado e centralizado de um regime autoritário mas sim as dificuldades de um regime democrático em assegurar, num país continental e numa sociedade heterogênea, permeada por vastas desigualdades, o efetivo respeito aos direitos humanos. Em outras palavras, a posição internacional do Brasil, em matéria de direitos humanos, pela qual responde o Itamaraty, só se viabilizará apropriadamente, com um entrosamento e uma coordenação com as demais instâncias do Estado e da sociedade. Este entrosamento é um dos desafios dos novos modos de fazer diplomacia que o país tem pela frente para assegurar, no campo dos valores, a sua legitimidade internacional.

Uma palavra final ainda se faz necessária para comentar o Cap. 6, no qual, com cuidados documentais e sensibilidade política, o A. examina o Brasil na Comissão dos Direitos Humanos da ONU. Garimpa como as sérias violações de direitos humanos no período de 1968 a 1972, o mais duro do regime militar, ensejaram, pelo menos desde 1974, um procedimento confidencial de averiguações. Mostra como o governo brasileiro conseguiu, em 1976, encerrar este procedimento, com o apoio da Iugoslávia e do Uruguai sob regime militar, evitando, assim, o risco de expor-se a uma situação semelhante à do Chile de Pinochet.

Esta posição defensiva, à luz da mobilização interna e externa em torno dos direitos humanos, reforçada com a eleição de Carter para a presidência dos EUA, desdobrou-se de maneira positiva na bem-sucedida decisão brasileira de, em 1977, candidatar-se à Comissão de Direitos Humanos. Dela derivou a primeira manifestação mais ampla do governo brasileiro sobre o tema dos direitos humanos no plano internacional, articulada pelo então Chanceler Azeredo da Silveira no discurso de 19/, de abertura da XXXII Sessão da Assembléia Geral da ONU, em 1977. Esta representou, no plano externo, a proposta interna da "abertura" lenta, segura e gradual do governo Geisel. A ela corresponde a fase brasileira da Comissão de Direitos Humanos que o A. qualifica de "conservadora mas não obstrucionista" que se estende de 1978 a 1984.

A esta fase se segue, com a redemocratização do país e a correspondente aceitação da graduação hierárquica dos valores dos direitos humanos na organização da vida brasileira, uma nova etapa – "a da aceitação da legitimidade das iniciativas multilaterais". Esta se explicita com o discurso do Presidente Sarney, em 1985, ao inaugurar o debate da XL Sessão da Assembléia Geral da ONU, teve como conseqüência o processo de adesão do Brasil às principais convenções internacionais e se estende até 1990.

Nova etapa inicia-se em 1990. Expressa-se com o discurso do Presidente Collor em 1990, também na abertura da Assembléia Geral da ONU, ao registrar que o alastramento interno e externo dos ideais democráticos estava a exigir um aprofundamento da temática dos direitos humanos. Esta fase do Brasil na Comissão dos Direitos Humanos da ONU, que se estende até hoje, denomina-a o A. de "plena compreensão do papel dos mecanismos internacionais" para a observância interna dos direitos humanos. Documenta a nova visão baseada na transparência da soberania, com o discurso do Embaixador Rubens Ricúpero em fevereiro de 1991, na 47ª Sessão da Comissão de Direitos Humanos; com o meu próprio, em 1992, na abertura do debate da Assembléia Geral da ONU; e já na presidência Itamar Franco, com o do Chanceler Celso Amorim, em 1993, igualmente na abertura dos debates da Assembléia Geral da ONU.

Esta capacidade de evolução é um bom exemplo do estilo diplomático brasileiro, assinalado pelo uso do repertório da tradição para ensejar a inovação, que analisei ao refletir sobre minha experiência no Ministério das Relações Exteriores[17]. Com efeito, uma das características da autoridade do Itamaraty, como instância do Estado brasileiro responsável pela administração da política externa brasileira, é a consciência de seus quadros de que está gerindo uma política pública cujo tempo não se esgota no "imediatismo" – o que, no caso dos direitos humanos, seria representado por uma posição meramente defensiva da discricionariedade da soberania durante o regime militar. Por isso trabalha com o objetivo de dar credibilidade à articulação da presença internacional do país, para, sem rupturas, mas sensível às transformações internas e externas, ir inserindo as mudanças necessárias, dentro de um processo de continuidade no qual, regra geral, o "novo" emerge do existente.

A análise levada a cabo por J. A. Lindgren Alves no Cap. 6 ilustra, assim, o "tempo" do ponto de vista do diplomata em-

---

17. Cf. em *A Inserção Internacional do Brasil: a Gestão do Ministro Celso Lafer no Itamaraty*, cit. o texto "A Autoridade do Itamaraty", pp. 375-387.

penhado de boa fé na tutela dos direitos humanos, contrastando-o com as "urgências", igualmente compreensíveis e necessárias dos militantes dos direitos humanos, permitindo a conclusão de que ambos, na sua interação, convergem, kantianamente, para a afirmação da graduação hierárquica e da realizabilidade dos valores consagrados pela legitimidade da perspectiva *ex parte populi*, na organização da vida coletiva, inaugurada com as Declarações dos Direitos Humanos da Revolução Americana e Francesa.

Esta convergência da Ética e da Política, hoje, tem a sustentá-la a lógica da vida mundial e regional, pois a legitimidade dos estados e das sociedades, o seu *locus standi* no plano diplomático, a sua credibilidade e seu acesso à cooperação internacional, se vêem reforçados com a promoção dos direitos humanos e a sua proteção democrática. Por isso, democracia e direitos humanos, no plano interno, passaram a ser um ingrediente relevante de *soft power* no plano internacional. Daí a razão pela qual, para concluir com Tocqueville este prefácio ao livro de J. A. Lindgren Alves e evidenciar o alcance de suas inquietações e a importância de sua contribuição, vale a pena encarar o futuro com a preocupação salutar que faz velar e combater[18] pela preservação e ampliação deste sinal kantiano do progresso da humanidade.

São Paulo, outubro de 1994

---

18. Alexis de Tocqueville, *De La Democratie en Amérique*, t. II, IVe partie, chap. VII in Tocqueville, *De La Democratie en Amérique, Souvenirs, L'Ancien Régime et la Revolutión* (introd. e notas de Jean-Claude Lamberti e Françoise Mélonio), Paris, Laffont, 1986, p. 656.

Introdução

O presente volume procura descrever o sistema internacional de proteção aos direitos humanos por uma ótica pouco usual na literatura especializada brasileira: a da diplomacia multilateral. Não se trata – e não teria eu competência para isso – de um compêndio de direito internacional dos direitos humanos, nem de uma reflexão deontológica sobre o tema, ou de um estudo doutrinário no campo da teoria das relações internacionais. Procura ele, sim, transmitir o que existe de concreto para a proteção internacional dos direitos humanos, na forma de instrumentos, mecanismos e tendências, particularmente no âmbito das Nações Unidas. Interpretações jurídicas, concepções filosóficas e posições doutrinárias são mencionadas porque a política, nacional e internacional, delas não prescinde. E as relações internacionais, ainda quando incidentes sobre questões de conteúdo moral, são sempre, ineludivelmente, políticas. Valho-me nestes escritos, essencialmente, da experiência pessoal que tenho tido como diplomata brasileiro em foros multilaterais competentes. O que não quer dizer que as percepções e opiniões aqui expostas correspondam necessariamente às do Governo.

Tampouco é este um livro sobre os direitos humanos no Brasil. A respeito do assunto é abundante a bibliografia, nacional e estrangeira, em geral catalogando horrores reais e pouco atentando para os fatos positivos incontestes: a reconquista da liberdade em amplitude antes inigualada, o restabelecimento pleno dos direitos políticos e a mobilização da sociedade na busca de novos padrões de convivência inspirados pela ética. A situação brasileira é, porém, referida, até porque as relações exteriores não ocorrem em dimensão independente das realidades internas.

Para um diplomata de carreira, de qualquer país, em graus variados, a participação na diplomacia dos direitos humanos é um desafio de características especialíssimas. O tema é um "osso duro de roer", que contraria o que se procura habitualmente fazer nas demais esferas da atuação internacional: a afirmação do poder ou da imagem nacional – na interpretação dos politólogos "realistas"; a construção de relações mais equânimes – para os chamados "idealistas"; ou a defesa de interesses nacionais mais imediatamente evidentes.

Quase toda a literatura existente sobre a diplomacia dos direitos humanos, maciçamente anglo-americana, tende a examiná-la do ponto-de-vista dos Estados "cobradores", sobretudo em suas relações bilaterais, e ainda assim considera problemático seu exercício. Para Jack Donnelly, por exemplo, os direitos humanos como objetivo de política externa conflitam com outros objetivos e podem dificultar a persecução do interesse nacional concebido de forma mais ampla[1]. R. J. Vincent, por sua vez, identifica uma "inescapável tensão entre direitos humanos e política externa". Sendo a comunicação entre Estados a primeira função da diplomacia, a preocupação com os direitos humanos – na jurisdição alheia, é claro – dificultaria essa função. Nessas condições, segundo Vincent, os diplomatas a assumiriam, quando dela não podem escapar, sempre "sem entusiasmo"[2].

De fato, ao trabalhar com o tema dos direitos humanos, seja na diplomacia bilateral, seja na multilateral, os profissionais de carreira, de governos "cobradores" ou "cobrados", vêem-se normalmente em situações delicadas e constrangedoras. Nenhum

---

1. Jack Donnelly, *Universal Human Rights in Theory & Practice*, Ithaca, Cornell University Press, pp. 246-47. Donnelly reconhece, porém, que "a more extensive commitment to human rights in foreign policy may, in some cases, make an important contribution to the realization of even national security goals".

2. R. J. Vincent, *Human Rights and International Relations*, Cambridge, Cambridge University Press, 1986, pp. 129-143. Vincent também reconhece a contribuição dos direitos humanos como "medicina preventiva" pela ótica do país "cobrador": "... the flood of refugees that might result from the denial of human rights, even from a country of whose existence we are dimly aware, and the likelihood of their choosing the western world as a destination, should focus bureaucratic attention on the practicality of human rights observance as preventive medicine".

representante governamental, de país pequeno, médio ou grande, em desenvolvimento ou superpotência, do Oriente ou do Ocidente, fica isento de ouvir críticas a seu Estado de origem, seja pela situação doméstica, seja por atitudes intrusivas, muitas vezes arrogantes, adotadas no exterior. Por outro lado, o trabalho internacional sobre os direitos humanos não parece gerar – salvo vitórias políticas episódicas – vantagens imediatas para os governos, inquisidores e inquiridos.

Não compartilho, porém, a opinião de R. J. Vincent sobre a "falta de entusiasmo" que caracterizaria a ação do diplomata nessa esfera. De todos os foros das Nações Unidas em que tenho tido o privilégio de atuar, já por quase dez anos, a Comissão dos Direitos Humanos afigura-se o mais vivaz. O fato é visível no empenho com que as delegações se dedicam a estabelecer parâmetros de comportamento, na aguerrida cobrança de ações governamentais para obviar violações detectadas e na autodefesa apaixonada dos Estados diretamente questionados. Sem tal vigor multiforme não teria a ONU logrado tantos êxitos nesse novo ramo das relações internacionais, praticamente inaugurado no fim da Segunda Guerra Mundial, especialmente no campo normativo. Se na área do controle os avanços são menos palpáveis, isto se deve à composição heterogênea e não-democrática da comunidade internacional. E ainda assim, as modalidades de supervisão existentes, que a cada ano se vêm fortalecendo com novos mecanismos, já não são negligenciáveis.

Tal vigor dever-se-á, muito provavelmente, à natureza ética da matéria tratada, que, salvo algumas chocantes exceções, parece gerar entre os participantes uma espécie de dupla lealdade: com os repectivos governos, por convicção ou razão de ofício, mas também com o ser humano. Se correta esta percepção, ela refuta, uma vez mais, o relativismo absoluto de um Joseph de Maistre e outros teóricos do nacionalismo europeu dos séculos XVIII e XIX, para quem, em contraposição ao Iluminismo, o "homem universal" não existiria[3]. Pelo que a experiência tem demonstrado, o relativismo absoluto, que se equivale na prática ao etnocentrismo universalista impermeável, é argumento hoje

---

3. A célebre declaração de Joseph de Maistre, em 1797, dizia que: "... il n'y a point d'homme dans le monde. J'ai vu dans ma vie des Français, des Italiens, des Russes. Je sais même, grâce à Montesquieu, qu'on peut être persan; mais quant à l'homme, je déclare ne l'avoir jamais rencontré de ma vie; s'il existe, c'est à mon insu".(Citado por Sélim Abou, *Cultures et droits de l'homme*, Paris, Hachette. 1992, p. 43).

brandido apenas por Estados violadores acuados. E, no dizer de Sélim Abou, "o etnocentrismo tem o valor de uma estratégia de autodefesa"[4].

Ao participar das relações internacionais no campo dos direitos humanos, o diplomata, diferentemente do jurista, do acadêmico, ou do militante de organização não-governamental, vê-se freqüentemente diante de difíceis opções. Ao contrário dos demais atores, ele não se pode guiar apenas pela consciência ética, desvinculada da complexidade de fatores incidentes sobre o assunto. Por esse motivo é muitas vezes objeto de mal-entendidos por parte dos ativistas da causa, naturalmente maximalistas e imediatistas, que atuam com outras dificuldades, não raro mais dramáticas, mas sem os constrangimentos inerentes ao exercício da diplomacia.

Ao assumir, em nome do Brasil, em 1981, a Presidência da 37ª Sessão da Comissão dos Direitos Humanos das Nações Unidas, o Embaixador Carlos Calero Rodrigues definiu, em poucas palavras, a única forma de atuação efetivamente construtiva que se pode esperar das delegações governamentais em qualquer foro multilateral competente na matéria:

> Encontramo-nos, todos, aqui na qualidade de representantes de nossos governos, e temos que refletir suas posições e pontos de vista. Não obstante, acredito que os membros desta Comissão têm sempre tido a consciência de que seu dever não se limita a cumprir instruções. Como membros de um corpo coletivo, devem eles estar atentos a outras idéias e conceitos, e podem, em certos casos, acomodá-los às linhas essenciais de suas próprias posições, ou ainda, passando-as adiante às autoridades nacionais, contribuir para modificações de posturas que permitam a obtenção de consenso[5].

Compõe-se o presente livro de quatro artigos já publicados, que procurei atualizar até meados de 1994, e de novos textos, que os complementam, com vistas a proporcionar maior organicidade ao conjunto. Todos têm como ponto de referência a Conferência Mundial de Direitos Humanos, realizada em Viena, de 14 a 25 de junho de 1993.

Dos textos já publicados, o primeiro, que dá título ao volume e aqui se apresenta como Cap. 1, permanece, salvo mínimas alterações temporais, tal como apareceu no *Boletim da Sociedade Brasileira de Direito Internacional*, em 1992. Optei por assim

---

4. Sélim Abou, *op. cit.*, p. 44.
5. Texto original em inglês, datilografado, Genebra, 02.02.81. Minha tradução.

mantê-lo porque, anterior à Conferência de Viena, mas redigido com a perspectiva de sua realização, permanece conceitualmente válido e apresenta todos os subtemas desenvolvidos depois. Os dados factuais dizem respeito a 1992 e, quando for o caso, estarão atualizados nos capítulos subseqüentes. A descrição de como se realizou o estabelecimento de mecanismos de controle é aí mais pormenorizada do que no Cap. 4 – onde procuro descrever todos os elementos do sistema de proteção das Nações Unidas – porque, em meu entender, são esses mecanismos que dão concreção à presente situação dos direitos humanos como *tema global*. Esta, aliás, não deve ser confundida com a tendência à *globalização* dos direitos humanos, resultante de processo histórico bem mais longo, iniciado com a Revolução Francesa e reconfirmado pela Declaração Universal de 1948. A situação atual é apenas um estádio desse processo, que se pode alterar no futuro, para diante ou para trás.

O Cap. 2, sobre o significado político da Conferência, origina-se de palestra que fiz na Escola Paulista da Magistratura, em setembro de 1993. Na forma original, foi publicado pela *Revista Brasileira de Política Internacional* em 1993, e na forma ampliada atual pela revista *Lua Nova* em 1994. O interesse despertado no Brasil pela Conferência é justificado por diversos motivos. Somando-se a representação não-oficial – de ONGs e acadêmicos – à delegação oficial, que pela primeira vez incluiu em evento desse tipo representantes dos Poderes Executivo e Legislativo estaduais, a pedido e por conta dos respectivos governos, o conjunto de brasileiros presentes em Viena foi dos mais numerosos, ultrapassando 60 pessoas. O fato, por si só, evidencia a importância que o tema dos direitos humanos adquiriu em nosso país. O papel fundamental do Brasil, na Presidência do Comitê de Redação, para a obtenção do consenso necessário à aprovação do principal documento, a Declaração e Programa de Ação de Viena, valoriza, ainda mais, para o povo e o Governo brasileiros as deliberações daquele foro. Foi, por outro lado, a Conferência de Viena – e os contactos preparatórios e posteriores a sua realização – que me permitiu verificar pessoalmente quão desconhecido era o tema deste livro em nossa sociedade.

O Cap. 3 reproduz, também literalmente, artigo de imprensa, publicado no *Jornal do Brasil* em 22 de setembro de 1993. Escrevi-o em função das apreensões suscitadas pelo trágico incidente da aldeia de Haximu, na região fronteiriça entre Venezuela e Brasil, em que foram assassinados diversos indígenas –

aparentemente 16 – ianomâmi. Naquela época, personalidades brasileiras difundiram com insistência o temor de que as Nações Unidas pudessem "invadir o Brasil" sob pretexto de proteger os direitos humanos. Embora curto, o texto traz a mensagem que me parece essencial sobre o delicado equilíbrio existente entre o tema da soberania e o dos direitos humanos, ambos igualmente importantes e à primeira vista contraditórios, no estádio atual das relações internacionais.

O Cap. 4 apresenta, em termos descritivos, os elementos constitutivos do sistema internacional de proteção aos direitos humanos, indicando a adesão do Brasil a cada um deles. Por se propor abrangente, a parte relativa aos mecanismos de controle repete a descrição já feita no Cap. 1. Amputá-la corresponderia a fornecer uma visão incompleta do sistema. Reconheço a redundância, mas acredito que ela possa ser útil. Publicado originalmente na revista *Arquivos*, do Ministério da Justiça, no segundo semestre de 1993, o texto foi atualizado em maio de 1994.

Do Cap. 5 em diante todos os textos são novos e inéditos.

Os Cap. 5 e 6 visam a complementar os artigos anteriores, com uma breve comparação entre o sistema das Nações Unidas e os sistemas europeu e interamericano, e com um apanhado genérico das linhas de atuação do Brasil na Comissão dos Direitos Humanos da ONU.

O Cap. 7 procura mostrar as dificuldades brasileiras perante o sistema internacional, apontando as principais resistências doutrinárias e objeções políticas encontradas no exterior para o tratamento da matéria em sua complexidade.

O Cap. 8 tenta esboçar as principais tendências que se podem notar, desde a Conferência de Viena de 1993, no tratamento internacional dos direitos humanos. A abordagem é necessariamente "impressionista", pois um ano é muito pouco para se identificarem adequadamente os rumos de assunto tão vasto.

Como a Conferência de Viena é o ponto focal de quase todos os capítulos, e o principal documento dela emanado foi pouco difundido no Brasil, o volume se encerra com o próprio texto da *Declaração e Programa de Ação de Viena*, em tradução feita por mim para o português, na forma de apêndice.

A Declaração de Viena, como se verá no Cap. 2, reafirmou a universalidade dos direitos humanos, dando razão ao Iluminismo em sua postulação metafísica de uma natureza humana superior à materialidade fenomenológica e às contingências sociais. Não descartou, porém, o relativismo, ao reconhecer a importância dos sistemas políticos, econômicos, religiosos e culturais nos quais o Homem e a Mulher realizam sua história[6]. Do equilíbrio entre esses dois conceitos contraditórios – sintetizados num universalismo temperado pelos dados essenciais das diferentes culturas –, ou de sua ruptura dependerá, em última análise, a evolução futura dos direitos humanos como tema global.

Junho de 1994

---

6. O Iluminismo e os protagonistas da *Révolution* referiam-se sempre ao "Homem" como sinônimo da espécie. O movimento feminista, observando, com razão, que a linguagem reflete as relações de poder, sendo delas um importante instrumento, opõe-se firmemente a essa generalização – que se mantém sobretudo na França, onde *droits de l'homme* ainda é a expressão utilizada para os direitos humanos. Sendo verdade histórica que os grandes pensadores do Século XVIII não englobavam propriamente as mulheres em suas elucubrações sobre o Homem universal, e tendo em conta o importante papel que o movimento de mulheres tem desenvolvido em todo o mundo para a universalização e a observância dos direitos humanos, não posso dissociar-me de seu pleito. Procurarei, portanto, em todo o livro situar corretamente as questões de gênero. Eventuais deslizes não corresponderão a posturas ideológicas; serão, no máximo, reflexos involuntários da cultura em que me criei.

1. Os Direitos Humanos como Tema Global[1]

Com a derrocada dos regimes comunistas do Leste europeu, e o conseqüente fim da Guerra Fria, as relações internacionais têm registrado mudanças tão vertiginosas que hoje soa obsoleta a própria expressão "nova ordem internacional", alardeada até há pouco. Em 1989, o artigo de Francis Fukuyama sobre o "fim da história"[2] era acolhido pelo triunfalismo do Ocidente desenvolvido como o manifesto da vitória do capitalismo no mundo. Já em 1991, a metáfora de Jean-Christophe Rufin sobre o "império" – ocidental e opulento – cercado pelos "novos bárbaros" esfaimados do Terceiro Mundo[3] gerava inquietações. Em 1992, em meio às guerras na antiga Iugoslávia e diante do recrudescimento do racismo, da xenofobia e do neonazismo no Primeiro Mundo, seria mais difícil para Rufin apontar claramente quem são os "novos bárbaros".

Apesar da desordem imperante no sistema internacional, e das dificuldades encontradas para sua estabilização, alguns elementos podem ser facilmente identificados no que se espera seja

---

1. Artigo publicado originalmente no *Boletim da Sociedade Brasileira de Direito Internacional*, n° 77/78, janeiro/março de 1992, pp. 45-61.
2. Francis Fukuyama, "The End of History?", *The National Interest*, Summer 1989, pp. 3-18.
3. Jean-Christophe Rufin, *L'Empire et les Nouveaux Barbares*, Paris, J. C. Lattès, 1991.

uma nova ordem em gestação. O primeiro é a revalorização das Nações Unidas como instrumento para a solução de conflitos[4]. O segundo, decorrente da superação da competição ideológica capitalismo x comunismo, e substancialmente impulsionado pela ONU, é a afirmação de certos assuntos como "novos temas" de interesse global na agenda internacional. Dentre esses temas, os de maior prioridade, e por isso objeto das duas primeiras Conferências Mundiais da década de 90, têm sido o da proteção ao meio ambiente e o dos direitos humanos[5].

As razões que levaram à aceitação generalizada da questão do meio ambiente como tema global são fáceis de apreender. A camada de ozônio, o ar que respiramos, os mares internacionais não têm fronteiras. A degradação ambiental dentro de um território, além de ameaçar a população local, ultrapassa facilmente os limites traçados em qualquer documento político-diplomático. O desflorestamento incontrolado e a desertificação, assim como a poluição atmosférica, dispõem de "extraterritorialidade" por sua própria natureza. A resposta conceitual a todas essas ameaças encontra-se na noção do desenvolvimento sustentável, consagrada na Conferência do Rio de Janeiro sobre Meio Ambiente e Desenvolvimento.

Mais difícil de discernir é o caminho percorrido pelos direitos humanos para sua afirmação como tema prioritário da agenda internacional.

Por analogia com o caráter transnacional dos fenômenos ecológicos, é evidente que violações maciças de direitos humanos também podem ter repercussões transfronteiriças, próximas ou distantes, quando menos na forma de emigração em massa, com conseqüências econômico-sociais nos países de acolhida. O cenário internacional de hoje é repleto de casos ilustrativos do fenômeno, quase todos decorrentes de situações de guerra: na antiga Iugoslávia, em ex-Repúblicas Soviéticas, no Golfo Pérsico, na Indochina, na África e na América Central.

---

4. Podem-se questionar suas decisões e a forma pela qual elas têm sido tomadas, particularmente no Conselho de Segurança, mas não parece haver dúvidas de que a ONU é hoje instrumento essencial para a legitimação das ações internacionais mais abrangentes ou incisivas.

5. Outros assuntos geralmente incluídos no rol dos "novos temas" ou "temas globais" têm sido as questões populacionais (para as quais está programada a Conferência Mundial sobre População e Desenvolvimento, no Cairo, em 1994), o desenvolvimento social (uma Cúpula Mundial sobre o Desenvolvimento Social, sob a égide da ONU, deverá realizar-se em 1995, em Copenhague), o narcotráfico e a não-proliferação de armas de destruição em massa.

Não são, contudo, especificamente esses casos extremos e transfronteiriços que conformam o objeto central da questão dos direitos humanos como tema global da atualidade. É, sim, a situação dos direitos humanos dentro da jurisdição de cada Estado em tempos de paz. E isso se deve a uma conjunção de fatores que somente poderia realizar-se com o fim da bipolaridade da Guerra Fria.

Eliminada a divisão simplificadora do mundo em dois grandes blocos estratégicos, em que os problemas e aspirações locais submergiam no contexto das rivalidades das duas superpotências, as realidades e conflitos nacionais tornaram-se muito mais transparentes. Foi possível, assim, verificar com maior clareza o estado deplorável dos direitos humanos em vastas massas territoriais e o grau de ameaça que isso significa à estabilidade internacional.

A afirmação dos direitos humanos como tema internacional prioritário fundamenta-se, pois, do ponto de vista estratégico, pela percepção de que violações maciças podem levar à guerra. Não há que descartar, ainda sob esse mesmo prisma, as preocupações preventivas e autodefensivas dos Estados afluentes, agora mais do que nunca atemorizados com a eventualidade de serem invadidos por levas de refugiados. Do ponto de vista econômico, confluem, por sua vez, interesses opostos: os países mais ricos utilizam os direitos humanos como argumento adicional de condicionalidade à assistência e à cooperação econômica ao Terceiro Mundo; os países em desenvolvimento, do Terceiro e do "exSegundo" Mundos, buscam obter assistência e maior cooperação econômica para que possam ter meios de assegurar os direitos humanos de suas populações. A tudo isso subjaz a característica dominante da atualidade política em quase todo o planeta: a inexistência de alternativas seculares viáveis ao liberalismo – clássico ou com preocupações sociais – como ideologia, e à democracia representativa como sistema de organização política. Em paralelo a esses fatores "transnacionais", e possivelmente como elemento primordial, consolida-se a convicção entre os governados – cidadãos, ativistas e minorias nacionais – de que somente a proteção dos direitos humanos, em todas as suas dimensões, confere real legitimidade aos governantes.

Enquanto o embate de concepções ideológicas do período da Guerra Fria permitia, a alguns Estados, argüir que a consecução de uma melhor situação econômico-social era condição prévia para que as respectivas populações pudessem usufruir dos direitos fundamentais, hoje o entendimento predominante é de que os direitos humanos, inclusive os de primeira geração, civis e políticos, são fatores essenciais à consecução do desenvolvimento. Entre a adoção da Declaração Universal por voto (48 a zero, com oito abstenções), portanto sem consenso, na Assembléia Geral da ONU, em 10 de dezembro de 1948, e o vigor adquirido pelos direitos humanos como tema global, o caminho percorrido foi longo e problemático, dadas as peculiaridades da matéria.

1.1. A QUESTÃO DA UNIVERSALIDADE

É muito disseminada a idéia de que os direitos humanos definidos na Declaração Universal são de concepção "ocidental", e objeto de interesse e preocupação sobretudo para os países ocidentais *stricto sensu*.

É inegável que a luta pelos direitos humanos, tais como hoje legalmente definidos, está associada a desenvolvimentos históricos registrados na Europa e nos Estados Unidos, tendo como marcos fundamentais a Revolução Parlamentar Inglesa, a Independência dos Estados Unidos e a Revolução Francesa, com as respectivas conquistas jurídicas e declarações. A *Déclaration des Droits de l'Homme et du Citoyen*, de 1789, terá sido, provavelmente, a que mais influenciou os redatores da Declaração Universal.

As afirmações de que a Declaração Universal é documento de interesse apenas ocidental, irrelevante e inaplicável em sociedades com valores histórico-culturais distintos, são, porém, falsas e perniciosas. Falsas porque todas as Constituições nacionais redigidas após a adoção da Declaração pela Assembléia Geral da ONU nela se inspiram ao tratar dos direitos e liberdades fundamentais, pondo em evidência, assim, o caráter hoje universal de seus valores. Perniciosas porque abrem possibilidades à invocação do relativismo cultural como justificativa para violações concretas de direitos já internacionalmente reconhecidos.

Se, na consideração dos direitos humanos, os ocidentais privilegiam o enfoque individualista, e os orientais e socialistas o enfoque coletivista, se os ocidentais dão mais atenção às *liberdades fundamentais* e os socialistas aos *direitos econômicos e sociais*, os objetivos teleológicos de todos são essencialmente os mesmos. O único grupo de nações que ainda tem dificuldades para a aceitação jurídica de alguns dos direitos estabelecidos na Declaração Universal e sua adaptação às respectivas legislações e práticas nacionais é o dos países islâmicos, para quem os preceitos da lei corânica extravazam o foro íntimo, religioso, dos indivíduos, com incidência no ordenamento secular da comunidade. Embora diferentes escolas muçulmanas defendam diferentes soluções para esse problema, o que tem funcionado na prática, em nível geral de compatibilização jurídico-religiosa, é a concepção dos direitos humanos como um núcleo essencial de direitos, que permite diferenças na forma de sua aplicação[6].

1.2. SOBERANIA E INTERESSES

Em praticamente todas as áreas de negociação internacional, os Estados interagem em defesa de interesses atinentes à respectiva soberania. Ainda que se trate de negociações políticas, militares, jurídicas e econômicas destinadas a criar, por processos de associação ou integração, entidades mais amplas do que os próprios Estados participantes, é a noção de soberania que rege a atuação dos protagonistas, em busca de algum tipo de ganho. Ao aderirem a tratados que contêm mecanismos de verificação intrusivos, como os da esfera do desarmamento e da não-proliferação nuclear, os Estados se comprometem a aceitar a intrusão em sua órbita interna na expectativa de auferirem alguma contrapartida concreta, como o acesso a tecnologias sensíveis.

Na área dos direitos humanos, as construções internacionais existentes ultrapassaram as noções tradicionais de soberania e interesses.

Ao subscrever uma convenção internacional sobre direitos humanos, ao participar de organizações regionais sobre o assunto, ou, conforme é hoje interpretação corrente, pelo simples fato de integrar-se às Nações Unidas – para quem a Declaração Universal dos Direitos Humanos, se não era originalmente compulsória, tem força de *jus cogens* como direito costumeiro –, os Estados abdicam soberanamente de uma parcela da soberania, em sentido tradicional, obrigando-se a reconhecer o direito da comunidade internacional de observar e, conseqüentemente, opinar sobre sua atuação interna, sem contrapartida de vantagens concretas.

Enquanto prosseguem as discussões doutrinárias sobre a correção jurídica da atribuição de *jus cogens* à Declaração Universal, os fatos evidenciam que as Nações Unidas a vêm aplicando na prática, e são relativamente raros, atualmente, os Go-

---

6. Leslie J. MacFarlane, "Human Rights as global rights", estudo apresentado ao Congresso Mundial da Associação Internacional de Ciência Política, Washington, agosto de 1988, p. 8.

vernos que a contestam invocando o princípio da não-ingerência Se este último foi entronizado na Carta das Nações Unidas pelo Artigo 2º, parágrafo 7º, a própria Carta estabelece, pelo Artigo 56, em conjunção com o Artigo 55, alínea c, o compromisso pelos Estados-membros de agirem, em conjunto ou em separado, em cooperação com a Organização, para a promoção do "respeito e observância universal dos direitos humanos e das liberdades fundamentais para todos, sem distinção de raça, sexo, língua ou religião". A Declaração pode, assim, ser encarada, conforme assinala Francesco Capotorti, como tendo "efeitos legais complementares" à Carta[7].

1.3. "ABSTENCIONISMO" X "INTERVENCIONISMO"

Na literatura existente sobre a Comissão dos Direitos Humanos das Nações Unidas (CDH), a evolução de seus trabalhos costuma ser dividida em três fases: a de redação de normas gerais, de 1947 a 1954; a de "promoção" dos valores (através de seminários, cursos, publicações etc.), de 1955 a 1966; a de iniciativas para a proteção dos direitos, a partir de 1967. As duas primeiras correspondem ao extenso período "abstencionista"; a terceira, que prossegue no presente, constitui, em contraposição aos vinte primeiros anos, o período "intervencionista"[8]. Foi, contudo, apenas a partir de meados da década de 70 que a CDH passou a utilizar mecanismos de controle com possibilidades de incidir mais diretamente no mundo real.

Embora seja comum supor, e dizer, que os países socialistas foram – e os remanescentes ainda o são – os mais refratários à idéia de controle internacional e os mais apegados à defesa do conceito tradicional de soberania, a verdade é que todos os Estados-membros das Nações Unidas relutaram muito em admitir a competência da CDH para agir em casos concretos e em aceitar a criação de mecanismos capacitados a opinar sobre sua atuação doméstica[9]. Foi essa resistência generalizada à idéia de con-

---

7. Francesco Capotorti, "Human Rights: the hard road towards universality", p. 982, *in* R. St. MacDonald . e Johnston (org.), *The structure and process of international law: essays in legal philosophy doctrine and theory*, Dordrecht, Martinus Nijhoff, 1986.
8. Jean-Bernard Marie, "La pratique de la Commission des Droits de l'Homme de l'O.N.U. en matière de violations des droits de l'homme", *Revue Belge de Droit International 1980*, pp. 355-380.
9. Os EUA, país mais ativo nos primeiros anos de funcionamento da Comissão dos Direitos Humanos, tendo em Eleanor Roosevelt a chefia de delegação

troles internacionais para situações internas que provocou a autodenegação de competência da CDH para atuar sobre violações de direitos humanos levadas a seu conhecimento, ao assinalar no relatório de sua primeira sessão, em 1947, que: "A Comissão reconhece que não tem poder para tomar qualquer medida a respeito de reclamações concernentes aos direitos humanos".

O período "abstencionista" foi extremamente útil e prolífico no estabelecimento de normas, consubstanciadas em declarações, convenções e pactos. Estes documentos, muitas vezes, chegaram a criar, não sem dificuldades durante a respectiva redação, mecanismos de verificação, geralmente com o formato de um grupo de peritos incumbido de examinar relatórios a serem submetidos regularmente pelos Governos. Os mais importantes foram os dois Pactos Internacionais, sobre Direitos Civis e Políticos e sobre Direitos Econômicos, Sociais e Culturais, que, juntamente com a Declaração Universal, iriam constituir a "Carta Internacional de Direitos Humanos", objetivo prioritário da CDH em seus primeiros anos. Completados em 1954, os Pactos somente foram aprovados pela Assembléia Geral em 1966, tendo sua entrada em vigor postergada até 1976, quando lograram, finalmente, o número de ratificações necessárias.

Se, por um lado, é fato que a aprovação dos dois Pactos, precedida pela adoção, em 1965, da Convenção sobre a Eliminação de Todas as Formas de Discriminação Racial, com os respectivos órgãos de verificação, representava um passo significativo para o estabelecimento de garantias internacionais para os direitos humanos, a relutância dos Estados em aderirem a esses instrumentos – evidenciada pelos 10 anos transcorridos até que os dois Pactos pudessem entrar em vigor – demonstrava, por outro lado, que as preocupações com a intangibilidade das respectivas soberanias ainda tendiam a sobrepor-se ao compromis-

---

mais aguerrida na defesa do estabelecimento de controles internacionais, foram forçados pela "Emenda Bricker", de 1953, a dissociar-se do processo de elaboração dos Pactos Internacionais de Direitos Humanos. Reflexo da ampla oposição existente no Congresso à possibilidade de acompanhamento da situação interna norte-americana pelas Nações Unidas, a emenda, de iniciativa do Senador John Bricker, restringia a liberdade de atuação do Executivo na condução da política externa, escudando os Estados da União perante tratados que autorizassem "qualquer organização internacional a supervisionar, controlar ou adjudicar os direitos dos cidadãos norte-americanos". (Howard Tolley, *The U.N. Commission on Human Rights*, Boulder, Westview Press, 1987, p. 26, e Natalie Kaufman Hevener, "Drafting the human rights covenants", p. 241, *World Affairs*, vol. 148, n° 4, pp. 233-344, American Peace Society, Spring 1986). Somente em 1992, os Estados Unidos aderiram ao Pacto Internacional de Direitos Civis e Políticos.

so com a promoção universal desses direitos, nos moldes previstos pelo Artigo 56 da Carta das Nações Unidas.

Foi nessa atmosfera que um gesto inesperado abriu novos caminhos para a atuação da CDH. A partir de uma chamada de atenção do Comitê da Descolonização[10] para as violações de direitos humanos na África do Sul, levadas a seu conhecimento por peticionários em 1965, o Conselho Econômico e Social (ECOSOC) reagiu recomendando à CDH a consideração urgente do assunto. Passou, assim, a Comissão a ter em sua agenda, desde 1967, um item sobre as *violações* dos direitos humanos.

O período "intervencionista" da CDH começa, pois, em 1967, por impulsão dos países do Terceiro Mundo de independência recente, mobilizados pela luta contra o *apartheid* e o colonialismo, será estendido, em 1969, ao caso dos territórios árabes ocupados por Israel, e romperá a auto-restrição da CDH a respeito de sua competência para atuar a propósito das comunicações recebidas sobre violações de direitos humanos em qualquer parte do mundo, com a adoção, pelo ECOSOC, das Resoluções 1235, de 1967, e 1503, de 1970. O precedente criado em 1967 com o estabelecimento de um grupo especial de peritos com o mandato de investigar torturas e maus tratos infligidos aos prisioneiros e pessoas detidas na África do Sul propiciará, ainda, o amplo desenvolvimento dos mecanismos de controle verificado, sobretudo, a partir de 1975, em função do caso chileno.

A intensificação dos trabalhos de observação internacional do respeito às normas de direitos humanos é tendência que continua a afirmar-se no âmbito das Nações Unidas e de organizações regionais. Exercidas em procedimentos ostensivos e confidenciais, através de grupos de peritos, relatores temáticos e representantes especiais para países específicos, as atividades de *controle* da Comissão dos Direitos Humanos das Nações Unidas são hoje, nitidamente, as mais importantes.

1.4. OS MECANISMOS DE CONTROLE

1.4.1. *O Controle Confidencial de Situações*

Com a adoção pelo Conselho Econômico e Social das Nações Unidas, em 1967, da Resolução 1235 (XLII), intitulada

---

10. O nome completo é Comitê Especial sobre a Situação Relativa à Implementação da Declaração sobre a Concessão de Independência aos Países e Povos Coloniais, ou mais simplesmente "Comitê dos 24".

"Questão das violações dos direitos humanos e liberdades fundamentais, inclusive políticas de discriminação racial e de *apartheid*, em todos os países, com referência especial aos países e territórios coloniais e dependentes", a Comissão dos Direitos Humanos e seu órgão subsidiário, a Subcomissão para a Prevenção de Discriminação e Proteção das Minorias (integrada por peritos a título pessoal) passaram a ter competência para "... examinar as informações pertinentes a violações graves dos direitos humanos e liberdades fundamentais em todos os países" (parágrafos operativos 2º e 1º), podendo a CDH "... realizar estudo aprofundado das situações que revelem um padrão sistemático de violações de direitos humanos [...] e relatá-lo, com recomendações, ao Conselho "(operativo 3º).

Eliminada dessa forma a barreira auto-imposta a sua competência diante de casos concretos de violação, tratou a CDH de procurar estabelecer o método para considerar as queixas que, desde 1947, recebia inerme e passivamente. A discussão sobre o assunto estendeu-se até 1970, no âmbito da Comissão e da Subcomissão[11]. Com postura liberal colocavam-se, de um lado, os delegados e peritos de países ocidentais – alguns dos quais se haviam oposto no passado à idéia de um direito de petição individual às Nações Unidas e agora buscavam ampliar a capacidade de atuação da Organização – e, de outro, os países socialistas, contrários, por princípio, a qualquer tipo de monitoramento internacional de atividades atinentes à soberania nacional, especialmente a um tipo de controle fundamentado em queixas individuais e de organizações não-governamentais (ONGs).

Em 27 de maio de 1970, o ECOSOC aprovou, em votação difícil, a Resolução 1503 (XLVIII), intitulada "Procedimento para lidar com comunicações relativas a violações de direitos humanos e liberdades fundamentais".

O *procedimento confidencial* estabelecido pela Resolução 1503, posto em aplicação pela primeira vez em 1972, funciona, basicamente, por estádios. O primeiro consiste na seleção *in camera* por um grupo de cinco membros designados pela Subcomissão, das comunicações recebidas pelo Secretário Geral que pareçam revelar um padrão consistente de violações graves, para encaminhamento, juntamente com eventuais respostas dos Governos envolvidos, ao conjunto da Subcomissão. A Subcomissão decide, então, em sessão também confidencial, se é pertinente

---

11. Para uma descrição da Subcomissão, ver Cap. 5.

ou não elevar as comunicações transmitidas pelo grupo de trabalho (conhecido como Grupo de Trabalho sobre Comunicações) à consideração da Comissão. Desde 1974, quando pela primeira vez recebeu material desse tipo da Subcomissão, a CDH constituiu seu próprio grupo de trabalho, também com cinco membros (conhecido como Grupo de Trabalho sobre Situações). Este, dando início ao segundo estádio, prepara *in camera* recomendações à CDH sobre cada uma das situações em exame.

De acordo com a Resolução 1503, parágrafo 6º, a Comissão dos Direitos Humanos deve determinar: a) se a situação "requer um estudo aprofundado pela Comissão e um relatório e recomendações sobre o caso ao Conselho, de acordo com o parágrafo 3º da resolução 1235 do Conselho"; b) se a situação "deve ser submetida a investigação por comitê *ad hoc* a ser designado pela Comissão, a qual somente será realizada com o consentimento expresso do Estado respectivo e conduzida em constante cooperação com aquele Estado e em condições determinadas em acordo com ele"[12]. A Resolução estabelece, ainda, no parágrafo 8º, que todas as ações contempladas no âmbito da Subcomissão ou no da Comissão permanecerão confidenciais, "até que a Comissão possa decidir fazer recomendações ao Conselho Econômico e Social". A maior sanção prevista pela resolução 1503 consiste, pois, na *publicidade*.

Em 1971 a Subcomissão definiu, na Resolução 1 (XXIV), as regras a serem seguidas para a admissão de comunicações pelo grupo de trabalho pertinente. Elas devem "revelar um padrão consistente de violações flagrantes seguramente comprovadas", podendo originar-se de pessoa ou grupos de pessoas, vítimas ou não, que tenham conhecimento direto e seguro das violações e de organizações não-governamentais que ajam de boa fé, sem motivações políticas contrárias aos princípios da Carta.

Saudada entusiasticamente, ao ser adotada, como uma iniciativa que criava o direito individual de petição às Nações Unidas, a resolução 1503 decepcionou os ativistas mais ardorosos, que passaram a criticá-la por seus procedimentos indevassáveis, sua prática lenta e as considerações e cautelas políticas envolvidas em cada decisão. A partir de 1978 a CDH passou a anunciar em sessão pública os países sobre os quais haja deliberado em

---

12. Em princípio a investigação somente seria empreendida se: a) todos os recursos nacionais tivessem sido esgotados; b) a situação não se relacionasse com matéria já sendo tratada dentro de outros procedimentos. Na prática esses dois requisitos são ignorados.

sessão fechada, sem indicar, contudo, o conteúdo das deliberações (a não ser que tenha decidido tornar pública a consideração do caso).

Na sessão da CDH, de fevereiro-março de 1992, foram consideradas em procedimento confidencial as situações do Bahrein, Myanmar (antiga Birmânia), Síria, Somália, Sudão e Zaire. A Comissão decidiu encerrar a consideração do caso da Síria e passar a tratamento ostensivo o caso de Myanmar – cujo governo militar se obstinava em não reconhecer os resultados das eleições gerais havidas no país em 27 de maio de 1990, recusando-se a entregar o poder aos civis eleitos, mantendo em prisão domiciliar a ativista Suu Kyi, laureada do Prêmio Nobel da Paz, e impondo restrições generalizadas ao exercício das liberdades fundamentais à população.

Embora continue a funcionar, agora geralmente para situações que despertam menos atenções e geram menor mobilização internacionais, o procedimento confidencial tende a tornar-se obsoleto ante a proliferação, posterior a seu estabelecimento, de mecanismos de monitoramento ostensivos. Conforme observa Cançado Trindade:

> A significação do procedimento da resolução 1503 (XLVIII) de 1970 [...] parece residir sobretudo no fato de ter "institucionalizado" e aperfeiçoado a prática do tratamento de petições *independentemente* do requisito de ratificação dos Pactos e aceitação do direito de petição individual ali consagrado (Protocolo Facultativo do Pacto de Direitos Civis e Políticos)[13].

Por seu caráter precursor e sua natureza confidencial, o procedimento instituído pela Resolução 1503 foi qualificado por estudioso da matéria como "a fenda escondida na cidadela da soberania"[14].

1.4.2. *O Controle Ostensivo de Situações*

Tendo as Resoluções 1235 e 1503 do ECOSOC provocado um giro de 180 graus na competência da CDH, as atividades de controle dos direitos humanos ainda se mantiveram reduzidas

---

13. Antonio Augusto Cançado Trindade, *O Esgotamento dos Recursos Internos no Direito Internacional*, p. 187, Brasília, Editora Universidade de Brasília, 1984.
14. Howard Tolley, "The concealed crack in the citadel: the United Nations Commission on Human Rights' response to confidential communications", p. 459, *Human Rights Quarterly*, vol. 6, n. 4, pp. 420-462, The Johns Hopkins University Press, nov. 1984.

até 1980. Por mais de uma década o trabalho ostensivo de supervisão foi exclusivamente orientado para os casos de três Estados: África do Sul, Israel e o Chile de Pinochet.

O primeiro instrumento ostensivo criado pela CDH, a partir da Resolução 1235 do ECOSOC, para examinar situação concreta de violações maciças e sistemáticas foi o *Grupo Especial de Peritos* sobre a Situação dos Direitos Humanos na África Austral. Encarregado, em 1967, de realizar investigação sobre torturas e maus tratos de prisioneiros na África do Sul, o Grupo, inicialmente de cinco membros, depois aumentado para seis, teve seu mandato sucessivamente ampliado com vistas a cobrir também a Namíbia, a Rodésia do Sul (atual Zimbábue) e as então colônias portuguesas na África. Impossibilitado de entrar em qualquer dos territórios de sua alçada, o Grupo Especial – que até hoje (1992) existe para a África do Sul – realizou a maior parte de suas investigações através de depoimentos de exilados, militantes dos movimentos de libertação nacionais, organizações governamentais e não-governamentais e qualquer outra fonte disponível. Até a recente abertura da África do Sul, sob o Governo De Klerk, impulsionada pelos entendimentos do Governo com o "African National Congress" de Nelson Mandela, o Grupo de Peritos sobre a África Austral funcionou essencialmente, no dizer de Howard Tolley, como um "instrumento de relações públicas permanentemente estabelecido"[15], participando de seminários e conferências, realizando e divulgando estudos sobre os efeitos do *apartheid* na situação das mulheres e crianças, suas características assimiláveis à escravidão etc.

Em 1969, um segundo *Grupo Especial de Peritos*, integrado pelos mesmos componentes do primeiro, foi estabelecido pela CDH para investigar alegações de violações por Israel da Convenção de Genebra de 1949 sobre o tratamento de civis em tempo de guerra nos territórios árabes ocupados em 1967. Igualmente impedido de realizar visitas de inspeção *in situ*, o Grupo apresentou um único relatório à Comissão, em 1970, tendo seu mandato encerrado em função da criação pela Assembléia Geral do Comitê Especial sobre as Práticas Israelenses nos territórios ocupados.

O predecessor mais próximo, que efetivamente constituiu o precedente para as figuras dos relatores especiais da CDH para situações específicas, hoje amplamente utilizados, foi o *Grupo*

---

15. Howard Tolley, *The U.N. Commission on Human Rights*, Boulder, Westview Press, 1987, p. 67.

de Trabalho Especial sobre a Situação dos Direitos Humanos no Chile, estabelecido pela Resolução 8 (XXXI), adotada pela CDH em 27 de fevereiro de 1975. O precedente é particularmente importante por representar o primeiro caso de investigação ostensiva de situação específica não-atinente ao *apartheid*, ao colonialismo ou à ocupação estrangeira, e sim a violações maciças de direitos civis e políticos em âmbito nacional regular.

Alguns autores, como Thomas M. Franck[16] e Howard Tolley[17], atribuem a mudança de atitude da maioria dos membros das Nações Unidas a intenções punitivas dos países Não-Alinhados contra os reponsáveis pela derrubada de um Presidente marxista que introduzira o Chile no Movimento. Tal interpretação, ainda que bem fundamentada, é também simplista e preconceituosa, decorrente da visão antes mencionada dos direitos humanos como uma exclusividade ocidental. O repúdio às práticas repressivas da junta militar chilena, na época, era disseminado em todos os grupos geográficos, e o país mais veemente na condenação ao Chile de Pinochet sempre foi o México – apenas observador do Movimento Não-Alinhado, e muito pouco "marxista". A Resolução 8 (XXXI) foi adotada por consenso, um ano e meio após o golpe contra Salvador Allende, a partir de recomendações de estudos sobre o caso chileno feitas pela Subcomissão e pela Assembléia Geral em 1974.

Qualquer que seja a interpretação dada às motivações de cada um, a ruptura da homogeneidade da linha de atuação dos países Não-Alinhados, até então monolítica e essencialmente anti-racista e anticolonialista nas questões de direitos humanos, e a decisão política do bloco socialista de apoiar um mecanismo de controle sobre o regime Pinochet demonstraram de público que a noção tradicional de soberania era passível de acomodações táticas por parte de seus mais ferrenhos defensores. Abriu-se, assim, o caminho para a criação de novos mecanismos de controle ostensivo, num processo que perdura e se expande até hoje.

O Grupo de Trabalho sobre o Chile, integrado por cinco membros, recebeu a incumbência de investigar a situação dos direitos humanos no país "com base em testemunhos orais e escritos, a serem recolhidos de todas as fontes pertinentes, e numa visita ao Chile". Os resultados da investigação deveriam ser objeto de relatório à Comissão dos Direitos Humanos em

---

16. Thomas M. Franck, *Nation against nation*, pp. 238-241, Nova York, Oxford University Press, 1985.
17. Howard Tolley, *op. cit.* p. 63.

sua XXXII Sessão, devendo o Grupo, antes, apresentar relatório provisório sobre os dados apurados ao Secretário-Geral, para inclusão em seu próprio relatório à XXX Sessão da Assembléia Geral.

Não tendo podido realizar a visita prevista, ante a recusa do Governo chileno em recebê-lo, o Grupo passou a utilizar-se dos mesmos recursos do Grupo de Peritos sobre a África Austral, entrevistando exilados e mantendo contatos diversos fora do território chileno, com base nos quais preparava seus relatórios. Em 1978 o Governo do Chile decidiu, afinal, permitir a entrada do Grupo de Trabalho. Três de seus integrantes visitaram o país em julho de 1978, quando mantiveram contactos com personalidades políticas, religiosas e representantes de grupos diversos, tendo podido também entrevistar-se com pessoas detidas, no próprio local de detenção. No relatório respectivo o Grupo identificou melhoras na situação dos direitos humanos, assinalando, porém, que violações graves continuavam a ocorrer.

Pela Resolução 33/176, de 20 de dezembro de 1978, a Assembléia Geral saudou o fato de o Grupo ter podido cumprir sua missão, dissolveu-o, mas decidiu instruir a Comissão dos Direitos Humanos a designar um de seus integrantes para o cargo de *Relator Especial*, com o mandato de acompanhar a evolução da situação, convidando ainda a Comissão a examinar "os meios mais efetivos para esclarecer o paradeiro e o destino das pessoas desaparecidas no Chile" e instando as autoridades do país a cooperarem com o Relator. O Governo chileno voltou então a rejeitar qualquer missão de inspeção da CDH, até 1985. A partir desse ano o Relator Especial pôde acompanhar, em contatos diretos, a evolução da situação política e dos direitos humanos no Chile, tendo tido, inclusive, a oportunidade de assistir ao plebiscito de 1988 e às comemorações subseqüentes à vitória do "não" a Pinochet. O caso chileno foi monitorado pela CDH até as vésperas da posse do Presidente Aylwin, em 1990.

O segundo caso seqüencial de designação, em procedimento ostensivo, de *Representante Especial* para acompanhar a situação de um país não seguiu o modelo adotado para o Chile. Inaugurou um tipo de supervisão distinto, abrindo precedente para uma forma de monitoramento mais branda, menos inquisitorial. Tratava-se da Guiné Equatorial, cujas violações de direitos humanos sob o Governo de Macias Nguema vinham sendo consideradas dentro do procedimento confidencial.

Em 1979, não havendo obtido qualquer forma de cooperação do Governo guineense, a CDH, por iniciativa das delegações africanas, decidiu passar o assunto a debate público, e adotou resolução designando relator para elaborar estudo sobre a situação dos direitos humanos no país. Pouco depois de adotada a decisão, Macias Nguema foi deposto (agosto de 1979), tomando o novo Governo medidas imediatas destinadas a corrigir erros passados. Na sessão seguinte da CDH o observador presente da Guiné Equatorial salientou a necessidade de assistência internacional para a reconstrução do país e para a melhora de sua situação em geral, inclusive na área dos direitos humanos. A CDH decidiu então, pela Resolução 33 (XXXVI), de 11 de março de 1980, solicitar ao Secretário Geral a designação de perito para prestar assistência ao Governo guineense para a plena restauração dos direitos humanos, levando em conta as realidades econômicas, políticas e sociais prevalecentes. Ao invés de um relator com funções de controle, a Guiné Equatorial recebeu um perito com funções de assessoramento. Do item da agenda da CDH concernente à "Questão das violações de direitos humanos ...", o caso guineense foi transferido para o relativo a "serviços de consultoria".

Com o precedente aberto para a situação chilena, a Comissão dos Direitos Humanos, já nos primeiros anos da década de 80, estabeleceu Relatores Especiais, Representantes e Enviados Especiais para vários outros países – Bolívia (1981), El Salvador (1981), Guatemala (1982), Irã (1984) e Afeganistão (1984) – e solicitou ao Secretário Geral a designação de "pessoa para realizar estudo aprofundado sobre a situação dos direitos humanos na Polônia (1982). A tendência à multiplicação de relatores para situações específicas, em procedimento ostensivo, após certa desaceleração no período 85-88 (quando o único caso novo trazido à consideração da CDH foi o de Cuba, pelos Estados Unidos, que não lograram obter a designação de um relator especial), voltou a ganhar forte impulso, com o fim da Guerra Fria, na década de 90.

Em 1992 a CDH contava com Relatores Especiais para monitorar as situações dos direitos humanos em El Salvador, Irã, Afeganistão, Cuba, Haiti, Kuwait (em função da invasão iraqueana), Iraque, Myanmar (ex-Birmânia) e Romênia (caso atípico, co-patrocinado pelo próprio Governo romeno pós-Ceausescu).

O precedente da Guiné Equatorial, em 1980, por sua vez, lançou a base para o estabelecimento de um tipo de acompanhamento de situações considerado menos ofensivo, na forma de "prestação de assistência", sob o qual passou a ser examinado o caso da Guatemala desde 1987 (início do Governo Cerezo). É dentro desse sistema que se vinha observando também a situação do Haiti, até a deposição do Presidente Jean-Bertrand Aristide, e se continua a monitorar o caso da Guiné Equatorial. A instituição dos Relatores Especiais para situações é mecanismo de controle polêmico. Por seu caráter inevitavelmente seletivo, que se presta à manipulação política, o mecanismo tem sua eficiência e validade muitas vezes questionadas tanto pelos Estados-alvos e seus aliados quanto por alguns ativistas autenticamente devotados à causa dos direitos humanos.

1.4.3. *O Controle Temático*

Com a "fissura" do procedimento confidencial "escondida na cidadela da soberania", para usar a imagem de Tolley, e a fenda ostensiva já aberta pela CDH no caso do Chile, o novo passo substantivo para o estabelecimento de outros mecanismos não-convencionais de controle dos direitos humanos foi dado pela criação, em 1980, do *Grupo de Trabalho sobre Desaparecimentos Forçados ou Involuntários*. Constituído originalmente para funcionar por um ano, o Grupo de Trabalho tem tido seu mandato renovado até o presente, tornando-se, na prática, um mecanismo semipermanente, que serviu, por sua vez, de modelo a outros mecanismos congêneres, encarregados da supervisão universal da observância de normas atinentes a determinados "temas".

Vários fatores convergiram para o estabelecimento do Grupo de Trabalho sobre Desaparecimentos Forçados ou Involuntários. Os maciços desaparecimentos de indivíduos, por ação ou conivência dos governos, observados nos últimos anos da década de 70 – especialmente na Argentina, mas também no Uruguai, Guatemala e Brasil, entre outros – geraram amplo clamor internacional contra tais práticas, tendo as Organizações Não-Governamentais assumido papel primordial na mobilização internacional sobre a questão. Em nível governamental, segundo David Kramer e David Weissbrodt, a idéia de propor à CDH a criação de um instrumento para atuar concretamente na luta contra o fenômeno dos desaparecimentos em qualquer parte do mundo ter-se-ia formado no âmbito do Grupo Ocidental, sob a liderança dos Estados Unidos, na Administração Carter. Cientes de que um mecanismo com essa finalidade somente teria condições de aprovação, e de atuação, com amplo respaldo, os Ocidentais teriam buscado atrair para essa causa o Movimento Não-

Alinhado – já então consideravelmente cindido – a fim de contornar as objeções da Argentina e de assegurar o apoio dos países socialistas[18]. Independentemente da autoria original da idéia, o fato é que a Resolução 20 (XXXVI), de 19 de de fevereiro de 1980, pela qual a CDH criou o Grupo sobre Desaparecimentos, foi apresentada pelo Iraque, tendo como co-patrocinadores Chipre, Iugoslávia, Senegal, Irã e Costa Rica, e foi adotada por consenso. Composto por cinco membros, designados pelo presidente da Comissão, a título individual, o Grupo recebeu a incumbência de "examinar questões concernentes ao desaparecimento forçado ou involuntário de pessoas" (parágrafo operativo 1º)[19], sendo para isso autorizado a "buscar e receber informações de Governos, organizações intergovernamentais, organizações humanitárias e outras fontes confiáveis" (operativo 3º). Ao definir seus métodos de trabalho, o Grupo foi convidado "a ter em mente a necessidade de ser capaz de reagir de maneira efetiva diante das informações que lhe cheguem e a realizar seu trabalho com discrição" (operativo 6º).

O Grupo de Trabalho sobre Desaparecimentos Forçados ou Involuntários reúne-se regularmente três vezes ao ano e tem procurado esclarecer casos antigos e recentes. Nos casos atuais, quando uma comunicação parece requerer atuação imediata, seu presidente, através do chamado "procedimento de ação urgente", expede pedido de esclarecimentos ao Governo envolvido. Tais cobranças, enviadas e reiteradas ainda que em período intersessional, constituíram o primeiro sistema de atuação rotineira por órgão das Nações Unidas diante de violações de direitos humanos em qualquer país. Seus métodos de trabalho incluem desde correspondência postal e entrevistas a missões de inspeção e assistência aos países que com elas concordam. Nos relatórios anualmente submetidos à CDH o Grupo relaciona as consultas enviadas, as respostas obtidas, os casos esclarecidos e os casos pendentes, ressaltando o caráter humanitário do trabalho desenvolvido e evitando passar julgamento sobre as situações.

---

18. David Kramer & David Weissbrodt, "The 1980 Commission on Human Rights and the disappeared", pp. 18-33, *Human Rights Quarterly*, vol. 7, n. 1, The Johns Hopkins University Press, fe. 1981.

19. A redação do parágrafo operativo 1º, relativamente vaga, resultou da conciliação de posições entre delegações maximalistas, que pretendiam atribuir ao Grupo de Trabalho meios concretos de ação em defesa de indivíduos desaparecidos, e minimalistas, arraigadas à noção tradicional de soberania, que não desejavam mais do que estudos sobre as situações. Foi essa imprecisão que permitiu ao Grupo ponderável margem de autonomia ao definir seus métodos de trabalho.

Na esteira da experiência adquirida com o tema dos desaparecimentos, a criação seguinte da CDH, em termos de acompanhamento "temático", foi a do *Relator Especial sobre Execuções Sumárias ou Arbitrárias*, pela Resolução 1982/29. A expressão "execuções sumárias ou arbitrárias" é utilizada nas Nações Unidas com duas acepções distintas. A primeira diz respeito à aplicação da pena de morte pelos Estados sem o cumprimento das obrigações internacionalmente reconhecidas, tais como o direito a julgamento justo e imparcial, o direito a recurso contra a sentença, a possibilidade de apelar por perdão ou comutação da pena. A segunda acepção se refere a execuções extrajudiciais ou extralegais, qualificadas pelo Sexto Congresso das Nações Unidas sobre a Prevenção do Crime e o Tratamento de Delinqüentes como "assassinato cometido ou tolerado pelos Governos".

Tal como verificado com o Grupo de Trabalho sobre Desaparecimentos, o Relator Especial para Execuções Sumárias ou Arbitrárias teve seus métodos de trabalho desenvolvidos e aperfeiçoados com a prática, após enfrentar muitas críticas de Governos que se consideravam ofendidos por serem mencionados nos relatórios circulados. Conta ele, hoje, também, com um "procedimento de ação urgente", sobretudo com vistas a evitar a consumação de execuções previsíveis. Em comunicação direta com os Governos envolvidos, o Relator solicita, conforme o caso: a) a suspensão da execução de penas de morte judicialmente impostas e esclarecimentos sobre as salvaguardas existentes; b) proteção policial e outras para pessoas ameaçadas; c) proteção para parentes e testemunhas de execuções extrajudiciais; d) informações sobre investigações e medidas tomadas para apuração de responsabilidades e punição dos culpados.

Com seu mandato continuamente renovado, o Relator Especial para Execuções Sumárias ou Arbitrárias também faz parte do instrumental semipermanente de acompanhamento dos direitos humanos pela ONU.

Criada na CDH pela Resolução 1985/33, de 13 de março de 1985, a figura do *Relator Especial sobre a Tortura* foi, de início, objetada por países que nela declaravam ver uma duplicação de funções com o Comitê contra a Tortura – órgão de verificação da Convenção contra a Tortura e Outros Tratamentos ou Punições Cruéis, Desumanos ou Degradantes, adotada pela Assembléia Geral três meses antes. Na realidade, as funções do Relator e as do Comitê diferem em forma, substância e jurisdição.

Pelo parágrafo operativo 3º da Resolução 1985/33, o relator era instruído a adotar atitude ativa, buscando e recebendo informações de Governos, agências especializadas, organizações intergovernamentais e ONGs, e, pelo operativo 6º, a ter em mente "a necessidade de estar apto a reagir de maneira efetiva diante das informações verossímeis e confiáveis que cheguem a seu conhecimento", bem como a realizar seu trabalho com discrição. Sua função é, pois, de investigar denúncias específicas de torturas e procurar evitar sua ocorrência ou repetição em casos determinados. Ao Comitê contra a Tortura incumbe primordialmente verificar a adequação da legislação e das práticas dos Estados-partes às regras estabelecidas na Convenção. Enquanto o Relator Especial tem liberdade para recorrer às fontes confiáveis de sua escolha e para adotar procedimentos de ação urgente junto aos Governos envolvidos, com o objetivo de socorrer as possíveis vítimas, o Comitê, ao ser acionado por queixas interestatais ou individuais com relação aos Estados que tenham declarado aceitar os Artigos 21 e 22 da Convenção, necessita usar critérios mais rigorosos de admissibilidade para as comunicações, sobretudo o do esgotamento dos recursos internos. Do ponto de vista da jurisdição, o Comitê contra a Tortura somente a tem sobre os Estados-partes da Convenção; o Relator Especial, não sendo constituído por instrumento jurídico, atua, na prática, como os demais relatores temáticos da CDH, com relação a qualquer Estado.

De todos os mecanismos de controle "temático" dos direitos humanos existentes no âmbito da CDH, os três instrumentos acima examinados são até agora os mais importantes[20]. Vários outros têm sido criados, com maior ou menor repercussão, para monitorar "temas" como os da intolerância religiosa, das detenções arbitrárias, da venda de crianças e prostituição infantil e, até, para o "uso de mercenários como meio de violação de direitos humanos e de impedir o exercício do direito dos povos à autodeterminação" (Resolução 1987/16).

Vencidas as resistências iniciais a seu estabelecimento e funcionamento, os Relatores Especiais e Grupos de Trabalho temáticos constituem hoje instrumentos regulares do trabalho de proteção dos direitos humanos das Nações Unidas, não se registrando mais, salvo raras exceções, gestos de rejeição ou recusas expressas para o fornecimento dos esclarecimentos por eles

---

20. São eles, também, os que mais têm cobrado ações e informações do Governo brasileiro, a respeito dos assassinatos de menores, de brutalidades contra pessoas detidas, de atos de violência e assassinatos de líderes rurais, indígenas e militantes de movimentos da sociedade civil. O Grupo de Trabalho sobre Desaparecimentos mantém, ainda, em seus registros, cerca de trinta casos ocorridos durante o regime militar, a respeito dos quais aguarda esclarecimentos.

solicitados com base no princípio da não-intervenção. Por seu caráter universal, não-seletivo, os mecanismos de monitoramento temático – diferentemente do que ocorre com os relatores para situações específicas – são encarados como elementos construtivos da cooperação determinada no Artigo 56 para a promoção universal do respeito e da observância dos direitos humanos, prevista no Artigo 55, alínea c, da Carta das Nações Unidas.

1.5. RUMO À TUTELA INTERNACIONAL?

Norberto Bobbio classifica as atividades internacionais na área dos direitos humanos em três categorias: de promoção, de controle e de garantia. Por *promoção* entende ele o conjunto de ações destinadas a: a) induzir os Estados que ainda não disponham de uma disciplina específica para a tutela de tais direitos a estabelecê-la; b) induzir os que já a têm a aperfeiçoá-la. De *controle* são as atividades que verificam e cobram dos Estados a observância das obrigações por eles contraídas internacionalmente. A *garantia* consistiria no estabelecimento de uma verdadeira tutela internacional dos direitos humanos, substitutiva ou complementar às nacionais. As duas primeiras categorias visam a reforçar a proteção oferecida pelos sistemas jurisdicionais dos Estados; a terceira se realizaria acima dos Estados. Somente quando esta terceira categoria se cristalizasse na passagem do sistema de garantias *dentro* do Estado para um novo sistema *contra* o Estado se poderia falar de uma verdadeira tutela internacional dos direitos humanos[21].

A emergência dos direitos humanos nas relações internacionais após a Segunda Guerra Mundial é interpretada por teóricos e militantes da causa como uma verdadeira revolução, que teria trazido o indivíduo ao primeiro plano do direito internacional e o cidadão a um domínio antes reservado exclusivamente aos Estados. Para os "neojusnaturalistas", a introdução desse elemento novo representaria uma modificação qualitativa na interação da comunidade internacional pelo fato de ele, de per si, não servir a qualquer interesse nacional particular evidente[22]. O

---

21. Norberto Bobbio, "Presente y futuro de los derechos del hombre", pp. 147-149, *in El problema de la guerra y las vias de la paz*, Barcelona, GEDISA, 1982.

22. Exemplos desse tipo de abordagem podem ser observados, entre uma infinidade de discursos e publicações, na obra apaixonada de Robert F. Drinan, *Cry of the oppressed: the history and hope of the human rights revolution* (São Fran-

próprio Bobbio, contrário ao jusnaturalismo, identifica na Declaração Universal o início de um processo pelo qual os direitos humanos deixam de ser direitos do cidadão nacional para tornar-se direitos do "cidadão do mundo".

Sem compartilhar o idealismo exacerbado de alguns jusnaturalistas – segundo o qual as relações internacionais estar-se-iam distanciando "do chão hobbesiano em direção ao teto kantiano" – ou o realismo cru de politólogos norte-americanos ou neomarxistas – para quem as normas e instituições não passam de epifenômenos, meros reflexos das estruturas de poder –, John Gerard Ruggie observa que os "Direitos humanos *são* mais do que uma racionalização das estruturas de poder. Todavia, seu *status* normativo permanece intimamente dependente da projeção de poder, da defesa de interesses e da natureza da comunidade política existente entre os Estados"[23].

Se a análise de Ruggie parece mais adequada à realidade atual do que os excessos de outras escolas, é nesse contexto que se deve encarar a afirmação dos direitos humanos como tema global da atualidade. As motivações políticas são ainda, necessariamente, o elemento propulsor das atividades internacionais multi e bilaterais também nessa esfera. No âmbito da CDH a politização da matéria sempre esteve presente. A composição de interesses e um pouco de utopia produziram efeitos positivos, acusando uma tendência evolutiva em direção à tutela internacional. O conjunto de instrumentos jurídicos e de mecanismos internacionais existentes de proteção dos direitos humanos situa-se, porém, claramente, na categoria de *controle*. A passagem efetiva para um sistema de *garantia* exigiria uma ruptura no sistema internacional que ainda não se deu, nem é desejável nas condições atuais.

A convocação pelas Nações Unidas, em dezembro de 1990, de uma Conferência Mundial de Direitos Humanos em 1993 é fruto do grande entusiasmo – em momento de triunfalismo – do Ocidente com o fim da Guerra Fria[24]. Muito provavelmente terá

cisco, Harper & Row Publishers, 1987), na "Trocaire Conference" de Niall MacDermot, de 1988, em textos de Louis Henkin e de Stanley Hoffman.
23. Jonh Gerard Ruggie, "Human rights and the future international community", p. 94, *Daedalus* 112, n° 4, p. 93-110, The American Academy of Arts and Science, 1983. Minha tradução.
24. A Resolução 45/155 da Assembléia Geral, que convocou a Conferência Mundial, foi adotada por consenso em 17 de dezembro de 1990. Embora o texto renha sido formalmente apresentado pelo Marrocos, a idéia vinha sendo impulsionada veementemente pelo Grupo de Países Ocidentais. O consenso somente se formou após difíceis negociações, sobretudo com países asiáticos, em particular a China.

sido contemplada pelos países ocidentais como mais um meio de pressão sobre os países socialistas remanescentes em favor do liberalismo, como um freio ao crescimento do fundamentalismo religioso no Oriente e como uma possível válvula de escape para as pressões emigratórias das populações de países do Terceiro Mundo.

Se a situação internacional se complicou substancialmente desde então, a semente positiva não deve ser desprezada. Se, inicialmente, a Conferência era de interesse sobretudo para o Primeiro Mundo desenvolvido, hoje, desde que adequadamente orientada, ela deve interessar a toda a humanidade.

Ninguém pretenderia negar a gravidade das violações de direitos humanos que ocorrem nos países em desenvolvimento, inclusive, naturalmente, no Brasil. Tampouco seria lógico abandonar a luta para fazer ver ao Primeiro Mundo a parcela de responsabilidade que lhe incumbe pela situação de miséria com que se defrontam vastas camadas da população mundial, favorecendo a ocorrência de violações em todas as partes. Será necessário também que a Conferência ajude a conscientizar o Primeiro Mundo, particularmente a Europa Ocidental, para a gravidade das tendências atentatórias aos direitos humanos que hoje se verificam em suas próprias sociedades.

O recrudescimento do racismo e os atos de xenofobia não são fenômenos episódicos e irrelevantes na Europa pós-Guerra Fria. São tendências que se afirmam perigosamente em segmentos da população que, não podendo usufruir plenamente das vantagens da alegada vitória universal do liberalismo capitalista, atribuem, mais uma vez, ao "outro", ao "diferente", ao imigrante, a causa de suas dificuldades. Tendo em conta o embasamento ideológico com que se têm manifestado tais tendências, e a capacidade de contaminação internacional de que costumam dispor os movimentos sociais europeus, não há como desconsiderar sua importância.

Se os direitos humanos são hoje tema global prioritário, eles não podem ser vistos de maneira simplista ou unilateral. Para que a Conferência Mundial de 93 não constitua um exercício descartável, nem represente o fim do percurso iniciado com a Declaração de 1948, ela terá que abordar, de maneira efetivamente universal e abrangente, toda a complexidade de fenômenos incidentes sobre o gozo dos direitos humanos no mundo atual. Somente assim ela ajudará a manter aberto o caminho do futuro.

2. O Significado Político da Conferência de Viena sobre Direitos Humanos[1]

Numa de suas reflexões político-filosóficas sobre o mundo moderno, Norberto Bobbio, ao examinar a possibilidade de se encontrar hoje o "sentido" da História, em termos hegelianos, identifica na crescente importância atribuída ao tema dos direitos humanos o principal sinal de progresso moral da humanidade[2]. Em meio às vicissitudes da atualidade, marcada pela violência, tanto no âmbito interno brasileiro quanto na esfera internacional, é, sem dúvida, difícil falar em progresso moral ou "sentido positivo da História". Todavia, levando em conta que um pouco de utopia é essencial para que a convivência humana possa prosseguir sem reverter ao "estado da natureza", não há como negar a importância da Conferência Mundial de Direitos Humanos, realizada em Viena, de 14 a 25 de junho de 1993.

Tomando-a simplesmente pelo aspecto mais "prosaico" – o elemento numérico –, foi ela a maior concentração jamais havida sobre o tema. Seu único precedente, a Conferência de Teerã de 1968, quando se multiplicavam regimes ditatoriais de matizes diversos em todos os quadrantes, congregou tão-somente dele-

---

1. Artigo publicado em *Lua Nova – Revista de Cultura e Política*, nº 32, do Centro de Estudos de Cultura Contemporânea (CEDEC), São Paulo, 1994, pp. 169-180.

2. Norberto Bobbio, *A Era dos Direitos*, Rio de Janeiro, Campus, 1992, pp. 49-64.

gações governamentais, de 84 países. Segundo grande conclave mundial do período pós-Guerra Fria, convocada na seqüência da Rio-92, a Conferência de Viena desdobrou-se em vários eventos, muitos dos quais simultâneos, com participação polimorfa. Contou, assim, com delegações oficiais representando 171 Estados; reuniu 2.000 organizações não-governamentais no "Fórum de ONGs"; teve 813 ONGs acreditadas como observadoras na conferência propriamente dita, de caráter governamental; organizou encontros paralelos de instituições nacionais encarregadas da proteção dos direitos humanos nos respectivos países; promoveu palestras de acadêmicos e personalidades reconhecidas internacionalmente por sua atuação na matéria; abrigou os presidentes de comitês internacionais de monitoramento criados pelas convenções de direitos humanos e os diretores das agências especializadas das Nações Unidas para sessões de trabalho; manteve, ao longo de 15 dias, cerca de 10.000 indivíduos dedicados exclusivamente à questão dos direitos humanos. Não é, portanto, de descartar a relevância da Conferência como fator de mobilização. Mas não foi só isso.

Observadas as especificidades das respectivas matérias, a Conferência de Viena foi para os direitos humanos o que a Rio-92 foi para o meio ambiente. A mobilização terá contribuído substantivamente para consolidar e difundir a importância desses "temas globais", de interesse para toda a humanidade. Os marcos referenciais para o trabalho nacional e internacional sobre ambos, contudo, são os documentos de caráter governamental delas emanados: a Agenda 21, da Conferência do Rio de Janeiro, para o meio ambiente e o desenvolvimento, e a Declaração e o Programa de Ação de Viena, para os direitos humanos.

Para que se possa compreender adequadamente o verdadeiro significado da Conferência de Viena, e do documento final adotado consensualmente pelos Estados participantes, é indispensável ter-se em mente a evolução da realidade internacional desde o momento de sua idealização ao momento de sua conclusão.

Se é factível referir determinadas épocas históricas por meio das obras intelectuais mais significativas do período, é útil lembrar que o ano de 1989, quando primeiro se lançou na ONU a idéia da convocação de uma nova Conferência Mundial de Direitos Humanos (Resolução 44/156 da Assembléia Geral), foi o ano da publicação do artigo de Francis Fukuyama "O Fim da História?" na revista trimestral norte-americana *The National Interest*. Tendo por pano de fundo a vitória do Ocidente capitalista e liberal na Guerra Fria, confirmada emblematicamente naquele ano pela queda do Muro de Berlim, a visão de Fukuyama, que tanto entusiasmou políticos e ideólogos do Primeiro Mundo, sintetizava o final hegeliano da dialética da História na forma do Estado liberal das sociedades desenvolvidas do Ocidente, em cuja direção todos tenderiam inapelavelmente a orientar-se. O que o mundo estava então testemunhando poderia ser, em suas palavras: "...não apenas a conclusão de um período particular da história do pós-guerra, mas o fim da história, isto é, o ponto final da evolução ideológica da humanidade e a universalização da democracia liberal do Ocidente como forma final do Governo humano"[3].

Quando, em 1990, a Assembléia Geral das Nações Unidas concretamente convocou, pela Resolução 45/155, de inspiração ocidental, a Conferência Mundial para 1993, o triunfalismo liberalista se apresentava ainda mais fortalecido com a derrota da tentativa de golpe contra Gorbachev e a dissolução do Partido Comunista da URSS. O triunfalismo, contudo, era ilusório, para não dizer arrogante, por não levar em conta outros fatos e tendências que já se faziam sentir: o agravamento da situação econômica do Terceiro Mundo, as pressões emigratórias dos países periféricos, o crescimento do fundamentalismo islâmico, o desemprego nas sociedades desenvolvidas, a exacerbação do nacionalismo nas ex-Repúblicas Iugoslavas e no Leste europeu em geral, o recrudescimento do racismo e da xenofobia na Europa Ocidental.

Ao longo de todo o período preparatório da Conferência, a situação internacional, longe de corroborar o otimismo de Fukuyama, deteriorou-se significativamente. A vitória aliada na Guerra do Golfo não trouxe estabilidade à região; a Iugoslávia esfacelou-se em conflitos armados; o fim da União Soviética aumentou a instabilidade internacional; o fundamentalismo religioso ganhou novos adeptos; a crise econômica internacional agravou-se; o desemprego cresceu e o racismo xenofóbico europeu tornou-se mais ameaçador.

Refletindo as tensões internacionais, as quatro sessões do Comitê Preparatório da Conferência Mundial, em 91, 92 e 93, caracterizaram-se muito mais pelos desentendimentos do que pelas convergências. Qualquer proposta ou sugestão liberalizante do Ocidente era encarada com desconfiança pelos afro-asiá-

---

3. Francis Fukuyama, "The End of History?", *The National Interest*, Summer 1989, p. 4. Minha tradução.

ticos e alguns países de outros grupos como possível manifestação do alardeado "direito de ingerência". Qualquer proposta do Terceiro Mundo visando mais à coletividade do que ao indivíduo era vista pelo Ocidente como tentativa de rejeição à noção de direitos individuais em favor de regimes autoritários. A essas dificuldades inerentes às diferentes percepções ideológico-sistêmicas e às divergências Norte-Sul acresciam, ainda, as transposições para a esfera dos direitos humanos das controvérsias políticas bilaterais, como a da Índia e do Paquistão a propósito da Cashemira, e regionais, como as do Oriente Médio, assim como situações nacionais particulares, caracterizadas pela existência de movimentos insurrecionais, pela atuação de grupos terroristas, e por outros fatores específicos, todos os quais influenciavam as posturas das respectivas delegações.

Tão fortes foram as discórdias nessa fase das negociações que a agenda da Conferência não pôde ser elaborada pelo Comitê Preparatório, sendo necessário, no final de 92, que a Assembléia Geral da ONU tomasse a si tal tarefa. O anteprojeto de declaração a servir de base às discussões em Viena, por sua vez, elaborado em Genebra em maio de 93, após o prazo previsto, em semana extra de trabalho, era tão cheio de colchetes e afirmações contraditórias que se tornava ininteligível. Chegou-se a crer que a Conferência Mundial não se realizaria, ou, pior, a temer que, caso se realizasse, pudesse representar um retrocesso para os direitos humanos. E foi esse o clima com que ela se iniciou.

Ante esse quadro de múltiplas dificuldades, a indicação feita pela comunidade internacional para que o Brasil presidisse o Comitê de Redação, órgão da Conferência encarregado da preparação do documento final — e sem que jamais houvesse pleiteado tal função —, foi um voto de confiança na diplomacia brasileira, respaldada pela transparência e pelas posições construtivas do regime democrático, mas também um desafio. O desafio foi vencido, na pessoa do Embaixador Gilberto Vergne Sabóia, Representante Permanente Adjunto perante as Nações Unidas em Genebra, que conduziu os trabalhos, auxiliado por uma "força-tarefa" informal, também coordenada pelo Brasil, que aplainou diversas arestas dos parágrafos programáticos[4].

A história das negociações para a aprovação de cada parágrafo do texto no âmbito do Comitê de Redação é demasiado complexa para ser aqui descrita. Basta dizer, a esse propósito,

---

4. Coube a mim, por escolha do Embaixador Sabóia, a honra e o desafio de coordenar a "força-tarefa".

que no penúltimo dia da Conferência, o Comitê manteve-se em sessão das 10 horas da manhã às 5h30min da manhã seguinte. O que importa é que a Declaração foi aprovada por todos, e representa um avanço importante no tratamento internacional dos direitos humanos.

Com um preâmbulo de 17 parágrafos, uma parte operativa conceitual de 39 artigos e um programa de ação com 100 parágrafos recomendatórios, a Declaração de Viena é o documento mais abrangente adotado consensualmente pela comunidade internacional sobre o tema. E, tendo-se em conta que a Declaração Universal de Direitos Humanos de 1948 foi adotada por votação (48 a zero com 8 abstenções), quando a Assembléia Geral da ONU contava com apenas 56 membros (a maioria dos Estados atuais tinha ainda *status* de colônia)[5], é possível dizer que foi a Declaração de Viena que conferiu caráter efetivamente universal aos direitos definidos no primeiro documento.

A *reafirmação da universalidade dos direitos humanos* constituiu, por sinal, uma das conquistas mais difíceis da Declaração de Viena. Não havendo participado da elaboração e da aprovação da Declaração Universal, e em função de seus sistemas culturais, religiosos e ideológicos diferentes daqueles do Ocidente, muitos países asiáticos e africanos insurgiram-se, no processo preparatório, contra a própria idéia dos direitos humanos que inspirou o texto de 48. Algumas delegações chegaram a declarar, no Plenário e nas discussões de trabalho da Conferência, que ela correspondia a uma tentativa de imposição de valores ocidentais sobre o resto do mundo. Sua aceitação de tais direitos seria, pois, sempre condicionada à adaptabilidade de cada um desses direitos aos respectivos sistemas. Em vista de tais posturas, foi um tento extraordinário da Conferência de Viena conseguir superar o relativismo cultural ou religioso ao afirmar, no Artigo 1º da Declaração: "A natureza universal de tais direitos e liberdades não admite dúvidas." Quanto às peculiaridades de cada cultura, são elas tratadas adequadamente no Artigo 5º, onde se registra que as particularidades históricas, culturais e religiosas devem ser levadas em consideração, mas os Estados têm o dever de promover e proteger *todos* os direitos humanos, independentemente dos respectivos sistemas.

---

5. A Declaração Universal dos Direitos Humanos foi proclamada pela Assembléia Geral das Nações Unidas em 10/12/48, em votação na qual se abstiveram a África do Sul, Arábia Saudita, Bielorrússia, Iugoslávia, Polônia, Tchecoslováquia, Ucrânia e União Soviética.

Examinada à luz do que se passava nos encontros paralelos da Conferência, particularmente no Fórum de ONGs, verifica-se que a colocação universalista dos direitos humanos, nos termos adotados na Declaração, não é irrealista. O grande afluxo de organizações afro-asiáticas, sobretudo do movimento feminista, com postulações liberais e libertárias, sem qualquer sinal de submissão a orientações externas, demonstrava concretamente que os direitos humanos podem e devem ser incorporados às mais diversas culturas, sem que, com isso, elas percam os fundamentos e características essenciais. A própria força adquirida pelo movimento em prol dos direitos humanos em todo o mundo tende a confirmar esse fato. Quanto aos Estados socialistas remanescentes, ser-lhes-ia inviável contradizer a Declaração, já que, ao menos teleologicamente, o objetivo de seus sistemas seria o de assegurar, em melhores condições do que as das sociedades capitalistas, a plena expansão das potencialidades humanas, e, conseqüentemente, a absoluta vigência dos direitos humanos.

A Declaração de Viena repete, no Artigo 2º, a linguagem dos dois Pactos Internacionais de direitos humanos sobre o *direito à autodeterminação*: "Todos os povos têm o direito à autodeterminação. Em virtude desse direito, determinam livremente sua situação política e procuram livremente seu desenvolvimento econômico, social e cultural"[6]. Consciente, porém, das forças centrífugas liberadas com o fim da Guerra Fria, e dos efeitos devastadores para a estabilidade internacional provocados por sua exacerbação atual, diariamente ostentada nos horrores da guerra da Bósnia, a Declaração traz a ressalva de que o direito à autodeterminação e as medidas legitimamente adotadas pelos povos sob dominação colonial para alcançá-lo não podem ser interpretados como "autorização ou encorajamento a qualquer ação destinada a desmembrar ou prejudicar, total ou parcialmente, a integridade territorial ou a unidade política de Estados soberanos e independentes..."[7]

Outra conquista conceitual de grande relevância consiste no *reconhecimento da legitimidade da preocupação internacional com a promoção e a proteção dos direitos humanos*, estabelecida no

---

6. O Pacto Internacional de Direitos Econômicos, Sociais e Culturais e o Pacto Internacional de Direitos Civis e Políticos têm a mesma redação no Artigo 1º.

7. A ressalva, extraída da Declaração sobre Princípios do Direito Internacional concernentes a Relações Amistosas e à Cooperação entre Estados de Acordo com a Carta das Nações Unidas, de 1970, é importante também para o Brasil em vista das discussões, em curso na ONU, sobre a autodeterminação das populações indígenas.

Artigo 4º. Confirma-se, dessa maneira, o entendimento predominante, mas às vezes ainda questionado, de que os direitos humanos extrapolam o domínio reservado dos Estados, invalidando o recurso abusivo ao conceito de soberania para encobrir violações. Concilia-se, ao mesmo tempo, o propósito de promover os direitos humanos do Artigo 1º, parágrafo 3º, da Carta das Nações Unidas, com o princípio da não-ingerência, estabelecido no Artigo 2º, parágrafo 7º.

De particular importância para os países em desenvolvimento, um dos maiores êxitos da conferência foi a obtenção de consenso universal, pela primeira vez, para o *reconhecimento do direito ao desenvolvimento* como um "direito universal, inalienável, e parte integrante dos direitos humanos fundamentais" (Artigo 10). Embora qualificado como tal desde 1986 pela Declaração do Direito ao Desenvolvimento, esse direito não era reconhecido pelos Estados Unidos, que votaram contra, e outros países ocidentais, que se abstiveram, na votação sobre a Declaração na Assembléia Geral[8], tendo até recentemente questionado o conceito. Interpreta-se, inclusive, que foi a flexibilização de posições pelos Estados Unidos e outros países do grupo ocidental sobre esse item, tão vital para a maioria dos Estados, que viabilizou os progressos alcançados em outras áreas. A flexibilização terá sido obtida, aparentemente, graças ao destaque dado no texto de Viena à afirmação, constante do Artigo 2º da Declaração de 86, de que "a pessoa humana é o sujeito central do desenvolvimento", e ao registro de que "a falta de desenvolvimento não pode ser invocada para justificar limitações aos (outros) direitos humanos reconhecidos internacionalmente". A Declaração de Viena propõe, por outro lado, e nesse contexto, medidas concretas para a realização do direito ao desenvolvimento, através da cooperação internacional, entre as quais o alívio da dívida externa e a luta pelo fim da pobreza absoluta.

Ainda na parte declaratória conceitual, são elementos importantes do documento intergovernamental de Viena a condenação a todas as formas e manifestações de terrorismo, inclusive sua associação em alguns países com o tráfico de drogas, como atentatórias aos direitos humanos; a atenção dedicada ao racismo e à xenofobia, que tão virulentamente se têm manifestado

---

8. A Declaração do Direito ao Desenvolvimento foi adotada pela Assembléia Geral em 04.12.86 por 146 votos a favor, 1 contra (EUA) e 8 abstenções (Dinamarca, Finlândia, República Federal da Alemanha, Islândia, Israel, Japão, Suécia e Reino Unido).

na Europa de hoje; a ênfase atribuída aos direitos das mulheres, a serem agora objeto de atenção específica em todas as atividades das Nações Unidas; as partes dedicadas à criança, às minorias, aos indígenas e aos refugiados; a condenação veemente e a exigência de punição aos responsáveis por violações maciças de direitos humanos, incluindo no mesmo nível do genocídio as práticas de "limpeza étnica" e estupro sistemático de mulheres em situações de guerra; o reconhecimento da importância do papel das ONGs na luta pelo respeito aos direitos humanos[9].

Seria inviável abordar nesta exposição todos os aspectos conceituais e programáticos relevantes da Declaração de Viena. É necessário, contudo, observar que o estabelecimento da *interdependência entre democracia, desenvolvimento e o respeito aos direitos humanos*, definido no Artigo 8º, é o dado novo essencial que inspira e orienta todo o documento.

A terceira parte da Declaração corresponde ao Programa de Ação de Viena. Tem ele sido interpretado pela imprensa e por organizações não-governamentais como demasiado cauteloso e pouco definido. Cauteloso ele o é, do contrário seria impossível obter-se consenso para sua aprovação. Quanto à "indefinição", talvez o rótulo seja atribuído ao fato de a Conferência não haver *criado* as inovações desejadas, limitando-se a *recomendá-las*. Essa interpretação parece advir seja do desconhecimento do texto, seja do desconhecimento do sistema das Nações Unidas. Uma conferência não sendo parte dos órgãos principais da ONU, estabelecidos no Artigo 7º da Carta de São Francisco, não tem poder para criar, mas sim para recomendar. A decisão final incumbirá sempre à Assembléia Geral ou aos Estados que a compõem. E as recomendações foram muito substantivas, incluindo quase todas aquelas postuladas pelas ONGs mais atuantes.

Com exatos 100 parágrafos, após o preâmbulo e a parte conceitual, o Programa de Ação engloba, entre as recomendações mais significativas:

9. Embora as ONGs não tenham podido participar diretamente das negociações sobre a Declaração, a constante interação entre elas e as delegações dos respectivos governos foi um dos fatos marcantes da Conferência, com repercussões tanto no texto discutido, como, em certos casos, no próprio diálogo governo-sociedade. Foi muito em conseqüência do vigor demonstrado pelo movimento feminista internacional durante a Conferência que a parte relativa aos direitos da mulher tornou-se a mais abrangente do documento intergovernamental. E foi em Viena que se inaugurou o diálogo amplo entre o Ministério da Justiça e os órgãos da sociedade civil brasileira.

– a coordenação entre todas as agências e órgãos da ONU em apoio aos direitos humanos;

– a avaliação pelas organizações e instituições financeiras e de promoção ao desenvolvimento, regionais e internacionais, do impacto de suas políticas sobre o gozo dos direitos humanos;

– a alocação de maiores recursos financeiros e administrativos ao Centro para os Direitos Humanos das Nações Unidas;

– o reforço à assistência técnica internacional para os direitos humanos;

– o reforço ao sistema de monitoramento internacional de todos os direitos;

– a consideração prioritária pela Assembléia Geral da questão do estabelecimento de um Alto Comissário para os Direitos Humanos;

– a criação de um programa abrangente, nas Nações Unidas, para auxiliar os Estados, a seu pedido, na implementação de projetos nacionais com impacto direto na observância dos direitos humanos e na manutenção do Estado de Direito.

De iniciativa brasileira, esta última recomendação, incluída nos parágrafos 69 e 70 do Programa de Ação, visa a proporcionar à atuação da ONU, até agora limitada essencialmente a denúncias de violações, críticas e exortações, um novo tipo de enfoque, mais construtivo, de caráter preventivo, em apoio aos direitos humanos. Tal abordagem positiva faz-se cada dia mais necessária, particularmente para países democráticos, cujos governos se vêem diante de dificuldades complexas para fazer valerem os direitos em suas jurisdições. E na última sessão da Assembléia Geral, em dezembro de 1993, a recomendação foi corroborada por resolução, também consensual, que determina ao Secretário Geral a apresentação de alternativas concretas em 1994 para o estabelecimento de tal programa.

A recomendação concernente à criação de um Alto Comissário para os Direitos Humanos no âmbito das Nações Unidas foi, muito possivelmente, a de mais difícil aprovação. Idéia amplamente discutida nos anos 70 e 80 dentro da Subcomissão de Prevenção da Discriminação e Proteção das Minorias e da Comissão dos Direitos Humanos, mas jamais aprovada, seu objetivo era o de estabelecer no Secretariado uma figura com a atribuição essencial de coordenar as atividades do sistema das Nações Unidas na defesa dos direitos humanos, com suficiente margem de iniciativa para estabelecer contactos diplomáticos para a prevenção e a correção de situações de violações maciças.

Sugerida à Conferência de Viena pela Anistia Internacional, ainda na fase preparatória, a proposta foi encampada pelo Grupo Ocidental e obteve respaldo cauteloso do Grupo Latino-Americano e do Caribe na Conferência Regional Preparatória de São José. Transformada, em Viena, em ponto de honra pelos países ocidentais e alguns latino-americanos, que a qualificavam como elemento essencial para a própria aprovação do documento final – e, conseqüentemente, como condição para o êxito ou o fracasso da Conferência –, a idéia era fortemente objetada por muitos países em desenvolvimento, especialmente asiáticos, que nela viam uma possibilidade de intrusão indevida em suas soberanias pelos países desenvolvidos.

Para a obtenção do consenso sobre esse item no Comitê de Redação terão contribuído os diversos dispositivos, previamente negociados, destinados a assegurar a não-seletividade política do tratamento internacional dos direitos humanos, a habilidade e a paciência do Embaixador Sabóia na condução das negociações – ouvindo atentamente as diferentes postulações das mais de 70 delegações que se pronunciaram sobre a matéria – e a fórmula final, por ele encontrada, para a redação do parágrafo pertinente. Esta recomenda à Assembléia Geral que, "... ao examinar o relatório da Conferência em sua quadragésima-oitava sessão, comece, com prioridade, a consideração da questão do estabelecimento de um Alto Comissário para os Direitos Humanos para promover e proteger todos os direitos humanos" (parágrafo 18 do Programa de Ação). Dada a exaustão das delegações, nos últimos momentos do processo negociador, a fórmula proposta poderia satisfazer razoavelmente a todos: aos defensores da idéia, porque garantia o exame *prioritário* do assunto pela Assembléia Geral; aos opositores, porque lhes permitiria retomar as objeções na instância decisória; aos países em desenvolvimento em geral, porque, ao se referir a *todos* os direitos humanos, já conferia à figura contemplada a atribuição de levar em conta a questão do desenvolvimento, agora reconhecido como um direito universal e inalienável.

De fato, questionamentos e obstáculos à figura do Alto Comissário foram mais uma vez levantados durante a XLVIII Sessão da Assembléia Geral. Ainda assim, o esforço de conciliação finalmente alcançado em Viena acabou por prevalecer nas negociações sobre o tema em Nova York. Por resolução consensual, adotada em dezembro, o cargo de Alto Comissário para os Direitos Humanos foi criado nas Nações Unidas, com um mandato construtivo e imparcial, sem representar, de per si, ameaça às soberanias dos Estados, ou constrangimentos para governos legítimos, que procurem assegurar os direitos humanos de seus cidadãos[10].

Das propostas mais significativas submetidas à Conferência de Viena, a única que deixou de receber algum tipo de acolhida dizia respeito ao estabelecimento de um tribunal internacional para os direitos humanos. A razão para a não-acolhida é fácil de apreender. Por mais nobre e antiga que seja a idéia, inserida, até, surpreendentemente, no Artigo 7º das Disposições Transitórias da Constituição brasileira de 1988, ela pouco se coaduna com a realidade das relações internacionais, assimétricas, pouco democráticas e marcadas pelo diferencial de poder entre seus atores.

Um tribunal internacional para os direitos humanos, com jurisdição universal, para funcionar de forma correta e equânime, pressuporia a existência de um "direito cosmopolita" e as "condições da paz perpétua", tais como vislumbrados por Kant. Assim como o homem não se tem revelado o ser livre e racional do filósofo, impulsionado por imperativos categóricos e circunscrito por leis morais, os Estados ainda interagem essencialmente em relações de poder. Por mais que a ética venha penetrando diversos campos do direito internacional, seria ilusório, nas condições existentes, imaginar que uma potência grande ou média viesse a acatar determinações ou sentenças contrárias a seus interesses. Assim o demonstra, aliás, a desconsideração com que são tratadas sentenças da Corte Internacional de Justiça das Nações Unidas no julgamento de litígios entre Estados mais e menos poderosos.

As instituições judiciais existentes com jurisdições supranacionais para os direitos humanos são de escopo regional: a Corte Européia, no âmbito da União Européia, e a Corte Interamericana, no âmbito da OEA, estabelecidas, respectivamente, pela Convenção Européia de 1950 e pela Convenção Americana – "Pacto de São José" – de 1969. Em ambos os casos a limitação geográfica regional, onde se verifica, em princípio, maior identidade de culturas e instituições nacionais, asseguraria melhores possibilidades para o funcionamento adequado da justiça. Isto parece verdadeiro sobretudo para o caso europeu, em função da

10. Pela resolução adotada, o Alto Comissário deverá ser "pessoa de imaculada reputação moral e integridade, que tenha a experiência, inclusive na esfera dos direitos humanos, e o conhecimento geral e a compreensão de diversas culturas necessários ao desempenho imparcial, objetivo, não-scletivo e eficaz" de suas funções. A escolha será do Secretário Geral, com aprovação da Assembléia Geral.

relativa homogeneidade dos Estados da Europa Ocidental e do projeto de integração política da União Européia. No contexto interamericano, a disparidade de peso específico entre os Estados Unidos e os demais países dificulta a situação. De qualquer forma, tanto no sistema europeu como no interamericano, a jurisdição das respectivas Cortes somente é aplicável aos Estados que a tenham reconhecido expressamente[11].

No espírito do que desejavam os autores da sugestão – poucos governos ocidentais e algumas organizações não-governamentais, inclusive brasileiras –, o Programa de Ação de Viena oferece, de forma cautelosa, no parágrafo 92, uma palavra de encorajamento ao órgão competente para o exame de assunto de tal delicadeza jurídica, a Comissão do Direito Internacional das Nações Unidas, "para continuar seu trabalho sobre um tribunal criminal internacional" – trabalho este vinculado à elaboração de um projeto de Código de Crimes contra a Paz e a Segurança da Humanidade, não necessariamente orientado para as violações mais recorrentes de direitos humanos, mas sobretudo para crimes interestatais, como o da agressão, transnacionais, como o do narcotráfico, ou reconhecidos como "crimes contra a humanidade", como o do genocídio[12].

Nas bases em que foi gradativamente edificado e em que tem funcionado até o presente, como orientação e complemento aos sistemas nacionais, o sistema internacional de promoção e proteção aos direitos humanos saiu fortalecido da Conferência de Viena. Mais ainda, o difícil consenso construído na elaboração da Declaração e Programa de Ação, em junho, parece ter inspirado a XLVIII Assembléia Geral das Nações Unidas, que endossou, em dezembro, de forma igualmente consensual, todas as recomendações da Conferência Mundial.

11. A Corte Interamericana de Direitos Humanos teve sua jurisdição reconhecida até agora por 14 dos Estados-partes da Convenção Americana dos Direitos Humanos, deles se excluindo, entre outros, o México, o Brasil e os Estados Unidos. Os EUA, aliás, sequer ratificaram o "Pacto de São José".

12. É verdade que, em circunstâncias especialíssimas, a comunidade internacional já se arrogou o direito de estabelecer tribunais *ad hoc* para o julgamento de perpetradores de violações gravíssimas de direitos humanos e, sobretudo, do direito humanitário. O primeiro foi o Tribunal de Nuremberg, criado por acordo entre os aliados, vencedores da II Guerra Mundial, de onde emergiu a noção de "crime contra a humanidade". O segundo, ainda em fase de constituição, é o tribunal para julgar os responsáveis por atrocidades na ex-Iugoslávia, criado por resolução do Conselho de Segurança das Nações Unidas. Trata-se, contudo, de casos extraordinários, decorrentes de guerras, que não servem de precedentes para os direitos humanos em sentido mais amplo.

Em vista do exposto, é possível dizer, sem sombra de dúvida, que a Declaração de Viena, embora sem corresponder aos anseios de todos, representa um impulso substancial para a causa dos direitos humanos. Se levarmos em conta a instabilidade e as tensões do mundo atual, caracterizado – no dizer do perito norueguês na Subcomissão de Prevenção da Discriminação e Proteção às Minorias, Asbjorn Eide – por um "tribalismo pós-moderno", é claramente perceptível a importância de se poder contar com documento consensual, abrangente e agora indubitavelmente universal sobre assunto tão fundamental para todos os homens e mulheres.

No momento em que se iniciava a Conferência de Viena, começou a circular nos Estados Unidos o número correspondente ao verão de 93 da revista *Foreign Affairs*. Nele se encontrava expressivo artigo de Samuel Huntington intitulado "O Choque de Civilizações?" Com repercussão imediata em todo o mundo, inclusive no Brasil, o artigo de Huntington, longe do triunfalismo de Fukuyama, prevê para o futuro a substituição da competição ideológica da Guerra Fria pelo conflito, não necessariamente bélico, entre "as grandes civilizações: ocidental, confuciana, japonesa, islâmica, hindu, ortodoxa eslava, latino-americana e possivelmente uma civilização africana"[13]. À luz das discórdias verificadas no seio do Comitê Preparatório da Conferência Mundial de Direitos Humanos, no período 1991-93, e do que vem ocorrendo no mundo, a previsão de Samuel Huntington não parece absurda. Caso o consenso obtido na Declaração de Viena e nas resoluções da Assembléia Geral que a endossam ajude a atenuar tal conflito, recolocando o Homem e a Mulher como verdadeiros sujeitos do Direito e da História, a Conferência terá sido de extrema valia.

---

13. Samuel P. Huntington, "The Clash of Civilizations?", *Foreign Affairs*, Summer 1993, pp. 22-49.

3. Soberania e Direitos Humanos[1]

Quase um século antes de Hobbes, e dois antes das revoluções americana e francesa, o grande teórico da soberania no período da formação dos Estados nacionais europeus, Jean Bodin, já assinalava, em 1576, que o poder do soberano tinha limitações, sendo as mais importantes as "leis naturais e divinas". A adoção das declarações de direitos em nível nacional, iniciada na América do Norte e na França, veio confirmar a supremacia da visão bodiniana sobre a concepção absolutista hobbesiana.

Para muitos analistas do período pós-45, e malgrado as distorções do tema inerentes à Guerra Fria, a inclusão da observância dos direitos humanos entre os propósitos fundamentais das Nações Unidas e a proclamação, em 1948, da Declaração Universal dos Direitos Humanos representariam uma mudança qualitativa nas relações internacionais. Com elas, e com os instrumentos jurídicos delas decorrentes, o homem e a mulher ter-se-iam tornado sujeitos do direito internacional, ocupando, como "cidadãos do mundo", um espaço previamente reservado apenas aos Estados.

É verdade que, a par dos Pactos e Convenções a que os Estados aderem volitiva e soberanamente – e o Brasil não é exceção –, a ONU vem construindo, há mais de duas décadas,

---

1. Publicado no *Jornal do Brasil* em 22 de setembro de 1993.

mecanismos para monitorar violações de direitos humanos nas jurisdições nacionais e cobrar providências dos Governos. Entre tais mecanismos sobressaem os "relatores temáticos" da Comissão dos Direitos Humanos, que observam, em todo o mundo, os desaparecimentos forçados, as execuções sumárias, a tortura e, a partir deste ano (1993), as detenções arbitrárias, as restrições à liberdade de expressão e as formas contemporâneas de racismo e xenofobia (neste caso em reação ao recrudescimento do fenômeno, particularmente na Europa). Em todos esses mecanismos, inclusive quando a Comissão dos Direitos Humanos decide estabelecer relator especial para acompanhar a situação de um país determinado, a atuação internacional não ultrapassa o nível de observação e de recomendações. Resguarda-se, assim, a soberania nacional, cabendo ao discernimento dos Governos as decisões de responder às indagações, acolher as recomendações e cooperar com os relatores. A sanção é de conteúdo ético: restringe-se a expressões de exortação ou crítica, cuja importância maior consiste no peso que adicionam aos clamores já veiculados na opinião pública.

Pelo entendimento generalizado de que esses mecanismos da ONU gozam de legitimidade internacional, sem ferir a soberania nacional, praticamente todos os Estados procuram responder às demandas que lhes fazem, sem recorrerem ao princípio da não-intervenção, também entronizado na Carta da ONU.

Esse é o quadro existente nas Nações Unidas para o controle internacional dos direitos humanos em tempos de paz. Não deve, pois, ser confundido com outras ações, excepcionais, determinadas pelo Conselho de Segurança seja para situações decorrentes de guerra, como a dos curdos no Iraque e a da ex-Iugoslávia, seja para casos de anomia tão virulentos que podem ameaçar a segurança internacional, como o da Somália.

Um dos conceitos abusivos que mais têm prejudicado o trabalho das Nações Unidas em prol dos direitos humanos é o do chamado "direito de ingerência". Visualizado no contexto do direito humanitário, das vítimas de guerra e outros flagelos, sua origem remonta ao final dos anos 80, quando os "Médecins Sans Frontières" e outras organizações congêneres encontraram obstáculos governamentais para fornecer auxílio médico e alimentar a populações africanas e asiáticas em áreas conflagradas. O auxílio é, naturalmente, positivo, assim como o foi, nesses casos, a atuação da ONU. Negativo é o conceito, usado de forma propagandística por alguns setores em países desenvolvidos, como se estes, com um "dever" auto-atribuído, tivessem o "direito discricionário de intervir militarmente em terceiros.

À luz dos registros históricos de intervenções arbitrárias de potências militares em países mais fracos, a noção de um "direito de ingerência" assume conotações ameaçadoras. A insistência com que a idéia foi alardeada nos primeiros momentos do período pós-Guerra Fria teve, inclusive, efeitos prejudiciais na preparação e nas deliberações da Conferência Mundial de Direitos Humanos, recém-realizada em Viena. Sobre o pano de fundo de tal "direito", quaisquer iniciativas novas de proteção aos direitos humanos eram vistas, por Estados mais vulneráveis, como possíveis brechas para intrusões forçadas em sua soberania. Foi preciso, assim, grande esforço diplomático para se chegar ao texto consensualmente adotado da Declaração de Viena.

O chamado "direito de ingerência" não existe juridicamente nem está em discussão na ONU. Salvo os casos muito excepcionais, previstos na Carta das Nações Unidas, concernentes às ameaças à paz e à segurança internacionais e de competência do Conselho de Segurança, prevalece nas decisões da Organização o princípio da não-intervenção.

Não há, pois, ameaças à soberania nacional, tal como definida por Jean Bodin desde o século XVI, no sistema de proteção dos direitos humanos das Nações Unidas. Ele tem caráter complementar e subsidiário, reconhecendo aos Estados a incumbência pela verdadeira proteção. O Brasil democrático coopera de maneira transparente com os relatores da Comissão de Direitos Humanos, por decisão soberana e consciente. Sabemos que seus objetivos são também os nossos. E numa sociedade livre não há alternativa ao diálogo e à transparência.

4. O Sistema Internacional de Proteção dos Direitos Humanos e o Brasil[1]

A recente realização da Conferência Mundial de Direitos Humanos em Viena, o papel proeminente do Brasil naquele evento e a persistência de graves e freqüentes violações desses direitos em nossa sociedade exigem uma reflexão aprofundada sobre o tema, que leve à adoção de medidas adequadas pelas autoridades competentes. Tais medidas, imprescindíveis ante os anseios do próprio povo brasileiro, são hoje um imperativo também pela ótica internacional.

Com lugar assegurado entre os temas globais, de interesse para toda a humanidade, cuja promoção e proteção constituem "objetivo prioritário das Nações Unidas" e "preocupação legítima da comunidade internacional" (parágrafos 1º do preâmbulo e 2º da primeira parte da Declaração de Viena), os direitos humanos não são mais matéria de exclusiva competência das jurisdições nacionais. Sua observância é exigência universal, consensualmente acordada pelos Estados na Conferência Mundial, e ainda mais cogente para países como o Brasil, que aderiram voluntariamente às grandes convenções existentes nessa esfera.

---

1. Versão modificada e atualizada em maio de 1994 de estudo publicado na revista *Arquivos do Ministério da Justiça*, ano 46, número 182, julho/dezembro de 1993, pp. 85-114.

Para que se possa avaliar com propriedade o verdadeiro significado da Conferência de Viena como impulso substantivo para o fortalecimento da proteção internacional dos direitos humanos, e a situação do Brasil nesse contexto, é preciso ter em mente não apenas o quadro atual dos mecanismos de controle existentes, mas também o caminho percorrido para seu estabelecimento e as tendências para o futuro. Sem tal visão abrangente, poder-se-ia atribuir à fiscalização internacional o caráter de simples modismo desta fase do mundo pós-Guerra Fria sob liderança ocidental, interpretável como mero subterfúgio para a consecução de objetivos políticos outros.

Esta interpretação – que em certos casos não deixa de ter fundamento – chegou a afetar seriamente o processo preparatório da Conferência Mundial de 1993. Para isso contribuiu negativamente a disseminação pelo Primeiro Mundo da noção malformulada e ameaçadora de um "direito de ingerência", jamais reconhecido juridicamente – na verdade, não contemplado para os direitos humanos, mas para o direito humanitário, das vítimas de guerras e de conflitos armados não-internacionais. Em Viena, contudo, tal interpretação, naturalmente obstrucionista, acabou cedendo lugar a composições várias e criativas, consubstanciadas na Declaração final dos Governos, que consolida o sistema internacional de proteção dos direitos humanos acima de qualquer modismo passageiro.

Sem dúvida, o fim da Guerra Fria foi fator determinante para a afirmação dos direitos humanos como tema global. Dadas as peculiaridades de tais direitos, necessariamente realizados dentro das jurisdições nacionais, era mais fácil, no mundo bipolar de confrontação ideológica entre comunismo e capitalismo, escamotear as violações detectadas internacionalmente com argumentos de que as denúncias, normalmente originadas do lado adversário, tinham por finalidade exclusiva desacreditar a imagem positiva que cada bloco oferecia de si mesmo. Com exceção dos casos mais gritantes, como o da África do Sul, os problemas de direitos humanos, conquanto denunciados, tendiam a ofuscar-se dentro das rivalidades estratégicas das duas superpotências. Hoje, com a realidade de cada situação emergindo de forma transparente aos olhos do mundo – inclusive pelos olhos da CNN –, é fácil verificar a gravidade da situação dos direitos individuais e coletivos em quase todo o planeta, e as ameaças que as violações maciças acarretam não somente para a paz social interna, mas também, muitas vezes, para a estabilidade internacional.

Os direitos humanos têm caráter peculiar no direito e nas relações internacionais por várias razões. Em primeiro lugar porque têm como sujeitos não os Estados, mas sim, no dizer de Norberto Bobbio, o homem e a mulher na qualidade de "cidadãos do mundo"[2]. Em segundo porque, pelo menos à primeira vista, a interação dos Governos nessa área não visa a proteger interesses próprios. Em terceiro, e indubitavelmente, porque o tratamento internacional da matéria modifica a noção habitual de soberania.

Em praticamente todos os campos do Direito e das relações internacionais, os Estados são motivados pela busca de condições que avancem claramente os chamados "interesses nacionais". Nos tratados de desarmamento e de não-proliferação, por exemplo, os Estados se comprometem a aceitar a intrusão em sua órbita interna na expectativa de auferir alguma vantagem compensatória, como o desarmamento das outras partes ou o acesso facilitado a tecnologias sensíveis. Nas negociações sobre acordos e tratados econômico-comerciais, a reciprocidade de interesses é o elemento orientador essencial de todos os participantes – embora, muitas vezes, a compensação de cada concessão se concretize de maneira menos nítida, em áreas diversas, sobretudo a política. Ao aderirem às convenções sobre direitos humanos, diferentemente do que ocorre nas demais esferas, os Estados não se propõem obter vantagens claras. Assumem, ao contrário, obrigações internacionais para a defesa de seus cidadãos contra seus próprios abusos ou omissões. Mais ainda, aceitam a intrusão na soberania nacional, na forma de monitoramento da respectiva situação, sem contrapartidas palpáveis, pelo menos à primeira vista.

É lógico, pois, que se indague por que os Governos aderem a tais instrumentos jurídicos e participam de organizações com competências intrusivas em sua esfera de jurisdição. A razão principal se vincula à questão da legitimidade. Numa fase histórica em que o poder apenas se justifica *ex parte populi*, não mais *ex parte principis*, somente a garantia dos direitos humanos da população confere legitimidade efetiva aos governantes. A ratificação das convenções é, assim, pelo menos, demonstração de boa fé. Se esta não se traduz em medidas concretas para a observância dos direitos na órbita interna, a comunidade internacional pelos canais multilaterais apropriados, ou até em gestões

---

2. Norbeto Bobbio, *A Era dos Direitos*, Rio de Janeiro, Campus, 1992, p. 30.

bilaterais, fará as cobranças pertinentes. E os Governos tentarão respondê-las da melhor maneira possível.

Não existindo sanção no direito internacional – salvo aquelas previstas no Cap. 7 da Carta das Nações Unidas, para os casos de ameaça à paz –, é lógico perguntar também por que os Estados se esforçam para responder às cobranças. A explicação mais simples e clara é dada por Helga Ole Bergensen em seu estudo *The Power to Embarrass*[3]: a ONU (e as organizações regionais com competência na matéria) não tem poder físico para determinar as ações internas dos Estados, mas tem a capacidade de "embaraçar" os Governos, através de condenações morais constrangedoras.

Por mais que certas delegações à Conferência de Viena tenham questionado a universalidade dos direitos humanos estabelecidos na Declaração Universal de 1948 – já que a maioria dos Estados hoje soberanos eram então colônias de potências ocidentais –, as condenações internacionais nessa área a qualquer país têm peso moral sensivelmente maior do que as críticas a violações de outras normas. Essa especificidade é facilmente inteligível.

Quando as violações de regras internacionais se dão pela afirmação da *soberania estatal* em direção a adversários externos, as ações costumam ocorrer com o respaldo da respectiva população, ou de alguns de seus segmentos mais relevantes. Nas violações de normas de direitos humanos, o que se fere é a *soberania popular*, garantida em praticamente todas as Constituições contemporâneas, excluindo-se assim o benefício da solidariedade nacional com a transgressão. Mais concretamente: quando um país viola uma fronteira internacional estabelecida em tratado com base em alguma alegada provocação, o ato violatório do direito internacional é muitas vezes respaldado pelo fervor patriótico do povo. Exemplo recente, de conseqüências catastróficas, foi o das comemorações populares no Iraque – espontâneas ou dirigidas – pela invasão e anexação do Kuaite. Quando um governo fere, ou não protege adequadamente, direitos de seus cidadãos estabelecidos nos instrumentos internacionais de direitos humanos é, em geral, condenado pela opinião pública, tanto externa quanto interna – esta muitas vezes amordaçada.

---

3. Helga Ole Bergesen, "The Power to Embarrass", estudo apresentado ao Congresso Mundial da Associação Internacional de Ciência Política, Rio de Janeiro, ago. 1982.

Durante o período da Guerra Fria, a disputa ideológica entre os dois sistemas antagônicos favorecia, pelo enfoque estritamente coletivista de um deles, a idéia de que a obtenção de condições econômicas adequadas teria prioridade sobre o usufruto dos direitos civis e políticos e das liberdades fundamentais. Hoje o entendimento predominante é de que todos os direitos humanos são interdependentes e indivisíveis, cabendo aos direitos civis e políticos importante papel na consecução do desenvolvimento. Se, por um lado, as condições estruturais têm reflexos óbvios na situação dos direitos econômicos e sociais, afetando também os direitos civis, pessoais e judiciais mais elementares – e nisto o caso brasileiro é tragicamente eloqüente –, por outro, a ausência de níveis satisfatórios de desenvolvimento econômico-social não é mais aceita como escusa para a inobservância dos direitos.

Assim como as deficiências econômicas deixaram de ser justificativas para violações, também perdeu valor explicativo o relativismo cultural. Ainda que os diversos contextos históricos, étnicos e religiosos devam ser levados em conta, é dever dos Estados promover e proteger todos os direitos humanos, independentemente dos respectivos sistemas (parágrafo 3º da parte operativa da Declaração de Viena). Havendo a Conferência Mundial reafirmado dessa forma a universalidade dos direitos humanos, acima de quaisquer particularismos, confirma-se o entendimento de Francesco Capotorti de que, embora originários do Ocidente, tais direitos constituem uma "herança cultural que não pode ser separada da noção do Estado moderno"[4].

4.1. O QUADRO NORMATIVO

4.1.1. *A Declaração Universal*

Com a assinatura da Carta das Nações Unidas, em São Francisco, em 26 de junho de 1945, a comunidade internacional nela organizada se comprometeu, desde então, a implementar o propósito de "promover e encorajar o respeito aos direitos humanos e liberdades fundamentais de todos, sem distinção de raça, sexo, língua ou religião". Para esse fim, a Comissão dos Direitos Hu-

---

4. Francesco Capotorti, "Human Rights: the hard road towards universality", p. 984 *in* R. St. MacDonald e Johnston (org.), *The structure and process of international law: essays in legal philosophy doctrine and theory*, Dordrecht, Martinus Nijhoff, 1986.

manos (CDH), principal órgão das Nações Unidas sobre a matéria, recebeu a incumbência de elaborar uma *Carta Internacional de Direitos*. O primeiro passo nesse sentido foi a preparação de uma Declaração.

Proclamada pela Assembléia Geral em 10 de dezembro de 1948, em Paris, a *Declaração Universal dos Direitos Humanos* definiu, pela primeira vez em nível internacional, como um "padrão comum de realização para todos os povos e nações", os direitos humanos e liberdades fundamentais – noções até então difusas, tratadas apenas, de maneira não-uniforme, em declarações e legislações nacionais[5].

Os direitos definidos na Declaração Universal costumam ser relacionados, inclusive pelas Nações Unidas, em duas categorias: os civis e políticos, correspondendo aos Artigos 3º e seguintes até o 21; os econômicos, sociais e culturais, do Artigo 22 ao 28. Mais acurada é a classificação feita por Jack Donnelly, nos seguintes termos:

1) *Direitos Pessoais*, incluindo os direitos à vida, à nacionalidade, ao reconhecimento perante a lei, à proteção contra tratamentos ou punições cruéis, degradantes ou desumanas, e à proteção contra a discriminação racial, étnica, sexual ou religiosa (Artigos 2º a 7º e 15);

2) *Direitos Judiciais*, incluindo o acesso a remédios por violações dos direitos básicos, a presunção de inocência, a garantia de processo público justo e imparcial, a irretroatividade das leis penais, a proteção contra prisão, detenção ou exílio arbitrários, e contra a interferência na família, no lar e na reputação (Artigos 8º a 12);

3) *Liberdades Civis*, especialmente as liberdades de pensamento, consciência e religião, de opinião e expressão, de movimento e residência, e de reunião e de associação pacífica (Artigos 13 e de 18 a 20);

4) *Direitos de Subsistência*, particularmente os direitos à alimentação e a um padrão de vida adequado à saúde e ao bem-estar próprio e da família (Artigo 25);

5) *Direitos Econômicos*, incluindo principalmente os direitos ao trabalho, ao repouso e ao lazer, e à segurança social (Artigos 22 a 26 – proposital ou acidentalmente, Donnelly omite o Artigo

---

5. A exceção que confirma a regra é a Declaração Americana dos Direitos e Deveres do Homem, no âmbito da OEA, que foi adotada sete meses antes. Sua elaboração, contudo, foi influenciada pelos trabalhos preparatórios da Declaração Universal.

17, sobre o direito à propriedade, que acabaria excluído dos Pactos Internacionais de Direitos Humanos, conforme se verá adiante);

6) *Direitos Sociais e Culturais*, especialmente os direitos à instrução e à participação na vida cultural da comunidade (Artigos 26 e 28);

7) *Direitos Políticos*, principalmente os direitos a tomar parte no governo e a eleições legítimas com sufrágio universal e igual (Artigo 21), "mais os aspectos políticos de muitas liberdades civis"[6].

Elaborada nas três primeiras sessões da CDH e adotada na primeira sessão da Assembléia Geral a que foi submetida (a III Assembléia Geral das Nações Unidas), num lapso de tempo inferior a dois anos, a Declaração Universal dos Direitos Humanos adquire, à primeira vista, a aparência de exemplo edificante de conciliação e espírito construtivo por parte das nações que, unidas, saíram vitoriosas da II Guerra Mundial. Na realidade as divergências foram amplas dentro do próprio comitê de redação, composto por representantes dos Estados Unidos, China (Nacionalista), Líbano, Austrália, Chile, França, Reino Unido e União Soviética, e perduraram durante a consideração do projeto em instâncias superiores. A flexibilização de posições não se deu por razões altruísticas, mas por interesses próprios. A URSS, insatisfeita com a preponderância das liberdades civis "ocidentais", evitava apoiar com maior ênfase os direitos econômicos e sociais para não ameaçar sua postura intransigente a propósito da intangibilidade da soberania nacional. Os representantes dos países ocidentais, por sua vez, não viam maiores inconvenientes nos direitos "socializantes" à instrução gratuita, alimentação, moradia, assistência médica e serviços sociais, por se adequarem aos ideais do *Welfare State*, que então despontava. Quanto à adoção de tão importante documento pela Assembléia Geral rapidamente e sem votos contrários, com apenas oito abstenções, ela se deveu, sobretudo, a seu formato de manifesto, não-obrigatório pelo ângulo jurídico habitual[7].

---

6. Jack Donnelly, *International human rights: a regime analysis*, International Organization, 40, 3, pp. 599-642, Massachusetts Institute of Technology, Summer 1986.

7. A Declaração Universal dos Direitos Humanos foi aprovada pela Resolução 217 A (III), da Assembléia Geral, em 10/12/48, por 48 votos a zero, com abstenções da África do Sul, Arábia Saudita, Bielorrússia, Iugoslávia, Polônia, Checoslováquia, Ucrânia e União Soviética.

A questão da obrigatoriedade da Declaração Universal dos Direitos Humanos é até hoje debatida em nível teórico. Conforme a prática internacional, as declarações, em contraposição aos tratados, convenções, pactos e acordos, não têm força jurídica compulsória. Com efeito, a maioria das declarações adotadas pelas Nações Unidas são freqüentemente ignoradas por muitos Estados, sem maiores constrangimentos. A Declaração Universal constitui, contudo, um caso peculiar.

Além de assinalar "ser essencial que os direitos humanos sejam protegidos pelo império da lei, para que o homem não seja compelido, como último recurso, à rebelião contra a tirania e a opressão", os redatores da Declaração incluíram no preâmbulo referências incisivas a disposições da Carta de São Francisco – esta, sim, obrigatória –, recordando "que os Estados-membros se comprometeram a promover, em cooperação com as Nações Unidas, o respeito universal aos direitos e liberdades fundamentais do homem e a observância desses direitos e liberdades". Acrescentaram, ainda, "que uma compreensão comum desses direitos e liberdades é da mais alta importância para o pleno cumprimento desse compromisso".

Encarada como uma interpretação autorizada dos artigos da Carta das Nações Unidas relativos aos direitos humanos, a Declaração teria, para alguns intérpretes, os efeitos legais de um tratado internacional. Para a maioria dos estudiosos do assunto, a força da Declaração Universal dos Direitos Humanos, como a de qualquer outro documento congênere, advém de sua conversão gradativa em norma consuetudinária. Independentemente da doutrina esposada, o que se verifica na prática é a invocação generalizada da Declaração Universal como regra dotada de *jus cogens*, invocação que não tem sido contestada sequer pelos Estados mais acusados de violações de seus dispositivos.

4.1.2. *Os Pactos*

Adotada a Declaração, caberia à CDH a tarefa de preparar uma convenção ou pacto destinado a regular a aplicação dos direitos recém-reconhecidos internacionalmente, envolvendo, inclusive, um sistema de controle para assegurar sua implementação.

Enquanto a Declaração Universal foi preparada e adotada em menos de dois anos, a elaboração e a aprovação do que deveria ser sua seqüência natural para a complementação da *Carta Internacional de Direitos Humanos* – os dois pactos – levaram vinte anos, e mais dez transcorreram para sua entrada em vigor. A razão de tal demora se encontra fundamentalmente em seu caráter obrigatório para os Estados-partes. E todos os tipos de controvérsias se fizeram presentes, primeiro no sentido Leste-Oeste, em seguida no sentido Norte-Sul.

Ao se decidir o formato que teria o segundo elemento da Carta Internacional de Direitos Humanos, alguns países ocidentais se opuseram decididamente à idéia de uma única convenção para cobrir tanto os direitos civis e políticos quanto os direitos econômicos, sociais e culturais, enquanto, do lado oposto, os países socialistas propunham a elaboração de um único documento abrangente. Os opositores à proposta de uma única convenção, que nela viam uma ameaça à noção individualista dos direitos humanos, arrolavam três argumentos substantivos. O primeiro era o de que os direitos correspondiam a espécies distintas: os civis e políticos seriam *jurisdicionados*, passíveis de cobrança, o que não se aplicaria aos direitos econômicos e sociais. O segundo era o de que os direitos civis e políticos seriam de *aplicação imediata*, enquanto os econômicos, sociais e culturais somente poderiam ter *realização progressiva*. O terceiro dizia respeito ao acompanhamento: para os direitos civis e políticos o melhor mecanismo seria um comitê que atendesse a petições e queixas através de investigação e bons-ofícios, instrumento inadequado para os direitos econômicos e sociais. Para os que defendiam a idéia de um único instrumento jurídico, a separação poderia significar uma diminuição da importância relativa dos chamados "direitos de segunda geração".

A questão teve marchas e contramarchas em diversas instâncias. Em 1951 a proposta de separação obteve a aprovação da Assembléia Geral, que determinou a preparação de dois pactos, a serem adotados e abertos à assinatura simultaneamente, "com tantas disposições similares quanto possível". A posição ocidental prevaleceu, ficando a noção de *realização progressiva* incorporada ao Artigo 2º, parágrafo 1º, do Pacto Internacional sobre os Direitos Econômicos, Sociais e Culturais. As divergências, contudo, não se esgotaram nesse ponto.

Tendo a Declaração Universal estabelecido, no Artigo 17, que "todo homem tem direito à propriedade, só ou em sociedade com outros", e acrescentado que "ninguém será arbitrariamente privado de sua propriedade", os Estados Unidos, diante da omissão desse direito no anteprojeto inicial do pacto, elaborado pelo Secretariado, propuseram formalmente sua inclusão. A União Soviética, afirmando não ter problemas com a inclusão desse direito no texto, sugeriu emenda à proposta norte-americana que acrescentaria a expressão "de acordo com as leis do país onde se encontra a propriedade". No entender de Eleanor Roosevelt, chefe da delegação norte-americana, a formulação soviética poderia legitimar expropriações sem compensação. As discussões prosseguiram num impasse, até que os Estados Unidos concluíram ser preferível aceitar a omissão de referências a esse direito a tê-lo formulado de maneira contrária a sua interpretação. Prevaleceu, pois, a visão socialista.

Uma terceira causa de discordância foi a proposta de inclusão nos pactos de cláusulas concernentes ao *direito à autodeterminação*. Não contemplado pela Declaração Universal dos Direitos Humanos, o novo direito era fruto do forte sentimento anticolonialista já predominante na Assembléia Geral. Por seu caráter coletivo, alguns ocidentais entendiam que a autodeterminação seria mais um princípio do que um direito. Prevaleceu, contudo, neste caso, a posição do Terceiro Mundo: o *direito dos povos à autodeterminação* foi incluído nos dois pactos, nos mesmos termos, logo no Artigo 1º.

Também houve divergências a propósito da liberdade de expressão. A idéia de se proibir a propaganda de incitações ao ódio racial ou à guerra foi defendida pela União Soviética com apoio de vários outros países, inclusive a França e a China (Nacionalista). Os Estados Unidos, porém, entendiam que tal proibição enfraqueceria o direito à liberdade de expressão, facilitando abuso de censura por parte dos governos. Em 1953 nova redação dada à proposta sobre o assunto teve êxito e o Artigo 20 do Pacto Internacional de Direitos Civis e Políticos passou a ler:

1. Toda propaganda de guerra será proibida por lei.
2. A advocacia do ódio nacional, racial ou religioso que constitua incitação à discriminação, hostilidade ou violência será proibida por lei.

Houve, finalmente, controvérsias substantivas sobre o tipo de supervisão a ser estabelecido para a implementação dos pactos. Desde o final da década de 40 países como a Austrália e Uruguai propugnavam pela criação de uma Corte Internacional de Direitos Humanos. No extremo oposto, a União Soviética opunha-se a qualquer tipo de mecanismo de verificação. A inclusão do Comitê dos Direitos Humanos no Projeto do Pacto Internacional de Direitos Civis e Políticos somente foi factível na ausência dos delegados da União Soviética e da Ucrânia na sessão da CDH de 1950.

Os dois pactos internacionais sobre direitos humanos foram adotados pela Assembléia Geral, por unanimidade, em 10 de dezembro de 1966. As 35 ratificações necessárias à entrada em vigor de cada um somente foram conseguidas dez anos depois.

Vigente a partir de 3 de janeiro de 1976, o *Pacto Internacional de Direitos Econômicos, Sociais e Culturais* estabelece para os Estados-partes a obrigação de adotarem medidas, "individualmente e através da assistência e cooperação internacionais, especialmente econômicas e técnicas, até o máximo de seus recursos disponíveis, com vistas a alcançarem progressivamente a completa realização dos direitos" nele reconhecidos (Artigo 2º, parágrafo 1º). Os direitos são:

– ao trabalho;

– à remuneração justa (inclusive, para as mulheres, pagamento igual para trabalho igual);

– de formar e de associar-se a sindicatos;

– a um nível de vida adequado;

– à educação (com a introdução progressiva da educação gratuita);

– para as crianças, de não serem exploradas (os Estados devem estabelecer uma idade mínima para a admissão em emprego remunerado);

– à participação na vida cultural da comunidade.

O Pacto estipula que os Estados-partes devem apresentar relatório ao Conselho Econômico e Social das Nações Unidas (ECOSOC) sobre as medidas adotadas para a promoção de tais direitos. Em 1987, o ECOSOC estabeleceu um Comitê para os Direitos Econômicos, Sociais e Culturais, composto de dezoito peritos, com a incumbência de examinar os relatórios nacionais em sessão pública.

O *Pacto Internacional de Direitos Civis e Políticos*, vigente a partir de 23 de março de 1976, determina que os Estados-partes têm a obrigação de "respeitar e assegurar a todos os indivíduos dentro de seu território e sujeitos a sua jurisdição os direitos" nele reconhecidos, sem discriminações de qualquer espécie (Artigo 2º, parágrafo 1º). Os Estados-partes se comprometem, também, a adotar as medidas legislativas, e outras necessárias para dar efeito aos direitos estabelecidos, assim como o justo remédio para violações sofridas (Artigo 2º, parágrafos 2º e 3º). Os principais direitos e liberdades cobertos pelo Pacto são:

– o direito à vida;

– o direito de não ser submetido a tortura ou tratamentos cruéis, desumanos ou degradantes;
– o direito de não ser escravizado, nem submetido a servidão;
– os direitos à liberdade e à segurança pessoal e de não ser sujeito a prisão ou detenção arbitrárias;
– o direito a julgamento justo;
– à igualdade perante a lei;
– à proteção contra interferência arbitrária na vida privada;
– a liberdade de movimento;
– o direito a uma nacionalidade;
– o direito de casar e de formar família;
– as liberdades de pensamento, consciência e religião;
– as liberdades de opinião e de expressão;
– o direito a reunião pacífica;
– a liberdade de associação e o direito de aderir a sindicatos;
– o direito de votar e de tomar parte no Governo.

Mais pormenorizado do que seu homólogo sobre direitos econômicos, sociais e culturais, o Pacto Internacional de Direitos Civis e Políticos, além do direito à autodeterminação, abrigou novos direitos e garantias não incluídos na Declaração Universal, tais como os direitos das crianças a medidas de proteção por parte da família, da sociedade e do Estado, de serem registradas e terem um nome e a adquirirem uma nacionalidade (Artigo 24); o direito das minorias de manterem sua identidade cultural, religiosa e lingüística (Artigo 27); e a proibição de prisão pelo não-cumprimento de obrigações contratuais (Artigo 11). Restringiu, por outro lado, o escopo das liberdades de religião e de expressão da Declaração Universal, ao contemplar limitações a sua manifestação, desde que previstas em lei, em defesa da segurança pública, da ordem, da saúde, da moral e dos direitos dos outros (Artigos 18, parágrafo 3º, e 19, parágrafo 3º, alíneas *a* e *b*). Admitiu ainda a possibilidade de derrogação nas obrigações dele decorrentes em caso de "emergência pública que ameace a vida da nação", contanto que tal emergência seja proclamada oficialmente, as medidas adotadas não sejam inconsistentes com "outras obrigações do Direito Internacional e não envolvam discriminação baseada apenas em termos de raça, cor, sexo, língua, religião e origem social" (Artigo 4º, parágrafo 1º). Não é permitida a derrogação dos Artigos 6º (direito à vida), 7º (proibição da tortura), 8º, parágrafos 1º e 2º (proibição da escravidão e da servidão), 11 (proibição de prisão por inadimplência contratual), 15 (isenção de culpa por ação praticada antes da determinação legal de sua criminalidade), 16 (direito ao reconhecimento de personalidade perante a lei) e 18 (liberdade de pensamento, consciência e religião).

O mecanismo de implementação do Pacto de Direitos Civis e Políticos é o Comitê dos Direitos Humanos, composto por 18 membros eleitos a título pessoal. Os Estados-partes dos Pactos se obrigam a "apresentar relatórios sobre as medidas adotadas para dar efeito aos direitos reconhecidos" no documento e "sobre os progressos realizados no gozo desses direitos" (Artigo 40, parágrafo 1º). Os relatórios são encaminhados ao Secretário-Geral das Nações Unidas, que os transmite ao Comitê (Artigo 40, parágrafo 2º). O Comitê é incumbido de estudar os relatórios, transmiti-los aos Estados-partes com os comentários gerais que considerar apropriados, e de reportar, por sua vez, ao ECOSOC (Artigo 40, parágrafo 4º).

Pelo Artigo 41 o Comitê dos Direitos Humanos é autorizado a receber e considerar comunicações de não-cumprimento das disposições do Pacto feitas por um Estado a respeito de outro, desde que o apresentador da queixa tenha feito declaração expressa aceitando tal competência do Comitê quanto a comunicações a seu próprio respeito.

O Pacto Internacional de Direitos Civis e Políticos é acompanhado de um *Protocolo Facultativo*, pelo qual os Estados que o ratifiquem reconhecem a competência do Comitê dos Direitos Humanos para receber e considerar queixas e comunicações individuais.

As disposições do Pacto e do Protocolo são bastante respeitosas às soberanias nacionais, restringindo a capacidade de atuação do Comitê para resolver pendências ou para interferir de maneira substantiva no sentido de corrigir situações contrárias aos direitos estabelecidos. Sua aprovação pela Assembléia Geral das Nações Unidas foi, porém, fato significativo. Ela correspondeu à primeira afirmação, por foro que se propõe universal, de que assuntos qualificados como de competência interna podem ser objeto de acompanhamento internacional.

Desde 1992 o Brasil é parte dos dois Pactos Internacionais de Direitos Humanos. Não fez a declaração opcional do Artigo 41 do Pacto Internacional de Direitos Civis e Políticos, relativo às queixas interestatais, nem aderiu ao Protocolo Facultativo. Ambos os dispositivos encontram-se, na prática, superados pelos mecanismos não-jurídicos de controle de violações, estabelecidos por resoluções da Comissão dos Direitos Humanos – a serem examinados mais adiante.

Em 1989 um *Segundo Protocolo Facultativo*, destinado à abolição da pena de morte, adicional no Pacto Internacional de Direitos Civis e Políticos, foi adotado pela Assembléia Geral das Nações Unidas (Resolução 44/128). O Brasil não aderiu a este instrumento, ainda não vigente internacionalmente. Em termos concretos, para o país, a adesão não se faz necessária porque, sendo parte da Convenção Americana de Direitos Humanos, no âmbito da OEA, esta já o impede de restabelecer a pena de morte em seu sistema penal.

4.1.3. *As Grandes Convenções*

Desde a proclamação da Declaração Universal, em 1948, até o presente, as Nações Unidas adotaram mais de sessenta declarações ou convenções sobre direitos humanos, algumas sobre novos direitos, outras relativas a determinadas violações, outras, ainda, para tratar de grupos vulneráveis, de minorias e da mulher. As mais importantes dizem respeito ao racismo, às discriminações contra a mulher, à tortura e às crianças. *O Brasil é parte de todas as convenções mais significativas.*

4.1.3.1. *A Convenção contra a Discriminação Racial*

Adotada em 1965 e vigente desde 1969, a *Convenção Internacional para a Eliminação de Todas as Formas de Discriminação Racial* é a que reúne o maior número de ratificações: 133 em 31 de janeiro de 1993.

Filha do mesmo sentimento anticolonial que levou ao reconhecimento pelos Pactos do direito dos povos à autodeterminação, a Convenção Internacional sobre a Eliminação de Todas as Formas de Discriminação Racial, cuja adoção pela Assembléia Geral os precedeu de um ano, teve sua elaboração e aprovação agilizadas por interesses distintos tempestivamente compostos. Se no final dos anos 40 e na década de 50 o grande incentivo à adoção de dispositivos antidiscriminatórios foi a lembrança do holocausto judeu sob os regimes nazifascistas, nos anos 60 seu principal motor foi o grande movimento de emancipação das antigas colônias européias.

O ingresso de dezessete novos países africanos nas Nações Unidas em 1960, a realização da Primeira Conferência de Cúpula dos Países Não-Alinhados, em Belgrado, em 1961, assim como o ressurgimento de atividades nazifascistas na Europa e as preocupações ocidentais com o anti-semitismo compuseram o panorama de influências que, com graus variados de eficácia, reorientaram o estabelecimento de normas internacionais de direitos humanos, atribuindo prioridade à erradicação do racismo. Antecedida pela Declaração sobre a Eliminação de todas as Formas de Discriminação Racial em 1963, a Convenção sobre o mesmo tema foi elaborada e adotada em apenas três anos. Tal como verificado com a Declaração Universal dos Direitos Humanos, a agilidade procedimental encobre apenas superficialmente algumas divergências profundas registradas nos trabalhos preparatórios. Enquanto o grupo de países afro-asiáticos buscava acima de tudo assegurar o fim das práticas discriminatórias e segregacionistas, entre as quais já sobrelevava o *apartheid*, alguns países ocidentais procuravam meios de salvaguardar políticas imigratórias seletivas e posições de princípio inflexíveis quanto à liberdade de expressão e associação. A sugestões dos Estados Unidos visando a incluir linguagem de proibição ao anti-semitismo, a União Soviética contrapunha emendas abrangendo o nazismo, o neonazismo e a equiparação do anti-semitismo ao sionismo e ao colonialismo. A sugestão e as contrapropostas não foram incorporadas ao texto[8].

A vinculação histórica com o movimento anticolonial é claramente expressa pela referência, no preâmbulo, à Declaração das Nações Unidas sobre a Concessão de Independência aos Povos e Países sob Regime Colonial, de 14 de dezembro de 1960. Seus sete artigos substantivos correspondem a um programa abrangente pelo qual os Estados-partes se comprometem a adotar múltiplas medidas para erradicar a discriminação racial.

A Convenção define a discriminação racial como "qualquer distinção, exclusão, restrição ou preferência baseada em raça, cor, descendência ou origem nacional ou étnica, que tenha o propósito ou o efeito de anular ou prejudicar o reconhecimento, gozo ou exercício em pé de igualdade dos direitos humanos e liberdades fundamentais". Prevê, por outro lado, a possibilidade de "discriminação positiva" (a chamada "ação afirmativa"): a adoção de certas medidas especiais de proteção ou incentivo a grupos ou indivíduos com vistas a promover sua ascensão na sociedade até um nível de equiparação com os demais.

A Convenção obriga os Estados-partes a:

---

8. A descrição dos desentendimentos políticos na fase de elaboração da Convenção para a Eliminação da Discriminação Racial pode ser vista, *inter alia*, em Howard Tolley, *The U. N. Commission on the Human Rights*, pp. 45-49, Boulder, Westview Press, 1987.

– buscar eliminar a discriminação racial e promover o entendimento entre todas as raças, fazendo com que todas as autoridades públicas atuem dessa maneira;
– abolir quaisquer leis ou regulamentos que efetivamente perpetuem a discriminação racial;
– condenar toda propaganda baseada em teorias de superioridade racial ou orientada para promover ódio ou discriminação racial;
– adotar medidas para erradicar toda incitação à discriminação;
– garantir o direito à igualdade perante a lei para todos, sem distinção de raça, cor ou origem nacional ou étnica;
– assegurar proteção e recursos legais contra atos de discriminação racial que violem direitos humanos;
– adotar medidas especialmente nas áreas da educação, cultura e informação, com vistas a combater o preconceito.

O órgão de supervisão da Convenção é o Comitê para a Eliminação da Discriminação Racial, composto por dezoito membros, eleitos a título individual, que examina publicamente os relatórios exigidos dos Estados-partes sobre seus esforços para implementar as obrigações na matéria.

O Brasil ratificou a Convenção para a Eliminação da Discriminação Racial em 1968.

4.1.3.2. *A Convenção sobre os Direitos da Mulher*

A *Convenção para a Eliminação de Todas as Formas de Discriminação contra a Mulher* foi adotada em 1979 e entrou em vigor internacionalmente em 1981. A exemplo da convenção sobre o racismo, esta permite apenas a "discriminação positiva", pela qual os Estados podem adotar medidas especiais temporárias com vistas a acelerar o processo de igualização de *status* entre mulheres e homens.

Pela Convenção os Estados-partes se obrigam a assegurar à mulher:
– o direito ao voto;
– os direitos de ser elegível para órgãos públicos preenchidos por votação e de exercer funções públicas em todos os níveis;
– o direito de participar da formulação de políticas governamentais e de organizações não-governamentais voltadas para a vida pública e política;
– a igualdade perante a lei;
– direitos iguais no que concerne à nacionalidade;

– o direito ao trabalho e a oportunidades de emprego iguais às dos homens, incluindo a remuneração igual por igual trabalho;
– acesso igualitário aos serviços de saúde pública, incluindo os de planejamento familiar;
– direitos iguais a benefícios financeiros e serviços;
– direitos e responsabilidades iguais no casamento e com relação aos filhos;
– proteção contra o casamento infantil.

Os Estados-partes se comprometem a tomar medidas para modificar os padrões culturais e sociais de conduta dos homens e mulheres, com vistas a eliminar preconceitos e práticas baseadas na idéia de inferioridade de um sexo. Especial atenção é dedicada à situação das mulheres rurais. Os Estados assumem também o compromisso de suprimir a prostituição e o tráfico de mulheres.

O órgão de controle é o Comitê para a Eliminação da Discriminação contra a Mulher (mais conhecido pela sigla inglesa CEDAW), composto de 23 membros, eleitos a título individual, que examina em sessão pública os relatórios apresentados pelos Estados sobre as medidas legislativas, judiciais, administrativas e outras que tenham adotado para implementar a Convenção.

Principal instrumento internacional para a proteção dos direitos de metade da humanidade, a Convenção sobre os Direitos da Mulher conta, até hoje, com menor número de ratificações – 118 em 31 de janeiro de 1993 – do que a Convenção contra a Discriminação Racial (133) e a Convenção sobre os Direitos da Criança (128). E de todos os instrumentos jurídicos adotados pelas Nações Unidas é aquele a que os signatários impuseram maior número de reservas. A razão é fácil de entender, e difícil de aceitar: a Convenção contraria não somente legislações nacionais discriminatórias – às vezes por mero anacronismo superável sem maiores problemas, como no caso brasileiro –, mas também crenças e costumes arraigados, respaldados, não raro, em tradições ancestrais nefastas ou doutrinas religiosas.

O Brasil ratificou a Convenção sobre os Direitos da Mulher em 1984. Ao fazê-lo, expressou reservas aos dispositivos referentes à igualdade legal de homens e mulheres na liberdade de movimento e para a escolha de domicílio, e à igualdade de direitos e deveres no casamento e em sua dissolução, que contrariavam o Código Civil. À luz das disposições igualitárias da Constituição de 1988, o Itamaraty entendeu serem anacrônicas, e agora inconstitucionais, as reservas. Conseqüentemente, em maio de

1993, foi encaminhada ao Congresso Nacional mensagem propondo sua retirada, aguardando-se ainda, em maio de 1994, a aprovação parlamentar necessária a sua efetivação.

4.1.3.3. *A Convenção contra a Tortura*

A *Convenção contra a Tortura e outros Tratamentos e Punições Cruéis, Desumanos e Degradantes* foi adotada pela ONU em 1984 e entrou em vigor internacionalmente em 1987. Por ela os Estados-partes se obrigam:

– a assegurar a proibição total da tortura e a punição de tal ofensa;

– a proibir a extradição de pessoas para Estados onde corram risco substancial de ser torturadas;

– a cooperar com outros Estados para a prisão, detenção e extradição de possíveis torturadores;

– a educar os encarregados da manutenção da ordem a propósito da proibição da tortura;

– a rever, sistematicamente, os procedimentos e métodos de interrogatório de pessoas detidas;

– a investigar prontamente alegações de tortura;

– a compensar as vítimas de tortura.

Embora a atuação de organizações não-governamentais tenha acompanhado de perto e contribuído para a elaboração dos princípios e normas de direitos humanos das Nações Unidas desde antes da assinatura da Carta de São Francisco, poucos documentos jurídicos parecem ter recebido tamanha influência desse tipo de instituição quanto a Convenção contra a Tortura. A influência se manifestou tanto através da campanha de conscientização internacional para o fenômeno, a partir dos anos 70, que se refletiu na adoção pela Assembléia Geral, em 1975, da Declaração sobre a Proteção de Todas as Pessoas contra a Sujeição à Tortura e outros Tratamentos e Punições Cruéis, Desumanos ou Degradantes, quanto através da apresentação de propostas concretas ao Grupo de Trabalho da CDH encarregado da redação do documento.

A Anistia Internacional relaciona as seguintes disposições da Convenção contra a Tortura como especialmente importantes: a jurisdição compulsória e universal contra suspeitos torturadores (Artigos 5º a 8º); a obrigação de não repatriar refugiados ou outras pessoas para países onde corram o risco de ser torturados (Artigo 3º); a exclusão da "obediência a ordens superiores" como defesa ante uma acusação de tortura (Artigo 2º parágrafo 3º); a obrigação dos Estados-partes de investigar informações fidedignas de torturas ou outros tratamentos cruéis, desumanos ou degradantes e de garantir compensação às vítimas (Artigos 12, 13 e 14).

A relação apresentada pela Anistia Internacional em seu relatório de 1988 indica apenas as disposições inovadoras, não incluídas na Declaração de 1975. Outros elementos importantes, transformados pela Convenção em obrigações legais, são, *inter alia*, a inaceitabilidade de declarações resultantes de tortura para fins de prova (Artigo 15), a inderrogabilidade da proibição de tortura em qualquer circunstância (Artigo 2º, parágrafo 2º) e, até, a definição limitativa do conceito de tortura, que não abarca "dores ou sofrimentos que decorram exclusivamente de sanções legais, ou que lhes sejam inerentes ou acidentais" (Artigo 1º). Esta limitação do conceito de tortura, assim como a falta de definição para os "outros tratamentos ou punições cruéis, desumanos ou degradantes" seriam adaptações realistas desse documento internacional à diversidade de culturas, hábitos e tradições religiosas. Desagradaram, contudo, aos maximalistas, que nelas entreviam a possibilidade de adoção por alguns Governos de sanções brutais.

O órgão de controle é o Comitê contra a Tortura, composto por dez peritos, a quem incumbe o exame público dos Relatórios dos Estados-partes sobre a implementação da Convenção. Diferentemente dos Comitês estabelecidos pelas demais Convenções, o Comitê contra a Tortura tem competência para investigar *in loco*, com a concordância do Estado envolvido, denúncias fundadas de tortura sistemática.

O Brasil ratificou a Convenção contra a Tortura em 1989. Contudo, não se encontra, ainda, tipificado no país o crime da tortura, qualificado pela Constituição de 1988 como inafiançável e insuscetível de graça ou anistia.

4.1.3.4. *A Convenção sobre os Direitos da Criança*

A mais recente Convenção em vigor elaborada no âmbito das Nações Unidas é a *Convenção sobre os Direitos da Criança*, adotada em 1989 e vigente desde 1990. Seus Estados-partes se comprometem a proteger a criança de todas as formas de discriminação e a assegurar-lhe assistência apropriada. A criança é definida como "todo ser humano com menos de 18 anos de idade, a não ser que, pela legislação aplicável, a maioridade seja atingida mais cedo".

Os direitos previstos para a criança incluem:

– o direito à vida e à proteção contra a pena capital;

– o direito de ter uma nacionalidade;

– a proteção ante a separação dos pais;

– o direito de deixar qualquer país e de entrar em seu próprio país;

– o direito de entrar e sair de qualquer Estado-parte para fins de reunificação familiar;

– a proteção para não ser levada ilicitamente ao exterior;

– a proteção de seus interesses em caso de adoção;

– a liberdade de pensamento, consciência e religião;

– o direito ao acesso a serviços de saúde, devendo os Estados reduzir a mortalidade infantil e abolir práticas tradicionais prejudiciais à saúde;

– o direito a um nível adequado de vida e a segurança social;

– o direito à educação, devendo os Estados oferecer educação primária compulsória e gratuita;

– a proteção contra a exploração econômica, com idade mínima para admissão em emprego;

– a proteção contra o envolvimento na produção, tráfico e uso de drogas e substâncias psicotrópicas;

– a proteção contra a exploração e o abuso sexual.

O órgão de controle é o *Comitê sobre os Direitos da Criança*, com dez membros, que monitora a implementação da Convenção através do exame dos relatórios periódicos dos Estados-partes.

Proposta em 1979, por ocasião das celebrações do Ano Internacional da Criança, a elaboração da Convenção sobre os Direitos da Criança prolongou-se por dez anos. Para essa delonga influíram as diferentes tradições e concepções religiosas, culturais e sócio-econômicas existentes entre os países, a propósito da infância, sua delimitação etária, a questão da adoção e o papel da criança na família e na sociedade. Prevaleceu, no final, a concepção da proteção integral à infância – que orientou, também, nosso Estatuto da Criança e do Adolescente.

O Brasil ratificou a Convenção sobre os Direitos da Criança em 21 de novembro de 1990. Ainda antes de sua adoção pela ONU e de sua ratificação pelo Brasil, o projeto da convenção já inspirava a preparação do "Estatuto", que reflete e expande suas disposições, e tem sido qualificado de modelar pelo UNICEF.

4.1.3.5. *Outros documentos relevantes*

Menos mencionada em tempos de paz, mas importante até por ter sido a primeira convenção adotada pelas Nações Unidas no campo dos direitos humanos é a *Convenção para a Prevenção e Repressão do Crime do Genocídio*, adotada em 1948, em vigor desde 1951, e *ratificada pelo Brasil em 1952*. Ela define o crime do genocídio como as mortes, ferimentos, danos e medidas praticadas, em tempo de guerra ou de paz, "com a intenção de destruir, no todo ou em parte, um grupo nacional, étnico, racial ou religioso", obrigando-se os signatários a punir os autores de tais atos.

Outros documentos das Nações Unidas muito referidos em comunicações sobre o Brasil são as *Regras-padrões mínimas para o tratamento de prisioneiros*, adotadas pelo Primeiro Congresso das Nações Unidas sobre a Prevenção do Crime e o Tratamento de Delinqüentes, em 1955, e as *Regras-padrões mínimas para a administração de justiça aos jovens*, aprovadas pelo Sétimo Congresso, em 1985.

A par do quadro normativo acima esboçado, que se vincula à esfera das Nações Unidas, o Brasil também está inserido no sistema normativo interamericano de proteção dos direitos humanos, havendo ratificado em 1989 a *Convenção Interamericana para Prevenir e Punir a Tortura* e, em 1992, a *Convenção Americana sobre Direitos Humanos* (conhecida como "Pacto de São José").

4.2. O CONTROLE DE VIOLAÇÕES

Enquanto o conjunto de normas gradativamente elaboradas pelas Nações Unidas foi conformando o arcabouço jurídico da proteção internacional, a Comissão dos Direitos Humanos (CDH), em evolução difícil, mas persistente, e crescentemente afirmativa, foi construindo, também, um conjunto de mecanismos para lidar concretamente com as *violações* de direitos humanos.

Em contraste com a autodenegação inicial de competência para atuar sobre denúncias levadas a seu conhecimento – no relatório de sua primeira sessão, em 1947, a Comissão reconhecia não ter poder para tomar qualquer medida a respeito de reclamações concernentes aos direitos humanos –, a CDH conta hoje com amplo arsenal para a realização de cobranças aos Governos, tanto em função de comunicações recebidas, como por iniciativa própria.

É preciso ter em mente que os mecanismos de controle da CDH não se confundem com os órgãos de monitoramento dos Pactos e Convenções. Estes últimos supervisionam apenas os Estados-partes de cada instrumento jurídico, seja pelo exame dos respectivos relatórios, seja em ações mais diretas que dependerão sempre do consentimento expresso do Governo envolvido (para a acolhida de queixas individuais e interestatais e para missões de investigação). Os mecanismos da CDH, não-convencionais, estabelecidos por simples resoluções da Comissão, exercem seu mandato sobre qualquer país, seja ele parte ou não dos instrumentos jurídicos. Mais ágeis do que os comitês, e funcionando de forma semipermanente, tais mecanismos são atualmente os que mais incisivamente fiscalizam as situações nacionais – e, conseqüentemente, *mais têm exigido ações e respostas do Brasil.*.

Se o estabelecimento de normas e órgãos de supervisão convencionais já foi tarefa difícil – dado o apego de todos os Estados à noção tradicional de soberania, respaldada pelo princípio da não-intervenção do Artigo 2º, parágrafo 7º, da Carta das Nações Unidas –, mais problemático ainda foi, e continua a ser, a constituição desses mecanismos para tratar de violações. Seu início é relativamente recente, mais precisamente o ano de 1970.

A origem do exame direto de violações de direitos humanos pelas Nações Unidas remonta a 1965 e se deve à atuação do Terceiro Mundo diante do *apartheid* da África do Sul. Ao ser advertido pelo Comitê de Descolonização sobre comunicações de torturas e maus tratos infligidos a prisioneiros políticos sul-africanos pelo Governo apartheísta de Pretória, o Conselho Econômico e Social (ECOSOC) decidiu, em 1965, recomendar à CDH a consideração urgente do assunto.

Em 1967, pela Resolução 1235 (XLII), intitulada "Questão das violações dos direitos humanos e liberdades fundamentais, inclusive políticas de discriminação racial e de *apartheid*, em todos os países, com referência especial aos países e territórios coloniais e dependentes", o ECOSOC atribuiu à CDH e a seu órgão subsidiário, a Subcomissão para a Prevenção da Discriminação e Proteção das Minorias, competência para "examinar as violações graves de direitos humanos e liberdades fundamentais em todos os países" (parágrafos operativos 2º e 1º), podendo a CDH "realizar estudo aprofundado das situações que revelem um padrão sistemático de violações de direitos humanos [...] e relatá-lo, com recomendações, ao Conselho" (parágrafo operativo 3º).

Vencida, assim, duas décadas depois, a limitação auto-imposta pela CDH em 1947 a sua competência para tratar de casos concretos de violações de direitos humanos, as discussões sobre o método a ser adotado para considerar as queixas recebidas estenderam-se ainda por mais três anos. Em 1970, finalmente, o ECOSOC aprovou, em 27 de maio, a Resolução 1503 (XLVIII), intitulada "Procedimento para lidar com comunicações relativas a violações de direitos humanos e liberdades fundamentais", conhecido como *procedimento confidencial*.

4.2.1. O Procedimento Confidencial

Aplicado pela primeira vez em 1972, o procedimento estabelecido pela Resolução 1503 é extremamente cauteloso com as soberanias nacionais. Funciona através de diversos estádios de filtragem das comunicações recebidas na ONU e de consultas aos Estados envolvidos, executados por grupos de trabalho, que devem decidir se as alegações tendem a revelar um padrão sistemático de violações. Uma vez que se identifique tal tendência, a situação é examinada primeiro pela Subcomissão de Prevenção da Discriminação e Proteção das Minorias e, se nesta confirmado o entendimento sobre a gravidade do caso, pela própria Comissão. As deliberações são mantidas em sessões fechadas, sem acesso a público ou a observadores de qualquer espécie, limitando-se o Presidente da Comissão a anunciar em sessão aberta os países objeto de consideração. A não ser, naturalmente, que se tenha decidido, nas sessões fechadas, "punir" o governo recalcitrante, passando o caso à consideração em sessão ostensiva[9].

Dada a multiplicação, posterior a seu estabelecimento, de mecanismos de controle ostensivo, o procedimento confidencial tende hoje a concentrar-se apenas em situações que despertam pouco – ou não despertam – as atenções dos Estados de maior peso membros da CDH, ou das organizações não-governamentais mais atuantes internacionalmente. Quando, excepcionalmente, a situação de país mais expressivo chega a ser examinada, seus representantes conseguem normalmente convencer a Comissão da improcedência da questão. Praticamente obsole-

---

9. Para uma descrição mais pormenorizada do procedimento confidencial, Cap. 1.

to, o procedimento confidencial tende a extinguir-se, já havendo a Subcomissão, inclusive, iniciado o exame dessa possibilidade.

Na 49ª sessão da CDH, em 1993, foram consideradas em procedimento confidencial as situações da Somália, Chade e Ruanda. Em função de melhorias identificadas nas respectivas situações, a Comissão decidiu encerrar a consideração dos casos do Bahrein e do Quênia. Optou, por outro lado, por passar para o tratamento público os casos, considerados agravados, do Sudão e do Zaire.

Na 50ª Sessão, em fevereiro/março de 1994, foram consideradas as situações da Alemanha, Armênia, Azerbaidjão, Chade, Estônia, Kuaite, Ruanda, Somália e Vietnam. Os casos da Alemanha e Estônia foram iniciados e encerrados nessa mesma sessão. O do Kuaite, originado pela invasão iraquiana, também foi dado por terminado. O Vietnã foi objeto de apreciações positivas, tendo seu caso encerrado. A situação da Somália, dada a inexistência de governo com controle territorial, foi transferida para tratamento dentro do item da agenda concernente a serviços de assessoria em direitos humanos. Foram mantidos dentro do procedimento confidencial, para continuação do acompanhamento, os casos da Armênia, do Azerbaidjão, do Chade e de Ruanda.

A situação do Brasil, sob regime militar, foi considerada pela CDH, dentro do procedimento confidencial, em 1974 e 1975. O exame foi encerrado em 1976, à luz da repercussão internacional que começavam a ter iniciativas e declarações do Presidente Geisel reputadas positivas para a observância dos direitos humanos no país. Desde então o Brasil não voltou a ser objeto de exame nesse mecanismo, embora algumas das comunicações regularmente recebidas na ONU sobre casos brasileiros ainda sejam transmitidas ao Governo, para os esclarecimentos pertinentes, ao abrigo da Resolução 1507. Trata-se, geralmente, de reclamações difusas, envolvendo remoções forçadas de "invasões" urbanas e rurais, com imprecisões quanto às vítimas e aos próprios direitos alegadamente violados. As queixas mais incisivas e precisas sobre o Brasil encaminhadas à ONU são, atualmente, monitoradas pelos relatores temáticos, de ação ostensiva, a serem examinados mais adiante.

4.2.2. *Os Relatores Especiais para Países*

Embora as Resoluções 1235 e 1503 do ECOSOC tenham aberto a possibilidade de a CDH atuar sobre violações de direitos humanos em qualquer país, a Guerra Fria, com a divisão do mundo em dois blocos antagônicos, ainda impediu um trabalho mais efetivo da Comissão nessa área até 1980. Por mais de uma década o monitoramento ostensivo de situações pela ONU voltou-se exclusivamente para três casos, porque para eles confluíam não somente as atenções de militantes e homens públicos liberais, mas também o interesse político da maioria dos membros das Nações Unidas: o da África do Sul apartëísta, o de Israel nos territórios árabes ocupados desde 1967 e o do Chile de Pinochet. Para os dois primeiros foram formados grupos de peritos com atribuições investigatórias. O primeiro grupo existiu até muito recentemente. O segundo foi extinto quando da criação pela Assembléia Geral do Comitê Especial sobre as Práticas Israelenses nos Territórios Ocupados.

O verdadeiro precedente dos *relatores especiais* da CDH para o acompanhamento não-confidencial de situações específicas foi o Grupo de Trabalho Especial sobre a Situação dos Direitos Humanos no Chile, estabelecido pela Resolução 8 (XXXI), de 27 de fevereiro de 1975. Com ela a ONU decidiu, pela primeira vez, instrumentalizar-se para lidar com casos flagrantes de violações de direitos humanos não-atinentes a situações excepcionais, como a do racismo institucionalizado pelo regime de Pretória, ou as decorrentes de ocupação estrangeira[10].

A partir do caso chileno, em 1975, até agora, muitos foram os *relatores especiais para países* constituídos pela CDH. Todos tiveram, ou têm, a incumbência de acompanhar a evolução de determinadas situações nacionais, tanto em contacto direto com as autoridades do governo envolvido, se elas forem cooperativas, quanto indiretamente, em consultas com ONGs, movimentos de oposição legais ou ilegais e cidadãos no exílio. Atualmente há relatores especiais para as situações de El Salvador, Haiti, Cuba, Irã, Afeganistão, Myanmar, Guiné Equatorial, Sudão, territórios palestinos ocupados, Iraque e a antiga Iugoslávia.

A figura dos relatores especiais para países é forma de controle polêmica. Para seu estabelecimento, quase sempre decidido em votações difíceis, conta sobretudo a capacidade de influência do governo iniciador da idéia junto aos demais membros da Comissão, assim como o peso específico ou a fragilidade política, muitas vezes apenas circunstancial, do Estado visado. Por seu

---

10. Para uma descrição da atuação do Grupo de Trabalho sobre o Chile, sua substituição por um Relator Especial em 1978 e o encerramento do caso em 1990, v. igualmente Cap. 1.

caráter seletivo e por prestar-se à obtenção de "vitórias" parlamentares, essencialmente políticas, o mecanismo tem sua validade questionada tanto pelos governos-alvos e seus aliados, quanto por muitos militantes autenticamente devotados à causa dos direitos humanos.

O Brasil nunca foi monitorado por relator especial. O crescimento do fenômeno do extermínio de menores já ocasionou, contudo, em 1992, a citação do caso brasileiro dentro do item da agenda da CDH em que se decide a instituição desse mecanismo[11]. Em vista dos episódios mais recentes de violência, ocorridos sobretudo em São Paulo, no Rio de Janeiro e no Norte do país, todos com grande repercussão internacional, algumas ONGs vêm, assumidamente, contemplando a idéia de propor à CDH a designação de um relator especial para o Brasil – o que somente pode ocorrer por intermédio de algum Estado-membro[12].

4.2.3. Os Relatores Temáticos

De todos os mecanismos de controle gradativamente estabelecidos pela Comissão dos Direitos Humanos, os que mais se têm ampliado e mais têm merecido apoio são os chamados *relatores temáticos*. Individualmente ou em grupos de trabalho, tais relatores recebem a atribuição de monitorar em todo o mundo, de forma não-seletiva, a observância de normas atinentes a determinados "temas". E o fazem com ponderável acuidade, a partir de informações de ONGs ou de pessoas relacionadas com as vítimas, cobrando atitudes dos Estados até sobre casos despercebidos da imprensa e da opinião pública internacional – embora, às vezes, seus relatórios não reflitam a realidade *em todo o mundo*, como seria de esperar.

O primeiro mecanismo desse tipo criado pela CDH foi o *Grupo de Trabalho sobre Desaparecimentos Forçados ou Involuntários*, estabelecido em 1980, em vista dos maciços desaparecimentos de indivíduos, quase sempre opositores dos respectivos regimes, observados na década de 70, particularmente na Guatemala, na Argentina, no Uruguai e no Brasil. Integrado por cinco membros, designados pelo presidente da Comissão, o Grupo tem por mandato atuar junto aos governos com vistas à lo-

---

11. A citação foi feita pela delegação da Noruega, num contexto em que se punham em pé de igualdade as situações do Brasil, Cuba, Iraque, Irã etc.

12. A *Americas' Watch* mencionou essa possibilidade em contatos mantidos com autoridades brasileiras em 1993, opinando que a violência no Brasil tem hoje proporções epidêmicas.

calização dos desaparecidos, à atribuição de compensações financeiras aos familiares, à obtenção de proteção para as pessoas em perigo etc. Seu desempenho, louvado por todos, procura ser estritamente humanitário, evitando passar julgamentos, esforçando-se tão-somente para proteger as vítimas.

Inspirada no modelo do Grupo de Trabalho sobre Desaparecimentos, a CDH estabeleceu, ainda na década de 80, um número limitado de relatores – não mais grupos de trabalho – para o acompanhamento de outros temas. Desde 1982 existe um *Relator Especial sobre Execuções Sumárias ou Arbitrárias*; desde 1983 um *Relator Especial sobre Tortura*; desde 1986 um *Relator Especial sobre Intolerância Religiosa*; desde 1987 um *Relator Especial sobre o Uso de Mercenários como Fator de Violação de Direitos Humanos e Empecilho ao Exercício do Direito dos Povos à Autodeterminação* – tema não-ortodoxo, que evidencia a capacidade de articulação dos países afro-asiáticos em assuntos de de seu particular interesse, contrariando interpretações recorrentes de que a Comissão é "dominada" pelos países ocidentais desenvolvidos[13].

No mundo pós-Guerra Fria, com a crescente afirmação dos direitos humanos como tema global e, conseqüentemente, a multiplicação de iniciativas para o maior controle internacional de tais direitos, o número de relatores temáticos da CDH vem aumentando aceleradamente. O consenso para seu estabelecimento é mais facilmente obtido do que para outros mecanismos em virtude de seu mandato universal, não voltado exclusivamente para países determinados. Além dos cinco mecanismos temáticos acima referidos, existem hoje relatores e grupos de trabalho para monitorar os *fenômenos da venda de crianças e da prostituição infantil*, as *restrições à liberdade de opinião e expressão*, as formas contemporâneas de *racismo, discriminação racial e xenofobia*, a *violência contra a mulher*, a *falta de independência do judiciário* e as *prisões e detenções arbitrárias*.

Os mecanismos de controle temático são os que mais têm cobrado ações e informações do Governo brasileiro, a respeito dos assassinatos de menores, de ameaças a testemunhas de homicídios, de brutalidades contra pessoas detidas, de atos de violência e assassinatos contra líderes rurais, indígenas e militantes de movimentos da sociedade civil. O Grupo de Trabalho sobre desaparecimentos mantém em seus registros cerca de 30 casos ocorridos durante o regime militar, a respeito dos quais aguarda

---

13. Para uma descrição mais pormenorizada sobre os mecanismos de monitoramento temático, v. Cap. 1.

esclarecimentos (alguns casos, antes constantes do registro, foram eliminados pela identificação de ossadas do cemitério de Perus, em São Paulo).

4.3. CONTROLE E TUTELA

O sistema universal de proteção dos direitos humanos acima descrito, juntamente com os sistemas regionais mais desenvolvidos, europeu e interamericano – não-examinados neste estudo – constituem, em seu conjunto, o que se poderia chamar de *regime autorizado* de controle sobre os Estados. Tendo sido construídos gradativamente pelos órgãos competentes das Nações Unidas, da Organização dos Estados Americanos e da Comunidade Européia – agora União Européia (UE) – para funcionar sobre os países integrantes dessas organizações, não se lhes pode negar legitimidade. A prática demonstra, aliás, que até os mecanismos mais polêmicos da CDH, os relatores especiais para situações, conquanto repudiados pelos países-alvos num primeiro momento, tendem, com o passar do tempo, a receber cooperação dos Governos em questão e a ser por eles valorizados. Tornam-se, com freqüência, importantes adjutórios desses Governos, seja na divulgação dos esforços internos realizados para a regularização da respectiva situação, seja para a obtenção de assistência internacional com esse objetivo. Tal evolução foi claramente verificável nos casos dos Relatores Especiais para o Chile, o Afeganistão, a Romênia e a Albânia pós-comunismo.

Em paralelo ao regime autorizado e coletivo de proteção dos direitos humanos, as ONGs e alguns Governos compõem outros sistemas de controle não-autorizados, de legitimidade variável, mas nem por isso menos atuantes.

No que diz respeito às ONGs, ninguém contestaria hoje a seriedade e o valor de uma Anistia Internacional, de enorme influência inclusive junto aos órgãos competentes das Nações Unidas, e cuja força persuasória foi decisiva na elaboração de instrumentos jurídicos, como a Convenção sobre a Tortura, e na constituição de mecanismos temáticos, como o Grupo de Trabalho sobre Desaparecimentos e o Relator Especial sobre Execuções Sumárias. Quase no mesmo nível se situam outras organizações influentes, como a *Human Rights Watch* (com seus desdobramentos pelos vários continentes) ou a Comissão Internacional de Juristas. Pelo caráter não-seletivo de seu trabalho em defesa das vítimas de violações no Terceiro, no "ex-Segundo" e no Primeiro Mundos, e pela ressonância que obtêm nas sociedades nacionais, gozam elas de peso moral extraordinário, na prática superior ao dos mecanismos da ONU. Sua legitimidade é fruto, pois, de sua atuação. A elas, e às ONGs dedicadas aos direitos humanos e à assistência humanitária em geral, os governos reunidos na Conferência Mundial, em junho de 1993, conferiram nova autoridade, ao reconhecerem, no Artigo 38 da Declaração de Viena, a importância de seu papel.

Os governos de países ocidentais, por sua vez, vêm exercendo cada vez mais atividades de controle de direitos humanos em jurisdições de terceiros. Desde 1977, em atendimento à lei de 1974, o Departamento de Estado norte-americano submete ao Congresso, anualmente, relatórios sobre a situação dos direitos humanos em diversos países (194 em 1994), relatórios estes que orientariam a concessão ou não de assistência econômica pelos Estados Unidos. O Parlamento Europeu também prepara relatórios anuais sobre a situação dos direitos humanos no mundo e vem fazendo recomendações à UE para a inclusão de "cláusulas de direitos humanos" nos acordos comerciais e de assistência a terceiros países. Com tais cláusulas, a União Européia passaria a dispor de fundamento jurídico para subordinar o cumprimento de tais acordos, por sua parte, ao respeito aos direitos humanos pela contraparte.

A propósito do Brasil, o Parlamento Europeu vem-se pronunciando com freqüência sobre o assassinato de crianças, e recomendando à UE que condicione o relacionamento econômico à obtenção de melhoras significativas na situação dos menores carentes brasileiros. Nos Países Baixos, desde 1991 é feita uma campanha sistemática nas escolas primárias, pelas quais os estudantes neerlandeses são incentivados a escrever cartões ao Embaixador do Brasil a propósito das crianças de rua. Na Câmara dos Comuns, em Londres, um "grupo interparlamentar para a situação das crianças de rua" monitora o problema em todo o mundo, inclusive, naturalmente, em nossas cidades. Nos Parlamentos canadense, australiano e escandinavos, no Gabinete francês e no Congresso norte-americano são freqüentes as manifestações sobre questões de direitos humanos brasileiras. Toda essa movimentação internacional tem-se intensificado ultimamente, em vista, sobretudo, de incidentes como os da Candelária e de Vigário Geral, no Rio de Janeiro, da Casa de Detenção de Carandiru, em São Paulo, e dos índios ianomâmi, na aldeia de Haximu.

O problema com essas atitudes governamentais e com o trabalho de algumas ONGs do Primeiro Mundo é sua seletividade.

Incisivos no que tange a terceiros, esses Governos e essas ONGs raramente se manifestam tão claramente sobre violações em seus principais vizinhos e parceiros ou nas órbitas nacionais respectivas. Mais ainda, buscam criar para os terceiros países sanções não-previstas nos instrumentos internacionais, jurídicos ou assemelhados, que tenderiam a penalizar sociedades inteiras, inclusive as mais democráticas.

O sistema internacional de proteção dos direitos humanos construído pelas Nações Unidas tem caráter complementar e subsidiário. A responsabilidade primeira permanece com os Estados. Salvo casos excepcionais, decorrentes de situações bélicas, envolvendo ameaças à paz e à segurança internacionais, de Competência do Conselho de Segurança, o sistema é necessariamente cauteloso em relação às soberanias nacionais. Tem ele atividades de *supervisão e controle*, mas não de *tutela*. E a tutela internacional dos direitos humanos somente existirá quando uma jurisdição internacional legítima se sobrepuser às jurisdições nacionais.

Para que tal jurisdição internacional pudesse concretizar-se, seria imprescindível uma mudança qualitativa na natureza da comunidade internacional existente, e, conseqüentemente, nas relações internacionais. Por mais que o idealismo e a utopia tenham auxiliado o estabelecimento do sistema de proteção dos direitos humanos na ONU, os Estados ainda interagem principalmente movidos por interesses em relações de poder. Uma jurisdição internacional legítima requereria um ordenamento internacional equânime e democrático, muito distante da realidade atual.

O sistema internacional de proteção dos direitos humanos saiu fortalecido da Conferência de Viena. Esta não chegou, porém, a criar o "direito cosmopolita" vislumbrado por Kant, capaz de garantir tais direitos em qualquer parte do mundo. Assim sendo, as condicionalidades nessa esfera propostas ou impostas por alguns governos à cooperação econômica em tempos de paz são uma tentativa de tutela não-respaldada pelo direito ou pelos instrumentos e mecanismos das Nações Unidas. E ainda mais discricionárias e injustas se afiguram quando contempladas contra governos democráticos de sociedades complexas.

Conforme observa Celso Lafer:

> De fato, hoje o Estado, nas democracias, é muito menos um ente soberano dotado de poder de império e capaz de declarar, em última instância, a positividade da lei. Ele é muito mais o mediador e fiador de negociações que se

envolvem entre grandes organizações – como empresas, partidos, sindicatos e grupos de pressão[14].

Se assim o é em termos genéricos, mais delicada ainda é a situação do Estado democrático brasileiro, recém-emerso de um processo bem-sucedido de *impeachment*, mas enfraquecido pela ação de elementos corruptos e pela gravidade da situação social. Todos esses dados repercutem inevitavelmente no exercício das tarefas de positivação do Direito e de garantia das normas vigentes.

4.4. A POLÍTICA BRASILEIRA DE DIREITOS HUMANOS

Com a consolidação das liberdades fundamentais e das instituições democráticas no país mudou substancialmente a política brasileira de direitos humanos. Após longo período de suspicácia com relação ao trabalho internacional de monitoramento, e de desconfianças mútuas entre autoridades governamentais e ONGs, o Governo passou a pautar sua atuação na matéria pela transparência. As denúncias passaram a ser examinadas com objetividade, servindo até, muitas vezes, como elemento de apoio para a obtenção de ações dos responsáveis em primeira instância. As entidades representativas da sociedade civil têm sido regularmente incluídas em órgãos formuladores de projetos incidentes na área dos direitos humanos, como o Conselho Nacional dos Direitos da Criança e do Adolescente (CONANDA), e nas atividades de promoção e controle do Conselho de Defesa dos Direitos da Pessoa Humana (CDDPH). Com os órgãos internacionais competentes, com as principais ONGs e com autoridades estrangeiras vem o Governo mantendo diálogo franco. O ânimo construtivo e o espírito transparente dessa política se traduzem, ainda, do ponto de vista jurídico, pela adesão do Brasil a todos os Pactos e Convenções internacionais relevantes sobre a matéria.

As posições transparentes e cooperativas do Governo, aliadas à sua capacidade de interlocução positiva com países dos mais diversos quadrantes, terão contribuído substancialmente para que fosse confiada ao Brasil, na pessoa do Embaixador Gilberto Sabóia, a presidência do Comitê de Redação da Conferência Mundial de Direitos Humanos de 1993.

---

14. Celso Lafer, *A Reconstrução dos Direitos Humanos: um Diálogo com o Pensamento de Hannah Arendt*, São Paulo, 1988, p. 72.

A Declaração de Viena, redigida e adotada sob condução brasileira, fortalece o sistema internacional de proteção dos direitos humanos. Este tenderá, por sua vez, a exigir, ainda mais incisivamente, ações do Governo e da sociedade a respeito da situação dos direitos humanos no país, inclusive a propósito dos direitos econômicos e sociais. Ao reiterar a interdependência e indivisibilidade de todos os direitos, a Declaração de Viena abre as portas à introdução de mecanismos de controle também nessa esfera. Tal abertura se ajusta, aliás, à emergência do desenvolvimento social como outro tema global da atualidade[15].

Nessas condições, ganha ainda maior premência a necessidade de atribuição de prioridade absoluta, pelo Governo e pela sociedade, às políticas e aos esforços para a erradicação da fome e da miséria no país, pois nada justificará aos olhos do mundo a persistência de 32 milhões de indigentes no seio da 9ª maior economia. Na esfera dos direitos civis, pessoais e judiciais, aumentam ainda mais as responsabilidades de Administração, nos níveis federal, estadual e municipal, assim como da Magistratura, para curvar a impunidade dos violadores e impedir a brutalização da sociedade brasileira.

Se é correta a avaliação kantiana de que a liberdade é o maior de todos os direitos, o Brasil de hoje conta com esse importante elemento em seu ativo. Nas palavras do então Ministro da Justiça, Maurício Corrêa, Chefe da delegação brasileira, em sua alocução de abertura do debate geral plenário da Conferência de Viena:

... Vivemos atualmente em nosso país período de amplas liberdades, jamais igualadas, talvez, em nossa história e poucas vezes atingidas em outras sociedades.

A liberdade é, sem dúvida, conquista inigualável do Brasil democrático atual, merecedora de orgulho e cultivo. Ela sozinha não é, porém, suficiente para assegurar ao país a plenitude do Estado de Direito.

---

15. Na seqüência das Conferências convocadas pela ONU sobre os chamados "temas globais" – após a Rio-92, sobre meio ambiente e desenvolvimento, a Conferência de Viena sobre direitos humanos, e a Conferência do Cairo, em 94, sobre população e desenvolvimento – está prevista a realização em Copenhague, em 1995, de uma Cúpula Mundial para o Desenvolvimento Social.

5. As Naturezas Distintas do Sistema Universal e dos Sistemas Regionais

5.1. O SISTEMA DA ONU

Construído aos poucos, desde a assinatura da Carta de São Francisco, em 1945, o sistema de proteção aos direitos humanos das Nações Unidas difere substancialmente dos sistemas regionais na composição, na forma de operação, no embasamento jurídico, e no tipo de resultados perseguidos.

Seu órgão principal é a *Comissão dos Direitos Humanos* (*CDH*), criada pela Resolução 5(I) do Conselho Econômico e Social (ECOSOC) em 1946. *De caráter governamental* e subordinada ao ECOSOC, a CDH teve, originalmente, dezoito Estados-membros. A composição foi aumentada em 1961 para 21; em 1966, para 43; em 1990, para 53. Esse alargamento reflete o aumento progressivo do número dos Estados-membros das Nações Unidas desde o final da Segunda Guerra Mundial, tanto em virtude do processo de descolonização, quanto em conseqüência da desintegração de Estados pré-existentes – fenômeno que caracteriza sobretudo estes tempos pós-Guerra Fria.

Eleitos pelo ECOSOC para mandatos de três anos, os 53 integrantes da CDH são distribuídos, com vistas a assegurar representação equilibrada das diferentes regiões do globo, da seguinte maneira: 15 da África, 12 da Ásia, 11 do "grupo de Estados latino-americanos e caribenhos", 10 do "grupo de Estados da Europa Ocidental e outros" (em que se incluem os Estados Unidos, o Canadá, a Austrália e a Nova Zelândia) e 5 da Europa Central e Oriental (até há pouco, o chamado "grupo socialista").

A CDH se reúne anualmente em sessão ordinária por 40 dias, nos meses de fevereiro e março, em Genebra. Pode, porém, ser reconvocada excepcionalmente em sessão extraordinária a qualquer momento, para tratar de questão gravíssima e urgente. Foi o que ocorreu, em agosto e dezembro de 1992, em vista das atrocidades cometidas contra civis nas guerras das repúblicas da ex-Iugoslávia, e, em maio de 1994, por causa da carnificina entre hutus e tutsis em Ruanda[1].

A própria composição governamental evidencia a *natureza essencialmente política da CDH*. Para compensar esse dado inescapável num foro integrado por representantes de governos, seu órgão "técnico", criado por ela própria, com a respaldo do ECOSOC na Resolução 9(II) de 1946, é composto por *pessoas*, indicadas pelos governos, mas eleitas em sua qualidade individual: a *Subcomissão de Prevenção da Discriminação e Proteção das Minorias*, que se reúne anualmente no mês de agosto, também em Genebra.

Com as incumbências de fazer estudos e recomendações à Comissão concernentes à prevenção da discriminação de qualquer tipo, bem como de realizar qualquer outra função a ela atribuída pelo ECOSOC ou a CDH, a Subcomissão é constituída hoje – após sucessivos aumentos ao número original de 12 – por 26 peritos, assim distribuídos: sete africanos, cinco asiáticos, seis do "grupo de Estados da Europa Ocidental e outros", cinco latino-americanos e caribenhos e três da Europa Central e Oriental[2].

A CDH tem sua base jurídica nos artigos 55, alínea *c*, e 56 da Carta das Nações Unidas, que estabelecem o compromisso dos Estados-membros da ONU com a cooperação internacional para a implementação do propósito de promover os direitos humanos em todo o mundo – fixado no Artigo 1º, parágrafo 3º, do mesmo documento. Fundamentada, assim, na noção de *coo-*

---

1. Em ambas as questões o máximo que a CDH pôde fazer foi estabelecer relatores especiais para monitorarem as respectivas situações, apoiando as decisões mais substantivas do Conselho de Segurança. A CDH não tem competência para decidir ações mais concretas em casos de conflagração armada (v. Cap. 3 *supra*).

2. Os dados factuais e numéricos sobre a composição da CDH e da Subcomissão foram extraídos do *United Nations Handbook*, publicado pelo Ministério dos Negócios Estrangeiros e Comércio da Nova Zelândia, Wellington, 1993, pp. 91-94.

peração, mais adequada do que o conceito de *justiça* a uma organização política heterogênea como a ONU, a CDH não tem competência judicial, nem capacidade de ação compensatória perante casos individuais – salvo as recomendações de seus diversos relatores especiais, descritos anteriormente. Lidando com grande diversidade de culturas, ideologias, sistemas legais e políticos, assim como níveis de desenvolvimento econômico-social, seus objetivos fundamentais são o estabelecimento de *parâmetros universais* e o *controle de sua observância* na prática dos Estados.

Os sistemas regionais, por sua vez, têm por premissas o escopo geográfico mais reduzido, a maior homogeneidade cultural relativa e a similitude de formas de organização jurídico-políticas e sócio-econômicas dos países participantes, como fatores a facilitar o estabelecimento de normas e mecanismos de proteção de impacto mais direto nas situações nacionais. Interagindo com o sistema das Nações Unidas, os sistemas regionais complementam e dão maior eficácia ao sistema global.

Contrariamente ao que se entendia até recentemente – quando a consideração de um caso ou situação por um mecanismo excluiria a possibilidade de ação por outro –, hoje é generalizadamente aceita a idéia da *cumulatividade*: os sistemas regionais e o sistema global podem e devem atuar simultaneamente para reforçar o controle internacional sobre violações de direitos humanos. E isto é válido precisamente em função das distintas naturezas de cada um.

5.2. O SISTEMA EUROPEU

O sistema europeu – que ora vem passando por ampla reformulação – tem por base a *Convenção Européia dos Direitos Humanos*, assinada em 1950 e vigente a partir de 1953. Nos termos em que o sistema tem funcionado até agora (maio de 1994), seus principais componentes – a Comissão Européia de Direitos Humanos e a Corte Européia de Direitos Humanos – são, juntamente com o Comitê de Ministros do Conselho da Europa, órgãos de implementação da Convenção.

A *Comissão Européia de Direitos Humanos (CEDH)* é composta por um número de membros igual ao dos Estados-partes da Convenção e tem funções de supervisão quase judiciais, examinando queixas apresentadas a propósito do cumprimento das obrigações dos Estados com relação aos direitos por ela protegidos, sem atribuições normativas. Distinta em todos os aspectos da CDH, e voltada exclusivamente para os direitos civis e políticos, a CEDH assemelha-se mais, em termos meramente comparativos, ao Comitê dos Direitos Humanos do Pacto Internacional de Direitos Civis e Políticos, nas funções a ele conferidas pelo Artigos 41 e pelo Protocolo Facultativo do Pacto: respectivamente, o exame de queixas interestatais e de comunicações individuais, com o consentimento expresso dos Estados[3]. Não tendo sido prevista na Convenção Européia a apresentação de relatórios, todo o trabalho da CEDH realiza-se a partir de queixas interestatais, mandatoriamente aceitas pelos Estados-partes, e petições individuais, de caráter opcional.

À CEDH incumbe, em primeiro lugar, a tarefa de filtrar as comunicações recebidas, de acordo com critérios de admissibilidade bastante rígidos, entre os quais se destaca o do esgotamento dos recursos internos – sendo normalmente rejeitadas mais de 90% das petições. Uma vez acolhida a reclamação, o procedimento prevê uma investigação preliminar dos fatos, e a tentativa de solução amistosa entre as partes. Caso esta última não logre resultados, a CEDH elabora relatório sobre os fatos alegados e emite parecer em que determina a configuração ou não de violação das obrigações contraídas perante a Convenção pelo Estado implicado[4]. A partir daí há duas possibilidades de tratamento da questão: *1) submissão à Corte Européia de Direitos Humanos*, se o Estado envolvido tiver reconhecido sua jurisdição. Caso a Corte julgue que houve violação de direito, cabe ao Estado acusado sua reparação, ou, por determinação da Corte, de acordo com o Artigo 50 da Convenção, uma compensação material à parte lesada; *2) encaminhamento ao Comitê de Ministros*, órgão executivo do Conselho da Europa ao qual incumbe tanto vigiar a execução de sentenças da Corte Européia de Direitos Humanos, quanto decidir sobre os casos, oriundos da CEDH, relativos a países que não tenham reconhecido a competência do órgão judicial do sistema. Quando o Comitê de Ministros, na qualidade de órgão político, determina que houve violação da Convenção, é fixado prazo para que o Estado implicado tome as medidas necessárias à reparação. Diante de eventual omissão do Estado acusado, o Comitê pode levar o

---

3. Para uma descrição do Pacto Internacional de Direitos Civis e Políticos, v. *supra* Cap. 4, item 1.2.
4. Gilberto Vergne Sabóia, *A Proteção Internacional dos Direitos Humanos*, Genebra, 1982, Tese do Curso de Altos Estudos do Instituto Rio-Branco, pp. 112-113.

assunto a conhecimento público, Pode, ainda, com base no Artigo 8º do Estatuto do Conselho da Europa, proceder à expulsão do Estado-membro que não garanta a todas as pessoas sob sua jurisdição o gozo dos direitos humanos[5].

Diferentemente do sistema das Nações Unidas, *o sistema europeu é de natureza jurídica, convencional, estabelecendo o vínculo direto entre a proteção internacional e os indivíduos*. Conforme observa Cançado Trindade:

> Aqui, quer se trate de *parecer* da Comissão Européia, de *julgamento* da Corte Européia, ou de *decisão* do Comitê de Ministros – os três órgãos da Convenção, – as petições, sejam elas interestatais ou individuais, são efetivamente *julgadas*[6].

Os direitos econômicos, sociais e culturais, regidos pela Carta Social Européia, são supervisionados por um comitê de peritos, com assessoramento de representante da Organização Internacional do Trabalho – OIT, que examina, bienalmente, relatórios submetidos pelos Estados-partes. Os relatórios são também distribuídos às organizações patronais e sindicatos, para que apresentem comentários[7].

Com a transformação da Comunidade Européia em União Européia pelo Tratado de Maastricht, em 1992, e as tendências prevalecentes no cenário europeu no período pós-Guerra Fria, todo o sistema europeu de proteção aos direitos humanos vem sendo reestudado. Entre as múltiplas propostas existentes para sua reformulação – que pode ocorrer a qualquer momento – prevê-se inclusive a fusão da CEDH e da Corte Européia. O objetivo tendencial predominante é o de aumentar a eficácia do sistema, fortalecendo-lhe a competência judicial e, assim, seu caráter supranacional.

5.3. O SISTEMA INTERAMERICANO

A *Comissão Interamericana de Direitos Humanos (CIDH)*, criada por decisão da V Reunião de Consulta dos Ministros das

---

5. Maria Francisca Ize-Charrin, "Procedimientos relativos a violaciones de los derechos humanos en el escenario internacional", pp. 470-471, *in Foro Internacional*, vol. XXVI, n. 4, 1986, pp. 453-479.
6. Antônio Augusto Cançado Trindade, "A Evolução Doutrinária e Jurisprudencial da Proteção dos Direitos Humanos nos Planos Global e Regional: as Primeiras Quatro Décadas", p. 243, *in Revista de Informação Legislativa*, a. 23, n. 90, abr./jun. 1986, pp. 233-288.
7. Maria Francisca Ize-Charrin, *op. cit.*, p. 471.

Relações Exteriores da Organização dos Estados Americanos em Santiago, em 1959, teve, inicialmente, tarefas apenas de promoção em sentido estrito – e não de proteção – dos direitos humanos, funcionando como órgão autônomo do sistema da OEA. Suas atribuições e *status* institucional foram, porém, sucessivamente fortalecidos.

Desde 1965 a II Conferência Interamericana Extraordinária, realizada no Rio de Janeiro, ampliou o mandato da CIDH, transformando-a em instrumento de controle, com autorização para receber e examinar petições e comunicações a ela submetidas, e competência para dirigir-se a qualquer dos Estados americanos a fim de obter informações e formular recomendações. Pelo Protocolo de Buenos Aires de 1967, que emendou a Carta da OEA, a CIDH foi elevada à categoria de órgão principal da OEA (Artigo 51), com a incumbência de "promover o respeito e a defesa dos direitos humanos e servir como órgão consultivo da Organização em tal matéria" (Artigo 150). Passou, ainda, a partir de 1978, com a entrada em vigor da *Convenção Americana de Direitos Humanos*, assinada em São José da Costa Rica em 2 de novembro de 1969 – daí "Pacto de São José" –, a funcionar cumulativamente como órgão de supervisão do cumprimento da Convenção, sem prejuízo de sua competência anterior sobre os países que não são partes desse instrumento. Graças a essa duplicidade de funções, com atribuições decorrentes tanto de documento convencional sobre direitos humanos de caráter obrigatório, quanto de Protocolo reformador da Carta constitutiva da OEA, a CIDH tem interpretado seu mandato com grande liberalidade, logrando ampliar significativamente suas formas de atuação.

A tendência ao alargamento da competência da Comissão Interamericana de Direitos Humanos já se evidenciara ainda antes do fortalecimento legal de seu mandato e de seu *status* pelo Protocolo de Buenos Aires. Durante a crise da República Dominicana de 1965-66, a CIDH transferiu-se, na prática, para aquele país, onde permaneceu em operação por mais de um ano. Em 1969, durante o conflito armado entre Honduras e El Salvador, a Comissão agiu da mesma maneira, mantendo naqueles dois países alguns de seus membros por cerca de quatro meses. Consolidava-se, assim, a CIDH não apenas como órgão de estudos e observação, mas também como *órgão de ação*[8].

---

8. Antônio Augusto Cançado Trindade, *op. cit.*, p. 245.

Integrada desde o início por sete membros, eleitos pela Assembléia Geral da OEA, *a título pessoal*, que se reúnem regularmente três vezes ao ano, a CIDH tem, atualmente, funções extremamente abrangentes, definidas em seu Estatuto, conforme se trate de países partes ou não da Convenção Americana de Direitos Humanos – "Pacto de São José". Quase todas as funções são comuns para ambas as categorias: a realização de estudos e relatórios, a avaliação das legislações nacionais e, até, a realização de missões *in loco* com a anuência do governo respectivo. Conforme reza o Artigo 21, alínea *b*, de seu Estatuto, a CIDH pode: "examinar as comunicações que lhe forem dirigidas e qualquer informação disponível; dirigir-se aos Governos dos Estados-membros (da OEA) que não são partes da Convenção a fim de obter as informações que considerar pertinentes; formular-lhes recomendações, quando julgar apropriado, a fim de tornar mais efetiva a observância dos direitos humanos fundamentais". Na prática, a diferença essencial reside apenas nas referências de seu trabalho: para os Estados-partes do "Pacto de São José", este constitui a base jurídica; para os demais membros da OEA, a base jurídica é o Protocolo de Buenos Aires, e os direitos a serem protegidos, aqueles definidos na *Declaração Americana dos Direitos e Deveres do Homem*, de 1948[9].

Ao contrário do que determina a Convenção Européia, a Convenção Americana estabelece o reconhecimento obrigatório pelos Estados-partes da competência da CIDH para a consideração de queixas individuais, enquanto as queixas interestatais, para serem acolhidas, requerem declaração de aceitação expressa, facultativa. Tal como a Comissão Européia, na consideração de queixas individuais, por ela própria filtradas de acordo com os critérios de admissibilidade definidos em seu Estatuto – mas, no caso americano, interpretados com flexibilidade –, a CIDH busca primeiramente uma solução amigável entre as partes. Se o Estado implicado não adotar, em prazo razoável, as medidas recomendadas, a questão é tornada pública, geralmente na forma de resolução incluída no relatório anual. Suas decisões na consideração de queixas são, também, quase judiciais, tanto pela forma adotada nas resoluções – declaratórias ou não de culpa,

---

9. A Declaração Americana dos Direitos e Deveres do Homem foi aprovada pela Conferência Interamericana de Bogotá em 2 de maio de 1948, precedendo em sete meses a Declaração Universal dos Direitos Humanos da ONU (adotada pela Assembléia Geral em 10 de dezembro de 1948).

com indicação de medidas concretas de reparação –, quanto pelo procedimento – que inclui audiências individuais e investigações.

O sistema interamericano dispõe igualmente de uma *Corte Interamericana de Direitos Humanos*, criada e definida pelo "Pacto de São José". Composta de sete juízes, nacionais de Estados-membros da OEA, eleitos a título pessoal pelos Estados-partes da Convenção (Artigo 52), a Corte tem *competências consultiva* (Artigo 64) e *contenciosa* (Artigo 62). A competência consultiva é ampla, permitindo a todos os membros da OEA – partes ou não do "Pacto de São José" – e a todos "os órgãos enumerados no Cap. 10 da Carta da Organização dos Estados Americanos, reformada pelo Protocolo de Buenos Aires" (a Assembléia Geral, o Conselho Permanente, a CIDH etc.) consultá-la sobre a interpretação da Convenção Americana ou de outros tratados sobre a proteção dos direitos humanos nos Estados americanos, bem como sobre a compatibilidade entre as leis nacionais e esses instrumentos jurídicos regionais. A competência contenciosa, para o julgamento de casos a ela submetidos, é, por sua vez, limitada aos Estados-partes da Convenção que a reconheçam expressamente. Nessas condições, a maior atividade da Corte tem-se concentrado na jurisdição consultiva, sendo poucas as sentenças judiciais já proferidas[10].

A Convenção Americana de Direitos Humanos aborda os direitos econômicos, sociais e culturais apenas em seu Artigo 26, estabelecendo o compromisso dos Estados-partes de adotarem providências internas, e mediante a cooperação internacional, "a fim de conseguir progressivamente a plena efetividade dos direitos que decorrem das normas econômicas, sociais e sobre educação, ciência e cultura, constantes da Carta da Organização dos Estados Americanos, reformada pelo Protocolo de Buenos Aires, na medida dos recursos disponíveis, por via legis-

---

10. Antônio Augusto Cançado Trindade, *Formación, Consolidación y Perfeccionamiento del Sistema Interamericano de Protección de los Derechos Humanos*, separata com páginas não-numeradas do XVII Curso de Direito Internacional organizado pelo Comitê Jurídico Interamericano (Rio de Janeiro, agosto de 1990), Washington, Secretaria-Geral da OEA, 1991. As três sentenças passadas até 1990 diziam respeito a Honduras, cujo Governo, nas duas primeiras, ficava obrigado a pagar "justa indenização compensatória aos familiares" das vítimas. Registre-se que, na última Assembléia Geral da OEA, realizada em Belém do Pará, em junho de 1994, o Professor Cançado Trindade foi eleito juiz titular da Corte Interamericana de Direitos Humanos, sendo o primeiro brasileiro a ocupar tal posição.

lativa ou por outros meios apropriados". Não foi previsto, porém, qualquer mecanismo de supervisão para esses direitos. Em 1988, a Assembléia Geral da OEA adotou um *Protocolo Adicional à Convenção Americana de Direitos Humanos sobre Direitos Econômicos e Sociais*, que complementa a Convenção com ampla enumeração de tais direitos e estabelece formas de supervisão pelo Comitê Interamericano para Assuntos Econômicos e Sociais, assim como pelo Conselho Interamericano para a Educação, Ciência e Cultura, através do exame de relatórios apresentados pelos Estados-partes. O Protocolo prevê, ainda, a possibilidade de recurso à CIDH para os casos de direitos de exigibilidade imediata.

Em 1990, um *novo Protocolo adicional* à Convenção Americana de Direitos Humanos, relativo à abolição da pena de morte, foi também adotado pela Assembléia Geral da OEA. O sistema inclui, ainda, entre seus instrumentos mais importantes, a Convenção Americana para Prevenir e Punir a Tortura, adotada em 1985.

Em junho de 1994, em seu 24º Período Ordinário de Sessões, a Assembléia-Geral da OEA, reunida em Belém do Pará, aprovou duas novas convenções que, uma vez ratificadas e vigentes nos Estados-membros, serão de relevância particular para o sistema: a *Convenção Interamericana para Prevenir, Punir e Erradicar a Violência contra a Mulher* e a *Convenção Interamericana sobre o Desaparecimento Forçado de Pessoas*. O fato de terem sido adotadas pelo órgão político competente da esfera regional, enquanto no âmbito das Nações Unidas o máximo alcançado sobre essas matérias até agora são Declarações – importantes, mas sem o caráter jurídico capaz de impor obrigações para os participantes –, confirma a observação, acima adiantada, de que a relativa homogeneidade cultural e institucional, apesar das disparidades de poder e desenvolvimento entre os países americanos, facilita o estabelecimento de normas e mecanismos mais efetivos nos sistemas regionais.

A Convenção sobre a violência contra a mulher, já denominada "Convenção de Belém do Pará", vai muito além de tudo o que existe sob o ângulo jurídico a respeito da mulher no sistema da ONU: ao contrário da Convenção para a Eliminação de Todas as Formas de Discriminação contra a Mulher, descrita no Cap. 4, a "Convenção de Belém do Pará" prevê, inclusive, a possibilidade de envio de petições e denúncias contra os Estados-partes à CIDH "por qualquer pessoa, grupo de pessoas ou entidade não-governamental legalmente reconhecida" (Artigo 12).

A convenção sobre desaparecimentos forçados, à luz da experiência histórica recente, é de interesse extraordinário para a América Latina. De acordo com esse instrumento, será considerada desaparecimento forçado "a privação da liberdade de uma ou mais pessoas, qualquer que seja a forma, cometida por agentes do Estado ou por pessoas ou grupos de pessoas que atuem com autorização, apoio ou aquiescência do Estado, seguida de falta de informação ou da negativa de reconhecimento de tal privação de liberdade ou de informação sobre o paradeiro da pessoa, com o que se impede o exercício dos recursos legais e das garantias processuais pertinentes" (Artigo II). O delito será considerado "continuado ou permanente enquanto não se estabeleça o paradeiro da vítima" (Artigo III). Entre os dispositivos mais significativos ressaltam o que exclui a isenção de culpabilidade em função de ordens superiores, declarando a Convenção que "toda pessoa que receba tais ordens tem o direito e o dever de não cumpri-las" (Artigo VIII), e o que exige o julgamento dos responsáveis pelo crime "por jurisdições de direito comum competentes em cada Estado, com exclusão de toda jurisdição especial, em particular a militar" (Artigo IX). Segundo o mesmo dispositivo, "Os fatos constitutivos do desaparecimento forçado não poderão ser considerados como cometidos no exercício de funções militares".

Uma das características mais importantes do funcionamento da Comissão Interamericana de Direitos Humanos consiste em sua capacidade de deslocamento ao território de qualquer Estado americano, com a anuência ou a convite do respectivo governo, a fim de observar *in loco* a situação geral dos direitos humanos. Ao término da visita, a Comissão elabora relatório e o envia ao governo em questão. Muitos foram os países já inspecionados dessa forma. Em 1979, a CIDH realizou missão à Argentina, onde permaneceu 14 dias e recebeu 5.580 denúncias de violações[11].

A missão à Argentina, aqui citada a título meramente exemplificativo, parece ter tido influência sensível para o fim da prática dos "desaparecimentos" do regime militar. Ela é descrita pelo ex-Secretário Geral da Comissão Internacional de Juristas, Niall MacDermot, nos seguintes termos:

... Tivemos experiência semelhante a propósito do fim dos desaparecimentos maciços na Argentina sob a ditadura. Numerosas ONGs as haviam relatado pormenorizadamente, mas o governo descartava os informes como propaganda inspirada por comunistas. Entretanto, como resultado dos relatos das ONGs, a Comissão Interamericana de Direitos Humanos enviou uma missão à Argentina,

---

11. Maria Francisca Ize-Charrin, *op. cit.*, p. 472.

que chegou às mesmas conclusões e publicou relatório muito forte e bem documentado condenando os desaparecimentos. Em resposta a essa pressão intergovernamental, o Governo afinal cedeu e, primeiramente, reduziu e, em seguida, encerrou a prática[12].

As missões *in loco* teriam, igualmente, importantes efeitos preventivos. Segundo Andrés Aguilar, como conseqüência das recomendações de caráter geral endereçadas a governos determinados ou formuladas nos relatórios anuais da CIDH, "foram derrogadas ou modificadas leis, decretos e outras disposições que afetavam negativamente a vigência dos direitos humanos [...] e se estabeleceram ou aperfeiçoaram recursos e procedimentos para a melhor tutela" desses direitos[13].

O sistema interamericano de proteção aos direitos humanos tem, em resumo, *natureza múltipla: jurídica e convencional,* para os Estados-partes do "Pacto de São José"; *semijurídica,* para os demais membros da OEA; *judicial,* para os que reconhecem a competência contenciosa da Corte Interamericana, e *política,* por sua capacidade de ação sobre situações nacionais que extrapolam casos individuais.

O Brasil ratificou a *Convenção para Prevenir e Punir a Tortura em 1989 e aderiu à Convenção Americana de Direitos Humanos em 1992,* sem reconhecer a competência judicial da Corte Interamericana de Direitos Humanos[14]. Quanto aos dois Protocolos adicionais ao "Pacto de São José", o Executivo os encaminhou ao Congresso desde fins de 1992 para a aprovação parlamentar necessária à adesão brasileira.

5.4. CONSIDERAÇÕES FINAIS

Além dos sistemas europeu e interamericano, a África conta com um sistema regional incipiente, cuja pedra fundamental foi

---

12. Niall MacDermot, palestra na *Trocaire Conference on Human Rights*, texto datilografado, março de 1988 (tradução minha). Em entrevista a mim, também em março de 1988, MacDermot forneceu dados adicionais. Segundo ele, logo após a missão da CIDH, e ainda antes da publicação do relatório, o Governo argentino organizou seminário entre os órgão de segurança do país. Desde então os desaparecimentos, da ordem de mais de 100 por ano, caíram para 12; no ano seguinte, para 2; e, finalmente, terminaram em 1982.
13. Andrés Aguilar, "La comisión Interamericana de Derechos Humanos y la Entrada em Vigencia de la Convención Americana de Derechos Humanos o Pacto de San José", 2 *Mundo Nuevo*, Caracas, 1979, p. 38 (tradução minha), citada em espanhol por A. A. Cançado Trindade, *op. cit.*
14. V. nota 11 do Cap. 2 *supra*.

a adoção, em 26 de junho de 1981, pela Conferência de Chefes de Estado da Organização da Unidade Africana, em Nairóbi, da Carta Africana de Direitos Humanos e dos Povos. A Carta Africana entrou em vigor em 1987, com a ratificação por 26 Estados-membros da OUA. O mecanismo de supervisão previsto é a Comissão Africana de Direitos Humanos[15].

Algumas organizações da "família" das Nações Unidas, como a OIT e a UNESCO, têm, por sua vez, mecanismos próprios de acompanhamento para direitos específicos, conformando, assim, subsistemas do sistema universal.

O sistema interamericano é o mais abrangente, atribuindo à CIDH funções que, no sistema das Nações Unidas, vão além daquelas da CDH ou do próprio Comitê dos Direitos Humanos, que monitora o Pacto Internacional de Direitos Civis e Políticos. Suas deficiências advêm muito menos de lacunas institucionais do que das disparidades entre os Estados americanos, tanto em níveis de desenvolvimento econômico, quanto em termos de estabilidade política e peso específico internacional.

No que tange a resultados imediatos no tratamento de casos, o mais eficiente é o sistema europeu, que se assemelha ao sistema judiciário de um país, estabelecendo proteção direta aos indivíduos, numa instância que se afirma cada vez mais como supranacional. O fato não chega a surpreender, pois, como observa John Gerard Ruggie:

... a tessitura política da região tem-se tornado de tal forma internacionalizada e supranacionalizada que a preocupação comunitária com os direitos e o bem-estar do indivíduo é simplesmente um elemento a mais num processo mais amplo de transformação política[16].

Se é fato que todas as relações intersociais são políticas, é claro que todo trabalho em prol dos direitos humanos *a fortiori* também o é. Os sistemas internacionais de proteção aos direitos humanos, inclusive os de natureza judicial, têm embasamento e conotações políticas. O mais "politizado" será, contudo, o das Nações Unidas, construído inteiramente em negociações políticas por representantes de governos.

Foi muito comum, no período da Guerra Fria, a acusação feita por delegados e ativistas contra alguns dos Estados-mem-

---

15. Maria Francisca Ize-Charrin, *op. cit.*, p. 473.
16. John Gerard Ruggie, "Human rights and the future international community", p. 98, *in Daedalus 112*, Number 4, The American Academy of Arts and Science, 1983, pp. 93-110 (tradução minha).

bros de "politizarem" a CDH. Segundo essas alegações, os Estados acusados estariam sempre menos preocupados com as conseqüências de suas iniciativas e posturas sobre a efetiva situação dos direitos humanos no mundo e em seus países, do que na obtenção de vitórias parlamentares ou na proteção de suas soberanias.

Na verdade, "politizada" seria sempre a atuação do adversário: para os Estados Unidos, na década de 80, a URSS "politizava" a Comissão ao propor projetos de resolução sobre a paz, condenando, por exemplo, o programa estratégico do Governo Reagan conhecido como "Guerra nas Estrelas"; para a URSS os Estados Unidos "politizavam" a CDH ao criticarem a falta de autodeterminação dos Estados bálticos. Nas palavras de Tom J. Farer, em 1987:

... é justo dizer que, exceto durante os anos de Carter, nenhuma das grandes democracias ocidentais (em contraposição aos holandeses e suecos) tem liderado as Nações Unidas ou os foros regionais em esforços para fortalecer a maquinaria de proteção aos direitos humanos ou para dirigir pressões contra vilões não-comunistas[17].

Nos tempos atuais, pós-Guerra Fria, a "politização" prossegue, naturalmente, com outros atores e destinatários, ou por outros enfoques.

Aos que protestam contra a "politização" da CDH é importante lembrar que foi através de um tratamento político bem articulado que os países em desenvolvimento, sobretudo os recém-egressos do regime colonial, lograram o reconhecimento do direito dos povos à autodeterminação no Artigo 1º dos dois Pactos Internacionais de direitos humanos. Foi por meio da "politização" que o grupo africano, com apoios múltiplos, conseguiu singularizar o caso da África do Sul no âmbito da CDH, abrindo o caminho ao monitoramento internacional dos direitos humanos pela ONU em qualquer parte do mundo. E é pela "politização" que se selecionam situações particulares para serem objeto de acompanhamento por relatores especiais. O que pode ser nefasto é a diluição das preocupações humanitárias na busca de ganhos políticos, externos ou internos (para satisfazer preocupações de uma parcela do eleitorado nacional, por exemplo), e que se traduz na adoção de posturas dúplices (os chamados

---

17. Tom J. Farer, "The United Nations and human rights: more than a whimper less than a roar", p. 583, *in Human Rights Quarterly*, vol. 9, nov. 1987, Baltimore, The Johns Hopkins University Press, pp. 550-586 (tradução minha).

double-standards), sempre lenientes com os aliados e sempre incisivas com os adversários ou parceiros menos prioritários. Exemplos desse tipo de atitude abundam, inclusive quando se trata de denunciar a criminalidade e o tratamento a ela dado por diferentes governos democráticos[18].

O fato de os direitos humanos receberem na ONU tratamento político não é, necessariamente, prejudicial à causa. A motivação estritamente humanitária, que informa a atuação de acadêmicos e ONGs, tende a ser inócua, caso não seja respaldada por decisões coletivas de caráter governamental. Até mesmo idealistas apaixonados como Robert Drinan reconhecem que:

... é verdade inegável que as agências privadas provavelmente nunca terão o prestígio e o poder de que necessitam, se suas posições não forem apoiadas pela lei e pelas agências públicas (*public agencies*)[19].

Em vista desse dados, a "politização" da CDH, ao invés de conotar somente aspectos negativos, no sentido que lhe atribuem os críticos do sistema universal de proteção aos direitos humanos, corresponderia mais adequadamente à acepção oferecida por Aurélio Buarque de Hollanda Ferreira no *Pequeno Dicionário Brasileiro da Língua Portuguesa* para o anglicismo *politizar*:

Inculcar a certas classes ou categorias sociais a consciência dos direitos e deveres *políticos* atribuídos aos cidadãos que as compõem, habilitando-os ao livre exercício deles[20].

---

18. Na década de 90 verifica-se, por exemplo, que os países desenvolvidos do Ocidente tendem a denunciar muito mais a violência social em países democráticos do Terceiro Mundo do que o mesmo tipo de fenômeno no Leste europeu, ou a violência ideológica dirigida contra grupos específicos no próprio Primeiro Mundo.
19. Robert F. Drinan, *Cry of the Oppressed: the History and Hope of the Human Rights Revolution*, San Francisco, Harper & Row, 1987, p. 152.
20. Aurélio Buarque de Hollanda Ferreira, *Pequeno Dicionário Brasileiro da Língua Portuguesa*, 11ª ed., quarta impressão, Rio de Janeiro, Editora Civilização Brasileira, 1969.

6. O Brasil e a Comissão dos Direitos Humanos da ONU

Diferentemente da Assembléia Geral, que congrega todos os Estados-membros das Nações Unidas, e do Conselho de Segurança, cujos quinze membros incluem os cinco permanentes – EUA, Rússia (como sucessora da URSS), China, França e Reino Unido – com direito de veto, a Comissão dos Direitos Humanos (CDH), a exemplo dos demais órgãos da ONU, tem sua composição renovada – ou, no caso de alguns países, reconfirmada – periodicamente através de eleições, por escrutínio secreto, realizadas no Conselho Econômico e Social (ECOSOC).

Eleito para um dos lugares correspondentes à América Latina pela primeira vez em 1977 e com seu mandato renovado continuamente a cada três anos pelo ECOSOC, o Brasil tem sido membro da CDH há mais de quinze anos. Vem gozando, pois, do privilégio incomum, não sendo superpotência, de participar diretamente de seus trabalhos desde a 34ª Sessão regular, em 1978, numa fase em que a Comissão contava com apenas 32 integrantes.

Conforme discernível da exposição já feita dos trabalhos da CDH, a eleição de um país para o órgão nada tem a ver com seu desempenho nacional em matéria de direitos humanos. Estados representados por governos de má reputação no tratamento de seus cidadãos, muitas vezes objeto de monitoramento ostensivo por relator especial da própria Comissão, podem lograr, em função de seu peso específico no cenário internacional, da conjuntura política e de suas alianças, seja o endosso do grupo regional respectivo a sua candidatura, seja vantagem numérica de sufrágios em pleitos disputados com outros membros do mesmo grupo. O fato de o Brasil ter entrado para a CDH num período em que o renome do Governo na área dos direitos humanos era particularmente negativo, interna e internacionalmente, não configura qualquer excepcionalidade. Esta advém, sim, das ininterruptas reeleições, com votações expressivas em pleitos disputados. Para isso terá auxiliado substantivamente, a par das articulações normais para a obtenção de votos em arranjos bilaterais, e da importância relativa do país no grupo regional latino-americano e caribenho, a marcante atuação desenvolvida pelas delegações brasileiras no âmbito da Comissão. E essa atuação, por sua vez, evoluiu e continua a evoluir em consonância com a dinâmica da realidade interna e do tratamento internacional da matéria, havendo os delegados do Brasil, desde o início, contribuído para o fortalecimento do sistema de proteção aos direitos humanos das Nações Unidas.

As comunicações apresentadas às Nações Unidas sobre violações de direitos humanos no Brasil já haviam levado o país a ser objeto de consideração dentro do procedimento confidencial[1] pelo menos desde 1974[2]. Naquele ano, assim como em 1975, as decisões adotadas pela CDH, em sessões fechadas ao público, foram de manter a situação brasileira sob exame, à espera de informações ou esclarecimentos solicitados ao Governo brasileiro[3].

Na 32ª Sessão da CDH, em 1976, o Grupo de Trabalho sobre Situações opinava, em seu relatório, que as comunicações recebidas sobre o Brasil tendiam a revelar a existência de "sérias violações de direitos humanos no período de 1968 a 1972". Lembrava, por outro lado, que a Resolução 1503 do ECOSOC, adotada em 27 de maio de 1970, "parece ser aplicável somente a situações que tenham ocorrido depois daquela data". Assinalava

1. Para a descrição do procedimento confidencial v. *supra* Cap. 1, item 4.1., ou Cap. 4, item 2.1.
2. Utilizando fontes indiretas, Howard Tolley, no quadro reproduzido à p. 77 de seu *The U.N. Commission on Human Rights* (Boulder, Westview Press, 1987), informa que o Brasil foi considerado dentro do procedimento confidencial em 1973 e 1974. A apuração precisa de dados sobre essa época é problemática. No Centro para os Direitos Humanos das Nações Unidas, em Genebra, não me foi possível encontrar registro do tratamento da situação brasileira *pela Comissão* em 1973. Isso não quer dizer que o quadro de Tolley esteja errado. É possível que a *Subcomissão*, ou seu Grupo de Trabalho sobre Comunicações, tenha examinado o caso antes de 1974. Foi esse o primeiro ano em que a CDH recebeu material da Subcomissão dentro do procedimento confidencial.
3. Documento das Nações Unidas E/CN.4/SR.1312, RESTRICTED.

que as observações do Governo brasileiro, datadas de 26 de janeiro de 1976, *negavam fundamento às alegações*. Declarava-se impossibilitado de confirmar a veracidade dos fatos denunciados; registrava que não haviam sido recebidas novas comunicações desde a 31ª Sessão da CDH (1975); inferia, das observações fornecidas pelo Governo brasileiro, que teriam sido alcançados progressos nas áreas econômica, social e política, dispondo o Governo de meios legais e judiciais para prevenir e punir violações de direitos humanos; manifestava a esperança de que o Governo fizesse uso desses meios e concluía que, à luz de tais dados, não era necessária qualquer nova ação dentro do procedimento da Resolução 1503[4].

O relatório do Grupo de Trabalho e sua conclusão provocaram acirrados debates entre os membros da Comissão, colocando-se contra o encerramento do caso países ocidentais, e a favor países integrantes do Movimento Não-Alinhado. Os Estados Unidos, secundados pela Áustria, chegaram a apresentar moção formal, propondo que a Comissão, ao invés de terminar o exame do caso brasileiro, realizasse estudo aprofundado da situação do país. Contra essa moção, e com o respaldo da Iugoslávia, a delegação do Uruguai replicou com outra, pela qual a CDH endossaria a conclusão do Grupo de Trabalho e solicitaria ao Secretário Geral das Nações Unidas a transmissão ao Governo brasileiro da decisão tomada e da parte pertinente do relatório discutido. A moção uruguaia prevaleceu por votação[5].

Tendo sido encerrado dessa forma o exame confidencial da situação do Brasil em 1976, graças à esdrúxula combinação de forças da Iugoslávia socialista com o Uruguai sob regime militar de direita, numa fase das atividades das Nações Unidas em que o controle ostensivo de situações acabava de ganhar impulso com o estabelecimento do Grupo de Trabalho Especial sobre o Chile[6], tornava-se aconselhável para o Governo brasileiro a busca de um lugar na Comissão dos Direitos Humanos que o habilitasse a atuar mais concretamente, com voto e iniciativas próprias. A participação acautelatória, com motivação defensiva, apresentava-se ainda mais recomendável diante da vitória eleitoral de Jimmy Carter, com a bandeira dos direitos humanos, para a Presidência dos Estados Unidos.

---

4. Documento das Nações Unidas E/CN.4/R.14, p. 4.
5. Documento das Nações Unidas E/CN.4/SR.1375, RESTRICTED.
6. Para uma descrição da designação do Grupo de Trabalho Especial sobre o Chile v. *supra* Cap. 1, item 4.2.

A decisão brasileira de candidatar-se à CDH em 1977 representava, porém, algo mais do que um expediente político meramente destinado a proteger o *status quo* interno. Os direitos humanos não eram bandeira manipulada apenas no exterior "contra a soberania nacional". Formavam eles o substrato de toda a movimentação das forças políticas e sociais *brasileiras* na luta pela redemocratização do país, cujos primeiros frutos começavam a concretizar-se na política de "abertura gradual e progressiva" do Presidente Geisel.

O Brasil chegava à Comissão dos Direitos Humanos, portanto, com motivações complexas. Se a defesa da soberania era, ainda, o objetivo principal de nossa participação, a ela se associava a consciência de que a normalização, ainda que gradativa, de nosso processo político, então esboçada como meta de governo, era o caminho de que o país dispunha para o restabelecimento tanto da ordem democrática como dos direitos humanos. Tendo compreendido que, diante do clamor nacional e dos protestos de ONGs, personalidades e governos estrangeiros, a omissão ou rechaço paro e simples das denúncias de violações não contribuía nem para a recuperação da imagem externa, nem para melhoras no âmbito interno, o Itamaraty sabia agora ser de todo conveniente evitar que pressões internacionais, inegavelmente importantes, ao se apresentarem mal-conduzidas ou demasiadamente intervencionistas, pudessem antepor obstáculos à redemacratização almejada pela sociedade brasileira.

Terá sido, sem dúvida, com a consciência dessa complexidade de motivações que o Governo brasileiro, pela voz do Chanceler Azeredo da Silveira, abordou em 1977, o tema dos direitos humanos na abertura da XXXII Sessão da Assembléia Geral das Nações Unidas* de maneira abrangente e cautelosa:

> [...] a cooperação à qual a Carta das Nações Unidas nos estimula pressupõe como requisito básico o respeito à identidade nacional e à soberania dos Estados. A Carta coloca o tema dos Direitos do Homem precisamente no campo da cooperação internacional e, nesse âmbito, faz de sua promoção uma das tarefas importantes da Organização. O tratamento dessa questão, no nível multilateral, poderá concorrer para a criação de condições favoráveis ao exercício

---

* O Brasil havia mencionado, em 1949, a aprovação um ano antes pela Assembléia Geral da Convenção contra o Genocídio e da Declaração Universal dos Direitos Humanos, qualificando-a, nas palavras do Embaixador Cyro de Freitas Valle como "um passo em direção à maturidade da consciência jurídica e ao acordo sobre a questão internacional da responsabilidade penal". Essa postura positiva foi mantida nos discursos de 1951 (do Embaixador Pimentel Brandão) e 1952 (do Chanceler João Neves da Fontoura), em

pleno desses direitos, que, a nosso ver, abrangem aspectos quer civis e políticos, quer econômicos e sociais, como o direito à alimentação, à educação, à cultura, ao trabalho, a uma vida livre da miséria, ao amparo na velhice. Todos esses temas devem ser tratados dentro de uma perspectiva integrada e ampla.
[...] A criação de condições propícias ao respeito generalizado pelos Direitos do Homem dependerá da melhoria substancial da segurança política e econômica, em nível internacional.
[...] a solução das questões dos Direitos do Homem é da responsabilidade do Governo de cada país. Num mundo ainda e infelizmente marcado por atitudes intervencionistas, abertas ou veladas, e pela distorção de determinados temas, a nenhum país, ou conjunto de países, pode ser atribuída a condição de juiz de outros países em questões tão sérias e tão íntimas da vida nacional.

Com esse patrimônio conceitual em mente, o Brasil acaba de associar-se aos trabalhos da Comissão de Direitos do Homem, o que lhe permitirá contribuir de maneira mais efetiva, no plano da normatividade internacional, para a promoção desses direitos. *Os mecanismos e procedimentos de que já dispõem as Nações Unidas, para a consideração da problemática dos direitos humanos, parecem-nos amplos e suficientes para que a tarefa prossiga no ritmo que a complexidade da matéria requer e a salvo de fatores e circunstância passageiras* (grifo meu)[7].

A abrangência das percepções expostas pelo Chanceler Azeredo da Silveira em 1977 constitui, em sua essência, a base em que se

apoio às negociações para a elaboração de instrumento jurídico que protegesse mandatoriamente os direitos fundamentais de todos (conforme já visto, somente em 1966 as negociações iriam resultar na aprovação pela Assembléia Geral dos dois pactos internacionais, vigentes apenas dois anos depois, que iriam transformar a *soft law* da Declaração Universal de 1948 em obrigação legal para os Estados-partes). Já em 1955, porém, a delegação brasileira começou a expressar reservas às negociações sobre a matéria e, tanto quanto pude apurar, passou a omitir-se sobre o tema dos direitos humanos até esse discurso de 1977 (salvo ao fazer uma ou outra asserção esdrúxula, como a de Juracy Magalhães em 1966, destinada a ressaltar o hoje reconhecido mito da democracia racial, muito estimulado no período militar, ao assinalar o orgulho de termos sido "o primeiro país a assinalar a Convenção Internacional sobre a Eliminação de Todas as Formas de Discriminação Racial", aprovada em 1965). Não sendo eu historiador, nem tendo tido a oportunidade de pesquisar com leitura atenta todos os discursos do Brasil na abertura do debate geral da Assembléia Geral, entendo ter sido essa, em 1977, a primeira vez que nosso representante oficial naquele foro tratou de maneira conseqüente, ainda que, na época, com intenção defensiva, o tema dos direitos humanos. Para quem desejar aprofundar-se neste aspecto do assunto, a tarefa é hoje muito facilitada pelo fato de que todos os discursos até 1995 encontram-se publicados em *A palavra do Brasil nas Nações Unidas 1946-1995* – coletânea originalmente compilada na década de 1980 pelo atual Embaixador Luiz Felipe de Seixas Corrêa, então Conselheiro na carreira de diplomata, para sua dissertação no Curso de Altos Estudos do Instituto Rio Branco, atualizada e publicada pela Fundação Alexandre de Gusmão – FUNAG – no contexto das comemorações de 50º aniversário da ONU, em 1995 (ver Bibliografia)

7. *Resenha de Política Exterior do Brasil*, n. 14, jul.-ago.-set.1977, Ministério das Relações Exteriores, pp. 60-61.

assentam, até hoje, as posições do Brasil na matéria. Graças a ela as delegações brasileiras à CDH, ainda na fase final do chamado regime burocrático-autoritário, lograram assumir posturas respeitáveis e respeitadas, embora muitas vezes em desacordo com militantes da causa e ONGs. Estes, compreensivelmente ansiosos por resultados imediatos, freqüentemente se esqueciam – e se esquecem – de que o intervencionismo excessivo, numa comunidade de nações desiguais, longe de estimular atitudes construtivas, tende a engendrar, em qualquer esfera das relações internacionais, posições refratárias de natural autodefesa de parte dos governos visados.

De todas as declarações do Chanceler Silveira, apenas a parte do texto ressaltada por grifo viu-se modificada pela doutrina e pela prática. Isto porque, conforme já explicitado nos capítulos precedentes, a comunidade internacional – e o Brasil com ela, em evolução gradual – compreendeu que as questões de direitos humanos não são "tão íntimas", e que os mecanismos e procedimentos existentes no final da década de 1970 não eram "amplos e suficientes" para a tarefa de sua proteção[8].

Dada a clareza com que as delegações brasileiras apreenderam e verbalizaram, desde os primeiros momentos da participação na CDH, a complexidade dos fatores que influenciam, em qualquer sociedade, a observância efetiva dos direitos humanos, já em 1981, durante o Governo Figueiredo, foi o Brasil alçado, na pessoa do Embaixador Calero Rodrigues, à Presidência da Comissão em sua 37ª Sessão. Foi, assim, sob a Presidência do Brasil que a CDH adotou várias decisões relevantes, entre as quais a aprovação do projeto de Declaração sobre a Eliminação de Todas as Formas de Intolerância e Discriminação Baseadas em Religião ou Crença, proclamada pela Assembléia Geral naquele mesmo ano[9], e a criação de novos mecanismos ostensivos de monitoramento, pela designação de Enviado Especial para a Bolívia e de Representante Especial para El Salvador[10].

É possível identificar três fases relativamente distintas na atuação do Brasil dentro da Comissão dos Direitos Humanos: de 1978 a 1984, de 1985 a 1990, de 1991 até agora. A primeira, que

---

8. Recorde-se que somente em 1980 foi criado o primeiro mecanismo de controle temático – o Grupo de Trabalho sobre Desaparecimentos Forçados e Involuntários – e em 1981, a partir do precedente aberto pelo caso chileno, designaram-se os primeiros relatores especiais para o acompanhamento ostensivo de situações. Em 1977, com exceção dos grupos estabelecidos para os casos do Chile, África do Sul e Israel, o único mecanismo não-convencional – isto é, não previsto em instrumento jurídico – existente era o procedimento confidencial.

9. Resolução 36/55, de 25 de novembro de 1981, da Assembléia Geral.

10. V. *supra* nota 7 e Cap. 1, item 4.2.

corresponde ao estádio final do período militar, é caracterizada por posições conservadoras, mas não obstrucionistas; a segunda, correspondente ao período de transição do Governo Sarney, pelo reconhecimento, ainda relativamente tímido, da legitimidade das iniciativas multilaterais de controle das violações; a atual, pela plena compreensão de que os mecanismos internacionais não configuram atentados ao princípio da não-intervenção estabelecido no Artigo 2º, parágrafo 7º da Carta das Nações Unidas, constituindo, ao contrário, importantes adjutórios aos esforços nacionais para a observância dos direitos humanos.

O conservadorismo do período 1978-1984, inelutável para um país ainda não-redemocratizado, traduzia-se tanto em esforços para evitar a concessão de poderes excessivamente amplos – ou levianamente intervencionistas – à CDH, num período em que os direitos humanos ainda não eram aceitos internacionalmente como tema global, quanto pelos votos quase sempre negativos a resoluções condenatórias de países específicos. Evitavam, também, as delegações brasileiras intervir formalmente nos debates do item 12 da agenda, em que se discutem as violações de direitos humanos em qualquer parte do mundo.

As motivações autodefensivas, todavia, jamais levaram o Brasil a adotar posturas de obstrução a projetos construtivos e não-seletivos – como era a prática de outros países em situações assemelhadas. Procuravam, ao contrário, as delegações brasileiras influir na redação dos textos de forma a torná-los capazes de assegurar a cooperação dos governos-alvos. E contribuíam substantivamente para o fortalecimento do sistema internacional de proteção aos direitos humanos, concentrando as atenções, sobretudo, na esfera normativa – de elaboração de regras e padrões internacionais – e nos métodos de trabalho da Comissão, da Subcomissão e dos instrumentos de controle, com vistas a torná-los mais imunes à manipulação exclusivamente política. Foi particularmente ativa, nesse período, a participação do Brasil na elaboração da Convenção contra a Tortura e outros Tratamentos e Punições Cruéis, Desumanos e Degradantes – adotada pela Assembléia Geral em 1984[11].

Desde 1977 até 1984 o Brasil não mais voltou a referir-se de forma explícita e abrangente aos direitos humanos na abertura da Assembléia Geral das Nações Unidas. Em 1985, porém, ao inaugurar o debate geral da XL Sessão, o discurso do Presidente Sarney foi uma profissão de fé na democracia e nos direitos humanos:

---

11. Para uma descrição da Convenção contra a Tortura, v. *supra* Cap. 4, item 1.3.3.

> [...] O Brasil acaba de sair de uma longa noite. [...] O instrumento de nossa viagem do autoritarismo para a democracia foi a capacidade de conciliar e de entender, sem violência e sem traumatismos. [...]
> Os direitos humanos adquirem uma dimensão fundamental, estreitamente ligada à prática da convivência e do pluralismo.
> O mundo que os idealizadores da Liga das Nações não puderam ver nascer, e cuja edificação ainda esperamos, é um mundo de respeito aos direitos da pessoa humana, que as Nações Unidas procuram promover através dos Pactos Internacionais de Direitos Humanos.
> A Declaração Universal dos Direitos Humanos é, sem dúvida, o mais importante documento firmado pelo homem na História contemporânea. E dela nasceu no berço das Nações Unidas.
> Com orgulho e confiança, trago a esta Assembléia a decisão de aderir aos Pactos Internacionais das Nações Unidas sobre Direitos Civis e Políticos, à Convenção contra a Tortura e Outros Tratamentos ou Penas Cruéis, Desumanos ou Degradantes, e sobre Direitos Econômicos, Sociais e Culturais. Com essas decisões, o povo brasileiro dá um passo na afirmação democrática do seu Estado e reitera, perante si mesmo e perante toda a Comunidade Internacional, o compromisso solene com os princípios da Carta da ONU e com a promoção da dignidade humana[12].

Naquela mesma ocasião – setembro de 1985 –, o Presidente Sarney assinou, pessoalmente, na sede da ONU, em Nova York, conforme anunciado, a Convenção contra a Tortura, adotada pela Assembléia-Geral no ano anterior. E em 1986 encaminhou ao Congresso Nacional, para a necessária aprovação parlamentar, os Pactos de Direitos Civis e Políticos e de Direitos Econômicos, Sociais e Culturais, de escopo universal, assim como a Convenção Americana sobre Direitos Humanos e a Convenção Interamericana para Prevenir e Punir a Tortura, no âmbito da OEA[13]. Na esfera nacional, por sua vez, os direitos humanos ganhavam relevo extraordinário no processo de elaboração da nova Constituição. Documento mais abrangente e pormenorizado sobre os direitos humanos jamais adotado no país, a Constituição de 1988 iria erigí-los, inclusive, em seu Artigo 4º, como *segundo princípio, logo após a interdependência nacional*, a reger as relações internacionais do Brasil.

Toda a movimentação brasileira em torno dos direitos humanos, na órbita interna e nos foros multilaterais, refletiu-se, naturalmente, na atuação do Brasil na CDH, no período 1985-1990. A relativa

---

12. *Resenha de Política Exterior do Brasil*, número 46, jul. -ago. -set. 1985, Ministério das Relações Exteriores, pp. 4 e 6.
13. Com a aprovação parlamentar finalmente obtida, o Brasil ratificou as Convenções contra a Tortura, da ONU e da OEA, em 1989 e aderiu aos Pactos Internacionais de direitos humanos, assim como ao "Pacto de São José", interamericano, em 1992.

tranqüilidade com que se consolidava o processo de redemocratização nacional permitia às delegações em Genebra assumirem gradativamente posturas mais assertivas. Passou, assim, o Brasil a intervir nos debates sobre o item da agenda concernente a violações de direitos humanos; deixou de votar regularmente contra resoluções sobre relatores para países específicos; apoiou mais claramente o estabelecimento de relatores temáticos, com mandatos de escopo universal e, o que é mais significativo, esforçou-se por responder a todas as comunicações por eles enviadas sobre casos de violações de direitos humanos no país. Em paralelo aos trabalhos da CDH, começou o Governo a encarar com maior naturalidade o trabalho das ONGs, iniciando com elas um diálogo mutuamente esclarecedor. Sem abandonar as preocupações metodológicas e as atenções com o trabalho normativo da CDH, o Brasil, no período 1985-1990, passou a reconhecer mais nitidamente a legitimidade da preocupação internacional com as violações de direitos humanos e, conseqüentemente, dos instrumentos de controle. Manteve, contudo, resistências a idéias mais ousadas, como a proposta de criação de um Alto Comissário para os Direitos Humanos, cujas atividades, então pouco definidas, pareciam, à primeira vista, demasiado intervencionistas.

A terceira fase da participação do Brasil na CDH, segundo a categorização aqui esboçada, tem por pano de fundo a plena redemocratização política da República, manifestada nas eleições presidenciais diretas de 1989, confirmada na posse de presidente eleito pelo voto popular em 1990 e fortalecida pelo processo bem-sucedido de *impeachment* de 1992-1993.

Primeiro Chefe de Estado escolhido em sufrágio direto desde a década de 1960, o Presidente Collor, inegavelmente, abriu o caminho para um novo tipo de diálogo entre o Governo e as entidades envolvidas na luta pelos direitos humanos, ao receber em audiência, em agosto de 1990, delegação da Anistia Internacional, que acabara de preparar relatório sobre práticas de tortura no Brasil. E, em setembro daquele mesmo ano, disse ele, sobre os direitos humanos, perante a Assembléia Geral das Nações Unidas:

[...] Com o alastramento dos ideais democráticos, será cada vez mais incisivo e abrangente o tratamento internacional dessa questão.
O Brasil apóia essa tendência. Cremos mesmo que estamos às vésperas de um salto qualitativo a respeito. As afrontas aos direitos humanos devem ser denunciadas e combatidas com igual vigor, onde quer que ocorram[14].

14. *Resenha de Política Exterior do Brasil*, n. 66, jul.-ago.-set. 1990, Ministério das Relações Exteriores, p. 35.

Pelo menos para o Brasil, estávamos efetivamente às vésperas de um "salto qualitativo". O ponto de inflexão de nossa política em matéria de direitos humanos, mais do que nas iniciativas e declarações de 1990, pode ser identificado na intervenção feita em Genebra, em 26 de fevereiro de 1991, pelo chefe da delegação brasileira à 47ª Sessão da CDH, Embaixador Rubens Ricupero, dentro do item 12 da agenda. Enquanto os demais países utilizavam-se do tema das violações para pontificarem sobre as situações de terceiros, o Brasil houve por bem dedicar dois terços de sua fala à situação brasileira. Descreveu iniciativas tomadas pelas autoridades nacionais, o diálogo em curso com as ONGs, a atuação do Conselho de Defesa dos Direitos da Pessoa Humana, os esforços para responder às denúncias e comunicações de relatores temáticos, assim como as dificuldades encontradas para evitar a violência social e as violações de direitos humanos no país. Assinalou, por fim, que:

> Nossa intenção não é de solicitar indulgência internacional, mas sim de chamar a atenção desta Comissão para a difícil situação dos países democráticos em desenvolvimento em seus esforços para melhorar os registros nacionais na esfera dos direitos humanos. O governo brasileiro, tal como os de outros países latino-americanos, enfrenta dificuldades estruturais que tendem a invalidar até mesmo as iniciativas mais bem programadas. [...] Daí nossa insistência na necessidade de que a comunidade internacional atente para as causas profundas da violência, da instabilidade social e da atuação inadequada da polícia e dos tribunais nos países em desenvolvimento. Deixe-se bem claro, uma vez mais, que o Brasil não condiciona o respeito a um grupo de direitos à disponibilidade de meios para implementar os demais. O Governo está perfeitamente consciente de suas obrigações e responsabilidades incondicionais para a promoção e proteção dos direitos humanos. A delegação brasileira teme, não obstante, que, na falta de cooperação destinada ao melhoramento da situação econômica dos países que representam a maior parte da humanidade, os direitos humanos permanecerão, por muito tempo, no reino de um ideal apenas imperfeitamente realizados[15].

A intervenção de 1991 explicitou as bases em que se tem assentado a atuação brasileira na matéria até hoje, a saber:

1. *valorização dos foros e mecanismos multilaterais competentes*, evidenciada pela própria decisão de abordar com franqueza os problemas brasileiros num item em que, geralmente, os países falam sobre violações alheias;

---

15. Texto original em inglês, datilografado, Genebra, 26 de fevereiro de 1991. Minha tradução.

2. *transparência e disposição para o diálogo construtivo* com todas as organizações, governos e personalidades genuinamente interessadas no tema[16];

3. *diferenciação da situação dos países democráticos em desenvolvimento* daquela dos países em que as violações se dão por ação ou conivência dos governos;

4. *exigência de atenção internacional para as causas estruturais da violência social*, e de seu agravamento por medidas de cunho econômico, internas ou externas;

5. *valorização da cooperação internacional, inclusive na área econômica*, para o melhoramento da situação dos direitos humanos;

6. reconhecimento de que *a não-implementação dos direitos econômicos e sociais não pode servir de escusa para o não-cumprimento dos direitos civis e políticos*, e vice-versa;

7. reconhecimento de que *as obrigações* em matéria de direitos humanos *não podem ser descumpridas em função da escassez de recursos*.

Dentro desse espírito aberto e cooperativo, o Governo brasileiro logo recorreu aos serviços de assessoria do Centro para os Direitos Humanos das Nações Unidas para a organização, no Brasil, de um "Seminário sobre Direitos Humanos e a Aplicação dos Mecanismos das Nações Unidas". Realizado no Itamaraty, em junho de 1991, com palestrantes da ONU, o Seminário, inaugurado por quatro Ministros de Estado (Relações Exteriores, Justiça, Saúde e Ação Social), contou com a participação de cerca de noventa autoridades, federais e estaduais, diretamente atuantes na esfera dos direitos humanos, entre as quais Secretários de Justiça e de Segurança Pública, membros do Ministério Público, advogados, comandantes e oficiais das Polícias Militares. Aumentaram, por outro lado, os esforços internos para divulgar os mecanismos da ONU, para trazer à interlocução com o Governo as ONGs ainda refratárias, para responder a todas as comunicações dos relatores da CDH. Buscou-se estabelecer, para esse fim, um sistema de consulta e informação sobre incidentes

---

16. Em discurso feito em Brasília em 3 de novembro de 1993, na sessão de abertura de seminário sobre "Os Direitos Humanos após Viena: a incorporação das normas internacionais de proteção ao direito brasileiro", o Chanceler Celso Amorim assinalou que: "[...] o Brasil dialoga com todos os órgãos competentes da comunidade internacional, com ONGs e com governos estrangeiros. Não nos recusamos à prestação de informações e esclarecimentos a quem quer que atue com ânimo construtivo e atitude respeitosa. Esperamos, porém, que a recíproca seja verdadeira: que os interlocutores aprendam nossos problemas, atentando adequadamente para sua complexidade. E que saibam reconhecer os esforços desenvolvidos num quadro de marcadas dificuldades" (texto datilografado).

específicos de violações, envolvendo o Itamaraty, o Ministério da Justiça e a Procuradoria Geral da República[17].

Na CDH, com o respaldo da transparência e da disposição para o diálogo praticadas no âmbito interno, o Brasil passou a valorizar mais claramente o trabalho de todos os relatores, inclusive os designados para monitorar países específicos, orientando os votos nas resoluções pertinentes pelo conteúdo e recomendações dos respectivos relatórios. Da posição negativa do período 1978-1985, e da abstenção quase metódica da fase 1985-1990, a atuação brasileira evoluiu, portanto, para posições mais objetivas. Estas levam em conta, sim, os aspectos políticos e a forma de condução de cada caso – muitas vezes "politizada" no sentido nefasto apontado no capítulo anterior –, atentando sempre, porém, para a efetiva situação do país em consideração, conforme observada pelo relator correspondente. Quanto aos relatores temáticos, o Brasil não somente aprofundou o diálogo já previamente mantido com aqueles existentes, mas também passou a atuar diretamente nas negociações para o estabelecimento de outros, co-patrocinando resoluções sobre novos temas particularmente relevantes a serem monitorados. Este foi o caso, por exemplo, dos relatores especiais para as formas contemporâneas de racismo e xenofobia, e para a violência contra a mulher, criados, respectivamente, em 1993 e 1994. Em janeiro de 1992, por outro lado, em demonstração inequívoca de transparência, o Brasil acolheu o Relator Especial para Venda de Crianças e Prostituição Infantil, que visitou, conforme sua livre escolha, Brasília, Porto Alegre, São Paulo, Rio de Janeiro, Salvador e Recife. Em todas as localidades visitadas gozou o Relator de total liberdade para a realização dos contactos necessários ao exercício de seu mandato.

A propósito da fase atual da política brasileira de direitos humanos, iniciada em 1991, é importante notar que o processo de *impeachment* presidencial, longe de afetá-la negativamente, fortaleceu-a. Se, por um lado, os escândalos de corrupção envolvendo altos escalões chocavam e mobilizavam a opinião pública ao longo de 1992, a firmeza demonstrada pelas instituições democráticas, desde o primeiro momento até o desenlace do processo, assegurou, sem sobressaltos, a continuidade e o aprofundamento das iniciativas internas e externas. Foi assim que, ao abrir o debate geral da XLVII Sessão da Assembléia Geral da ONU, pôde o Chanceler Celso Lafer referir-se, com dignidade e justeza, aos resultados con-

---

17. Sobre as deficiências desse sistema, v. a seguir "A Falácia das 'Prestações Negativas' ".

quistados pela Conferência das Nações Unidas sobre Meio Ambiente e Desenvolvimento, manifestando a esperança de que o "espírito do Rio" viesse a inspirar a atuação multilateral em outras áreas. E explicitando, mais uma vez, a atual política brasileira de direitos humanos, disse ele:

> O aperfeiçoamento da cooperação internacional para o tratamento adequado e eficaz de temas globais, como os de caráter humanitário e ecológico, é objetivo que deve ser buscado dentro de parâmetros compatíveis com os princípios básicos do Direito Internacional, entre os quais se destaca o respeito à soberania dos Estados.
>
> No campo dos direitos humanos, desenvolve-se, felizmente, uma nova percepção da necessidade de proteção especial aos grupos mais vulneráveis em cada país. As minorias culturais, religiosas e étnicas, as crianças, os refugiados, os imigrantes são grupos freqüentemente expostos à intolerância e ao desrespeito de seus direitos mais elementares.
>
> Aqui, principalmente, devemos preocupar-nos em encurtar ao máximo a distância que separa o realizável do desejável. [...] A fruição plena dos direitos individuais requer condições objetivas de organização econômica e social, alicerçadas na idéia de justiça.
>
> A realização, em 1993, da Conferência Mundial sobre os Direitos Humanos, assim como a da projetada Cúpula Mundial sobre Desenvolvimento Social, serão oportunidades para reforçar a proteção e a promoção da dignidade do ser humano.
>
> O Governo brasileiro empenha todos os esforços a seu alcance em defesa e na promoção dos direitos humanos. Mantemos diálogo aberto com as organizações internacionais, governamentais e não-governamentais, e aderimos aos principais instrumentos convencionais que regulam a matéria.
>
> Para que tenhamos êxito em nossos propósitos, necessitamos da cooperação internacional construtiva [...]
>
> [...] A nova sociedade internacional que desejamos construir não pode conviver com a marginalidade de povos inteiros, assim como nossos países não podem conviver com a marginalidade de parte de suas populações[18].

Em capítulos anteriores já vimos como a política transparente e cooperativa do Governo brasileiro, no país e no exterior, teve um reconhecimento extraordinário na Conferência de Viena de 1993, ao ser o Brasil unanimemente escolhido – sem se haver para isso candidatado – para a Presidência do Comitê de Redação, na pessoa do Embaixador Gilberto Sabóia. Já vimos, também, como a atuação do Embaixador Sabóia foi, inclusive, determinante para que a Conferência pudesse recomendar à Assembléia Geral "a consideração da questão do estabelecimento de um Alto Comissário para

---

18. Discurso pronunciado em inglês, em Nova York, em 21 de setembro de 1992. Versão datilografada em português distribuída no mesmo dia, pp. 10-12.

os Direitos Humanos"[19]. O que ainda não foi dito, e merece sê-lo, é que também na XLVIII Sessão da Assembléia Geral, em novembro de 1993, a atuação do Brasil em apoio à recomendação de Viena – revertendo a posição negativa antes adotada sobre a matéria – foi importantíssima nas negociações que levaram ao efetivo estabelecimento do Alto Comissário e ao mandato não-seletivo, não-intrusivo, abrangente e construtivo a ele atribuído.

Não podemos, entretanto, deixar-nos levar pelo entusiasmo em vista dos êxitos diplomáticos que o Brasil tem obtido. Os problemas de direitos humanos existentes no país são sérios e complexos – e serão abordados no capítulo subseqüente. Não devemos, tampouco, imaginar que sejam insolúveis ou sequer mais dramáticos do que os verificados em países de características semelhantes. A liberdade de que dispomos e o pleno funcionamento de nossos direitos políticos são instrumentos fundamentais para enfrentá-los.

O próprio fato de os problemas brasileiros de direitos humanos serem tão visados na imprensa e entre organizações estrangeiras denota um significado positivo, que pode escapar à primeira leitura: a vitalidade, a consciência participativa e a capacidade de comunicação articulada de nossa sociedade.

Na década de 1980, quando os relatores temáticos e específicos concentravam suas atenções em situações da América Latina, prevalecia no grupo latino-americano em Genebra a impressão de que a Comissão dos Direitos Humanos teria inclinações "antilatino-americanistas". Não há dúvida de que, sendo a América Latina uma criação histórica da Europa – com outras contribuições importantes – traduzida nas línguas, nos costumes e nas instituições predominantes, é ela mais estreitamente observada, em matéria de direitos humanos, do que as demais áreas em desenvolvimento, de tradições culturais não-ocidentais. A melhor interpretação para o acúmulo de comunicações sobre países latino-americanos na CDH, contudo, foi verbalizada por delegada portuguesa, na 44ª Sessão, em 1988: a concentração se dá, provavelmente, porque os povos da região conhecem, mais do que os dos outros países em desenvolvimento, seus direitos fundamentais e a maquinaria internacional existente para tais direitos[20]. Sem ignorar ou desacreditar a real

---

19. V. *supra* "O Significado Político da Conferência de Viena sobre Direitos Humanos".

20. A intervenção da delegada de Portugal Ana Martins Gomes dizia, no original: "Indeed this is so because the peoples of Latin America are probably more aware than many others of their basic rights and of the international machinery provided to address the cases affecting them. Paradoxically, this can be seen as a demonstration of the vitality of public opinion in Latin American societies" (Genebra, 16 de fevereiro de 1988, texto datilografado).

gravidade das violações registradas no Brasil, é evidente que essa explicação se aplica ao caso brasileiro. Ao abrir o debate geral da XLVIII Sessão da Assembléia Geral das Nações Unidas, o Chanceler Celso Amorim descreveu, objetiva e francamente, a política e as dificuldades do Brasil na esfera dos direitos humanos na fase em que vivemos:

> Ainda ecoam em nossos ouvido – e os mais importantes formadores de opinião do mundo não deixaram de registrá-la – a retumbante campanha popular que, em perfeita sintonia com os Poderes Legislativo e Judiciário brasileiros, conduziu ao *impeachment* de um Presidente da República. Por um movimento exclusivamente interno, nascido e desenvolvido no povo brasileiro e em seus representantes legítimos e com a ajuda de uma imprensa que soube fazer valer com coragem e audácia a liberdade que voltara a desfrutar, após duas décadas de autoritarismo, deu-se uma lição de civismo raras vezes vista, fazendo-se uso de um instituto jurídico que, embora existente em outros países, jamais fora aplicado, como agora, às últimas conseqüências.
>
> [...] O Governo e a sociedade brasileiros estão conscientes de que as difíceis questões que enfrentamos na área de Direitos Humanos estão profundamente vinculadas com os desequilíbrios sociais herdados de décadas de insensibilidade ancorada no autoritarismo. Democracia, Direitos Humanos e Desenvolvimento formam uma tríade indissolúvel. [...]
>
> Bem sabemos, contudo, que os problemas da área de Direitos Humanos – e os recentes incidentes que chocaram a sociedade brasileira e o mundo o comprovam – não podem aguardar que o desenvolvimento se consolide e o bem-estar se generalize. Ao mesmo tempo que baseamos solucioná-los, de forma radical, *i.e.*, atacando suas raízes sociais e econômicas, há que cuidar de seus aspectos mais imediatos. [...]
>
> A transparência nas decisões e ações do Governo constitui importante aspecto da política brasileira. Tal transparência se manifesta, inclusive, no diálogo fluido e cooperativo que mantemos com os segmentos e organizações da sociedade dedicados à luta pela observância dos direitos humanos no país. Tal abertura e o ânimo construtivo não se limitam, aliás, às nossas fronteiras. Buscamos e mantemos cooperação sobre as questões de direitos humanos com os demais países, as organizações intergovernamentais e não-governamentais e com eles criamos, na base do respeito mútuo, novas formas de ação em defesa do Estado de Direito e em favor da proteção adequada dos direitos humanos.
>
> Não ignoramos que a impunidade é o calcanhar de Aquiles de qualquer política que vise à plena instauração dos direitos humanos e à eliminação da violência [...]
>
> [...] Foi para o Brasil uma honra e um desafio a indicação feita pela comunidade internacional para que presidíssemos o Comitê de Redação da Conferência e foi com imensa satisfação que demos nossa contribuição para que o consenso de Viena se expressasse no nível mais alto e democrático...[21]

---

21. Discurso pronunciado em inglês, em Nova York, em 27 de setembro de 1993. Versão datilografada em português distribuída no mesmo dia. pp. 2-5.

Ao longo dos mais de quinze anos de participação na Comissão dos Direitos Humanos, a atuação do Brasil evoluiu de posições defensivas para a de pleno reconhecimento da legitimidade do sistema internacional de proteção; da atividade prioritária no trabalho de estabelecimento de normas para o apoio à criação de instrumentos efetivos de controle. Se no passado a atuação era motivada por razões acautelatórias, hoje ela é movida essencialmente pela ética. Não tendo inimigos para desmerecer ou agredir, nem razões para ocultar os problemas nacionais, o Brasil democrático valoriza e coopera com os mecanismos internacionais de supervisão, ciente de que eles apresentarão denúncias e recomendações sobre sua própria situação. E assim o faz por compreender que o sistema internacional de proteção aos direitos humanos pode ser um importante adjutório para a correção dos problemas internos.

7. A Falácia das "Prestações Negativas"

> *Il y aura donc tension permanente entre la signification universellement politique des "droits de l'homme" et le fait que leur énoncé laisse entièrement à la "pratique", à la "lutte", au "conflit social" le soin de faire exister une "politique des droits de l'homme".*
>
> ETIENNE BALIBAR[1]

É fato notório que os direitos humanos se foram afirmando ao longo da história em luta que se iniciou dos indivíduos contra o Estado. Germinada na Revolução Parlamentar Inglesa, materializada na Independência Americana e internacionalizada pela Revolução Francesa, a transformação dos Estados absolutistas do Ocidente em Estados de Direito, na linha postulada por Locke, deu-se, no século XVIII, através da conquista dos direitos civis e políticos, considerados, assim, "de primeira geração". Somente a partir do século XIX os embates sociais da Revolução Industrial começaram a produzir a noção de outros direitos, econômicos e sociais, "de segunda geração", fortalecida com a Revolução Russa de 1917 e traduzida em políticas do Ocidente pelo *Welfare State*.

Na Declaração Universal dos Direitos Humanos de 1948 os direitos "de primeira e de segunda geração" encontram-se consignados sem qualquer indicação de hierarquia. É no campo da teoria, a respaldar diferentes posturas político-ideológicas, que

---

1. Etienne Balibar, *Les frontières de la démocratie*, Paris, La Découverte, ̃92, p. 138.

se debate a preeminência de um grupo de direitos sobre os demais. E o debate tende a acirrar-se ainda mais com a irrupção, a partir do reconhecimento do direito dos povos à autodeterminação nos dois grandes pactos da ONU – o Pacto Internacional de Direitos Civis e Políticos e o Pacto Internacional de Direitos Econômicos, Sociais e Culturais – de uma nova categoria de direitos, coletivos, "de terceira geração".

A noção de que apenas os direitos civis e políticos constituem direitos fundamentais, defendida, até recentemente, pelas democracias liberais do Primeiro Mundo, advém de leitura ideológica, para não dizer simplista, das formulações lockeanas. Reagindo ao "Estado Leviatã" de Thomas Hobbes, John Locke também recorreu à idéia do contrato social, pela qual os homens ter-se-iam congregado em sociedades organizadas – o Estado – para proteger-se dos riscos inerentes ao "estado da natureza". Para Locke, porém, os homens não atribuem poderes ilimitados ao Estado ou ao soberano, reservando-se, ao contrário, alguns direitos fundamentais – à vida, à liberdade e à propriedade. Como a intromissão do Estado em tais direitos configuraria violação dos poderes a ele conferidos, eles seriam "direitos negativos", realizáveis pela simples abstenção, ou autocontenção, das autoridades estatais[2].

Até mesmo em termos estritamente lockeanos essa leitura é simplista e ideológica. Como explica Norberto Bobbio claramente, Locke visualizava o estado civil como uma criação contratual dos homens não apenas para evitar o "estado de guerra", mas também para a *proteção* dos "direitos naturais fundamentais"[3]. Tal proteção, logicamente, não pode ser assegurada pela abstenção. Ela exige, ao contrário, ação efetiva *ou prestação positiva,* seja para defender os indivíduos de agressões externas, seja para garantir a paz interna e a segurança pública. Conforme argumenta o próprio filósofo no *Segundo Tratado sobre o Governo:* "Onde não existe mais administração de justiça, para assegurar os Direitos dos Homens... certamente não há mais Governo"[4]. Se a prestação positiva é necessária para os três direitos

---

2. P. H. Kooijmans, "Human Rights: Universal Panacea?", in *Netherlands International Law Review*, Dordrecht, Martinus Nijhoff Publishers, 1990, pp. 317-318; James W. Nickel, *Making Sense of Human Rights*, Berkelet, 1987, University of California Press, p.14. Ambos refutam a noção de direitos negativos.
3. Noberto Bobbio, *Direito e Estado no Pensamento de Emanuel Kant*, Brasília, Editora Universidade de Brasília, 1984, pp. 37-41.
4. Minha tradução. A citação, em inglês, é feita por Jack Donnelly, *Universal Human Right in Theory & Practice*, Ithaca, Cornell University Press, 1993, p.

fundamentais lockeanos – à vida, à liberdade e à propriedade –, ela o é *a fortiori* para os demais direitos "de primeira geração", civis e políticos, entronizados na Declaração de 48. Basta lembrar, nesse sentido, os custos e os esforços materiais imprescindíveis para a realização de eleições universais, livres e justas, particularmente em sociedades democráticas e pluralistas de grandes dimensões e composição heterogênea.

Ainda hoje é voz corrente em meios acadêmicos, e na própria ONU, a interpretação de que os direitos humanos "de primeira geração" são mais facilmente realizáveis do que os demais por exigirem do Estado apenas *prestações negativas*: bastaria aos governos não censurar, não reprimir, não torturar e não discriminar para que os direitos e liberdades civis e políticos fossem observados. Apenas para os direitos "de segunda geração", econômicos, sociais e culturais, seria necessária a prestação estatal positiva. A partir dessa premissa enganosa é fácil chegar-se à conclusão falaciosa de que os direitos civis e políticos seriam "de aplicação imediata", a critério tão-somente da vontade dos governos, independentemente de esforços e investimentos, enquanto os de "segunda geração" são de realização progressiva, envolvendo custos substantivos.

Foi esse tipo de postura, utilizada *à outrance* no período da Guerra Fria, que ocasionou o tratamento jurídico dos direitos humanos da Declaração Universal em dois Pactos distintos, ao invés de um único. Reforçavam a argumentação em prol da separação outras interpretações igualmente ideológicas: de que os direitos civis e políticos são jurisdicionados, enquanto os demais não o são; de que os primeiros são individuais e os segundos coletivos; de que os primeiros são mais facilmente monitoráveis por um comitê, através do exame de queixas, enquanto os segundos são meramente programáticos. Todos esses argumentos acham-se hoje ultrapassados em termos doutrinários. A possibilidade de "cobrança judicial" não é elemento essencial para a caracterização de um direito[5]. Cançado Trindade ressalta que a

---

100. Donnelly mostra, inclusive, como é possível, com argumentos lockeanos, qualificar o direito à propriedade defendido por Locke como um direito passível de restrições em vista do bem comum.

5. Se assim o fosse, vários dos direitos estabelecidos em nossa Constituição de 88 não seriam direitos, dada a falta de legislação complementar para tipificar e apenar sua violação. Como diz Kooijmans: "One speaks of a right if there is a holder of the right, if the right can be objectified, can be expressed in terms of a claim, and if there is someone who is put under an obligation by that right. Judicial enforcement is not a necessary element in the concept of rights, and if we

"justiciabilidade formal" é tida como atributo indispensável dos direitos apenas no pensamento positivista. No direito internacional dos direitos humanos mais importante para sua aplicabilidade é a existência de um sistema de supervisão sobre os Estados para controlar seu cumprimento[6]. Os direitos civis e políticos, por sua vez, têm simultaneamente dimensões individuais e coletivas. Elas se tornam evidentes quando se trata, por exemplo, dos direitos das minorias. Kooijmans observa que: "Não é o índio, individualmente, que exige o reconhecimento de seu direito derivado do fato de pertencer ao grupo, mas a coletividade indígena em seu conjunto"[7]. As atitudes vigorosas dos governos e acadêmicos ocidentais quando se trata, no exterior, da defesa dos direitos de algumas minorias, como as populações indígenas ou certas comunidades étnicas e religiosas discriminadas, confirmam que, pelo menos nesses casos, não parece haver dúvidas quanto à dimensão coletiva dos direitos "de primeira geração".

Por todas essas razões as resoluções da ONU salientam invariavelmente que todos os direitos humanos são indivisíveis e interdependentes. Mais ainda, a Declaração de Viena, da Conferência Mundial de 1993, assinala: "Todos os direitos humanos são universais, indivisíveis, interdependentes e inter-relacionados. A comunidade internacional deve tratar os direitos humanos globalmente de maneira justa e equitativa, em pé de igualdade e com a mesma ênfase" (Artigo 5º). Quanto ao monitoramento, desde 1987 o Conselho Econômico e Social (ECOSOC) das Nações Unidas estabeleceu um Comitê sobre os Direitos Econômicos, Sociais e Culturais para acompanhar a implementação do Pacto respectivo, assemelhado na composição e na maneira de atuar ao Comitê dos Direitos Humanos, que supervisiona o Pacto de Direitos Civis e Políticos[8].

---

take respect for human dignity and the opportunity to develop oneself as a human being as the core of the concept of human rights, then there is no reason why economic and social rights should not be included in the category of human rights" (P. H. Kooijmans, *op. cit.*, p. 320).

6. Antônio Augusto Cançado Trindade, "A Implementação do Direito a um Meio Ambiente Sadio no Direito Internacional", p. 64, in *Boletim da Sociedade Brasileira de Direito Internacional*, Brasília, Ano XLV, n. 77/78, janeiro/março de 1992, pp. 63-75.

7. P. H. Kooijmans, *op. cit.*, p. 324. Minha tradução.

8. A própria denominação dos órgãos de acompanhamento dos Pactos é discriminatória em favor dos direitos "de primeira geração": o do Pacto de Direitos Civis e Políticos é o Comitê dos *Direitos Humanos*; o do Pacto de Direitos Econômicos, Sociais e Culturais é o Comitê dos Direitos Econômicos, Sociais e Culturais.

Politicamente é compreensível que, na competição Leste-Oeste do mundo bipolar da Guerra Fria, os ocidentais insistissem tanto na noção de "direitos fundamentais", "de primeira geração", realizáveis por simples prestação negativa de parte dos Estados. Afinal, os direitos humanos estavam no cerne da rivalidade ideológica entre o liberalismo capitalista e o comunismo. Os países do "socialismo real" justificavam, com respaldo nos textos de Marx, a falta de liberdades e direitos civis e políticos – embora nunca a reconhecessem – pela necessidade de antes fazer valerem os direitos econômicos e sociais. Os verdadeiros direitos, não-"burgueses", seriam gerados de forma autêntica com a construção de novas relações de produção pelo proletariado. E, embora sem esse embasamento ideológico, a mesma justificativa para a repressão aos direitos civis e políticos era apresentada por governos ditatoriais de todos os quadrantes e matizes, inclusive os que se haviam imposto na América Latina e alhures para "enfrentar o comunismo e salvar a democracia".

De tanto baterem na mesma tecla, contudo, os governos ocidentais a ela se acostumaram em demasia. Por mais que a teoria tenha reconhecido a incorreção da idéia, a ONU tenha vencido as resistências simplificadoras e a situação internacional se tenha modificado na década de 90, a noção de "direitos negativos" ainda tende a orientar a atuação de alguns governos e ONGs de países ocidentais desenvolvidos, como se o mundo atual ainda fosse dividido em dois grandes blocos antagônicos: um democrático, liberal e individualista e outro ditatorial, totalitário e coletivista. E isso se verifica ao tratarem de direitos humanos tanto nos foros multilaterais quanto nas relações bilaterais. O Ocidente desenvolvido parece, assim, desconsiderar o fato de que, atualmente, seus interlocutores de outras regiões são majoritariamente governos democráticos e liberais. Pior ainda, aparenta ignorar o sensível crescimento das violações de direitos humanos de grupos específicos dentro de suas próprias sociedades.

A grande conquista da época presente – em nossa parte do mundo, ocidental e periférica, mais do que no Leste europeu, tão cheio de conflitos, separatismos e outros fatores de instabilidade – consiste precisamente na democratização política. Salvo raras exceções, e algumas reversões indesejáveis, a América Latina toda é hoje uma vasta região liberal, com regimes formalmente tão democráticos quanto os das mais antigas democracias. Se os direitos civis e políticos dependessem apenas de regulamentação jurídica e de prestação negativa pelo Estado, estariam eles sendo amplamente observados em nossas sociedades.

Ninguém tem dúvidas sobre a necessidade de prestação positiva pelo Estado para que sejam alcançados os direitos econômicos e sociais. A situação latino-americana em geral, e brasileira em particular, evidencia, porém, que a prestação positiva é também essencial para a observância dos direitos "de primeira geração", a começar pelos mais elementares de todos: à vida, à liberdade e à segurança pessoal, estabelecidos no Artigo 3º da Declaração Universal.

Com a adesão aos dois Pactos Internacionais da ONU, assim como ao "Pacto de São José" no âmbito da OEA, em 1992, e havendo anteriormente ratificado todos os instrumentos jurídicos internacionais significativos sobre a matéria, o Brasil já cumpriu praticamente todas as formalidades externas necessárias a sua integração ao sistema internacional de proteção aos direitos humanos. Internamente, por outro lado, as garantias aos amplos direitos entronizados na Constituição de 1988, não-passíveis de emendas e, ainda, extensivas a outros decorrentes de tratados de que o país seja parte, asseguram a disposição de Estado democrático brasileiro de conformar-se plenamente às obrigações internacionais por ele contraídas.

É fato que, em algumas áreas específicas, a legislação complementar interna se faz esperar, às vezes com excessiva delonga, como é o caso da tipificação do crime da tortura. Havendo a Constituição de 1988 caracterizado a tortura como crime inafiançável e insuscetível de graça ou anistia, e apesar da existência no Congresso de mais de um projeto para tipificá-lo, a prática criminosa, amplamente disseminada, ainda não é contemplada em nossa legislação penal. Os torturadores, quando processados, por "maus tratos", recebem geralmente penas irrisórias. A situação neste caso é constrangedora porque, ao ratificar a Convenção contra a Tortura e Outros Tratamentos e Punições Cruéis, Desumanos e Degradantes, os Estados se comprometem, pelo Artigo 2º, a "tomar medidas efetivas legislativas, administrativas, judiciais e outras para prevenir atos de tortura no território sob sua jurisdição". E, diferentemente do que se poderia alegar com as dificuldades de ordem prática para a erradicação concreta das violações de direitos humanos no país, a tipificação do crime da tortura não requer meios materiais, nem o aprimoramento das condições sociais.

Não é, porém, na esfera da legislação que se encontram as verdadeiras dificuldades brasileiras perante a comunidade internacional.

A FALÁCIA DAS "PRESTAÇÕES NEGATIVAS"

Superada a herança de suspicácia e antagonismos recíprocos entre Governo e ONGs do regime militar, as autoridades brasileiras e a sociedade civil, hoje cientes de que perseguem os mesmos objetivos, vêm mantendo diálogo fluido e constante, de que é exemplo eloqüente o foro misto estabelecido pelo Ministério da Justiça, desde a Conferência de Viena de 1993, para a formulação de uma agenda comum para os direitos humanos. A mesma desconfiança antes existente com relação ao monitoramento internacional pelos órgãos legítimos do sistema das Nações Unidas se encontra ultrapassada pela adesão do Brasil aos Pactos e Convenções, assim como pelo esforço diuturnamente realizado pelo Itamaraty para responder às comunicações dos relatores e grupos de trabalho.

Alguns dos mais ativos militantes brasileiros da luta pelos direitos humanos reconhecem que poucas vezes como agora, se é que alguma houve no passado, o Governo federal – através do Ministério da Justiça, do Itamaraty e da Procuradoria Geral da República – e alguns governos estaduais estiveram tão empenhados em promover e garantir os direitos humanos "de primeira geração". Ainda assim nossos problemas são imensos. A redemocratização do país foi uma conquista extraordinária para a observância dos direitos políticos e as liberdades civis. Os direitos mais elementares, pessoais e judiciais, para não falar dos econômicos, sociais e culturais, ao contrário, permanecem em situação de grande vulnerabilidade[9].

Para a ONU, e de acordo com o direito internacional, a responsabilidade pelas violações de direitos humanos é, naturalmente, sempre do governo central, ou seja, no caso do Brasil,

---

9. Um dos lutadores pela causa dos direitos humanos que mais tem louvado os esforços do Ministério da Justiça e do Itamaraty é o Professor Paulo Sérgio Pinheiro. É dele a seguinte observação: "Violência, crime e graves violações de direitos humanos se agravaram na democracia e garantem a insegurança da população: os massacres do 42º distrito policial em São Paulo, Carandiru, Vigário Geral, Candelária, Acari são apenas os casos mais emblemáticos. Apesar da defesa do império da lei pelo governo federal, alguns governos estaduais, ministérios públicos federal e estadual, a impunidade campeia. A tortura canta firme em todas as delegacias. O Judiciário é insuficiente. O crime organizado controla parcelas do território nacional. E uma justiça (da polícia) militar para os crimes das PMs, criada em 1974, deixa impunes muitas execuções sumárias iguais às da ditadura. As vítimas agora são os pés-de-chinelo e não-brancos. Não mais nossos melhores amigos e familiares, brancos. [...] Apesar das continuidades e da galeria de horrores, as limitadas mudanças são decisivas. [...] ... no ano passado 54% dos brasileiros declararam, em pesquisa do Datafolha, preferir a democracia – o nível mais alto nos últimos três anos. Só 8% têm saudade de 1964 (há gosto para tudo). Ditadura nunca mais." ("Passado Sempre Presente", *Jornal do Brasil*, 15 de março de 1994).

da União. Nossas leis, por sua vez, atribuem o controle da ordem pública e do sistema penitenciário, assim como a administração de justiça, em quase todos os casos, aos Estados da Federação. Coloca-se o Governo federal, dessa forma, no cerne de um paradoxo: de ter a responsabilidade e não ter os meios legais de agir.

A competência estadual não é fator impeditivo, nem deveria representar dificuldade, para a apuração de responsabilidades e punição dos culpados por violações de direitos humanos. A simples transferência de competências dos Estados ao Governo federal, por sua vez, não asseguraria de per si maiores garantias de justiça. Um adjutório importante talvez fosse a atribuição às instâncias federais de capacidade de *atuação direta complementar*, em cooperação com as instâncias estaduais, sem configurar intervenção, nos casos que envolvem obrigações internacionais. Evitar-se-ia, por esse meio, que a União permaneça praticamente inerme em matéria tão sensível de sua responsabilidade[10].

O episódio do Carandiru é ilustrativo do que se passa na maioria das violações mais graves de direitos humanos observadas no país. Ao tomar conhecimento dos trágicos acontecimentos de 2 de outubro de 1992 na Casa de Detenção de São Paulo, o Governo federal imediatamente empreendeu missões de inspeção e, através do Conselho de Defesa dos Direitos da Pessoa Humana (CDDPH), produziu um dos relatórios mais contundentes jamais escritos sobre o massacre. Não obstante, os responsáveis e executores permanecem impunes, expondo o país, até hoje, a críticas internacionais.

Na falta de um órgão centralizador abrangente, as entidades federais têm dificuldades inclusive para a coleta de informações e a elaboração dos informes periódicos que o Brasil se comprometeu a apresentar aos respectivos comitês quando da adesão aos Pactos e Convenções. As mesmas dificuldades deixam o país em situação delicada perante os mecanismos não-jurídicos de controle da Comissão dos Direitos Humanos das Nações Unidas.

---

10. Ao comentar, em artigo de imprensa, anteprojeto de lei sobre o assunto, tive a oportunidade de assinalar que a atribuição de competências em matéria de direitos humanos à Polícia Federal seria importante: "Não porque se imagine que ela terá meios miraculosos para resolver os problemas existentes, mas para superar um paradoxo persistente em nosso sistema federativo, mais por inércia do que por impedimento constitucional: o de a União ser externamente responsável pela garantia dos direitos humanos, enquanto a competência interna sobre a segurança e os direitos individuais fica por conta dos estados" ("Tortura e Direitos Humanos", *Jornal do Brasil*, 19 de abril de 1994).

Sabe-se, no âmbito federal, com esforço, e geralmente por vias indiretas, de iniciativas adotadas em alguns estados na esfera preventiva e para a apuração de responsabilidades perante a ocorrência de incidentes notórios, como os da Candelária e de Vigário Geral. Às vezes, nem sempre, recebem-se relatos satisfatórios das autoridades diretamente competentes. Raramente, contudo, conseguem os órgãos federais manter-se atualizados sobre o andamento dos processos, e apenas excepcionalmente, quase sempre informado pela imprensa, pode o Itamaraty comunicar à ONU a conclusão judicial de um caso. Se essa situação é comum a respeito dos episódios mais noticiados, mais difícil ainda é a obtenção de providências ou esclarecimentos sobre aqueles de menor repercussão na imprensa, ocorridos em localidades remotas ou obscuras, ou nas periferias das grandes cidades. E esses fatos são também objeto de cobranças pelos órgãos competentes das Nações Unidas.

Numa sociedade democrática, a fruição dos direitos humanos "de primeira geração" depende intimamente da capacidade do Estado, enquanto detentor do "monopólio da força organizada" – na expressão weberiana –, para lidar com a violência social de forma efetiva e não-autoritária[11]. Na ausência de controles eficazes para a criminalidade, a própria noção de direitos humanos corre o risco de ser vulgarmente confundida com a de "direitos para proteger bandidos".

Em estudo sobre o incremento da violência na América Latina redemocratizada, Rodrigo Uprimny analisa o terrível fenômeno do "revanchismo" que se apossa da população e das autoridades ante o crime incontrolado. Dada a ineficiência dos aparatos judiciário e de segurança, a sociedade – ou, mais corretamente, alguns de seus segmentos – recorre a operações de "limpeza social", na forma de grupos de extermínio dirigidos contra indivíduos "desviantes" – entre os quais os meninos de rua. Incita-se à prática de linchamentos de delinqüentes e suspeitos e movimenta-se a opinião pública em favor da adoção de punições cada vez mais severas, como a pena de morte ("com métodos que causem dor e sofrimento", de acordo com proposta feita à Assembléia Constituinte colombiana em 1991). Considera Uprimny não ser mais aceitável como escusa para a inação da sociedade civil perante a violência difusa, em países democráti-

---

11. Rodrigo Uprimny, "Violência, Ordem Democrática e Direitos Humanos", in *Lua Nova – Revista de Cultura e Política*, n. 30, São Paulo, CEDEC, 1993 p. 94.

cos, a tese clássica de que somente o Estado viola direitos humanos, enquanto os cidadãos e organizações não-estatais simplesmente delinqüem. Quanto à postura da esquerda dogmática de que o crime seria uma "manifestação da luta de classes", ela se encontraria ultrapassada, já que são os segmentos desfavorecidos os que mais sofrem com a violência social. Em suas palavras:

... as organizações de direitos humanos devem assumir como um desafio inescapável à reflexão e à ação [...] essas violências mais privadas, tanto as violências de natureza criminal como outras violências privadas não-delinqüentes: agressões contra mulheres e crianças, violência intrafamiliar etc.[12]

Em tal situação, que em termos descritivos parece aproximar-se do "estado da natureza", a prestação positiva para a renovação do contrato social incumbe inegavelmente a todos, por mais que a primeira responsabilidade recaia sobre o Estado. E para viabilizar as prestações imprescindíveis é também importante a cooperação internacional.

O sistema internacional de proteção aos direitos humanos é reconhecidamente complementar aos nacionais, tentando sobre eles influir. Se é válido à ONU, à OEA, a governos estrangeiros e às ONGs mais respeitáveis recomendar ações e formular cobranças a governos democráticos, também é válido que estes governos esperem daquelas organizações e Estados solidariedade e assistência para garantir com maior eficácia os direitos humanos, inclusive os "de primeira geração". É esta a posição que o Brasil vem procurando defender em seu diálogo com o exterior, no nível bilateral e nos foros multilaterais.

É de iniciativa brasileira, trabalhada ao longo de mais de dois anos, a seguinte recomendação da Conferência Mundial de Direitos Humanos:

A Conferência Mundial sobre Direitos Humanos recomenda vigorosamente o estabelecimento de um programa abrangente, no âmbito das Nações Unidas, para ajudar os Estados na tarefa de criar e fortalecer estruturas nacionais adequadas que tenham um impacto direto sobre a observância geral dos direitos

---

12. *Ibid.*, pp. 91-119. É auspicioso notar que as ONGs brasileiras começam a ter de forma clara essa compreensão. São ilustrativas desse fato as declarações de Ivanir dos Santos, Diretor do Centro de Apoio a Populações Marginalizadas – CEAP – do Rio de Janeiro à revista *Proposta*, da FASE: "Eu acho que as nossas ONGs, para sensibilizar as ONGs do Norte e as daqui, precisam começar a discutir a segurança pública. Segurança pública não pode ser uma atribuição só da Polícia, tem que ser da sociedade como um todo ..." (*Proposta*, ano 22, março de 1994, Rio de Janeiro).

humanos e a manutenção do estado de direito. Esse programa, que será coordenado pelo Centro de Direitos Humanos, deverá oferecer, mediante solicitação dos Governos interessados, assistência técnica e financeira a projetos nacionais de reforma de estabelecimentos penais e correcionais, de educação e treinamento de advogados, juízes e forças de segurança em direitos humanos e a projetos em qualquer outra esfera de atividade relacionada ao bom funcionamento da justiça. O programa deve oferecer assistência aos Estados na implementação de planos de ação e na promoção e proteção dos direitos humanos (Parágrafo 69 do Programa de Ação de Viena)[13].

Resta saber, agora, qual será a disposição dos países mais ricos de efetivamente contribuir para que tal programa seja estabelecido. De qualquer forma, tendo em conta o abismo existente entre uma recomendação multilateral e a realidade das relações entre os Estados, assim como o próprio caráter apenas complementar do sistema internacional de proteção aos direitos humanos, é fundamental que não esperemos dádivas improváveis ou sugestões miraculosas de fora.

Retornando ao campo doutrinário, as três gerações de direitos humanos costumam ser relacionadas teoricamente à tríade de valores da Revolução Francesa: Liberdade, Igualdade e Fraternidade. Os direitos "de primeira geração", civis e políticos, seriam direitos da liberdade; os "de segunda geração", econômicos e sociais, direitos da igualdade; os "de terceira geração", direitos da fraternidade ou da solidariedade. Inaugurados pelo direito à autodeterminação estabelecido nos dois Pactos internacionais de direitos humanos, os direitos "de terceira geração" incluem hoje, também, os direitos à paz, ao desenvolvimento, a um meio ambiente saudável e ao usufruto dos bens qualificados como "patrimônio comum da humanidade" – como os fundos oceânicos[14].

Se os direitos "de segunda geração" foram objeto de acirrada oposição até serem finalmente aceitos em nível de equipa-

---

13. Buscou o Brasil, em Viena, em associação com muitos outros, dar maior concreção à recomendação, no parágrafo seguinte, que diz: "A Conferência Mundial de Direitos Humanos solicita ao Secretário Geral das Nações Unidas que submeta à Assembléia Geral alternativas para o estabelecimento, estrutura, modalidades operacionais e financiamento do programa proposto" (Parágrafo 70). Na Assembléia Geral de 93 tal não foi feito, possivelmente pelo curto espaço de tempo decorrido desde a Conferência Mundial. O Brasil vem recordando, ao longo de 94, a necessidade de isso ser feito na 49ª Assembléia.

14. A relação entre o *slogan* da Revolução de 1789 e as "gerações" de direitos vem de Karel Vasak, "A 30-Year Struggle: The Sustained Effort to Give Force of Law to the Universal Declaration of Human Rights", *UNESCO Courier*, nov. 1977, p. 29. É citada *inter alia* por Kooijmans, *op. cit.*, p. 315, e Donnelly, *op. cit.*, pp. 143-144.

ração com os direitos civis e políticos entre os direitos humanos (os Estados Unidos ainda se recusam a fazê-lo), as objeções levantadas aos direitos "de terceira geração" são muito mais fortes. Quase todos os estudiosos do Primeiro Mundo relutam em reconhecer como direitos essas construções internacionais inovadoras. É de notar, nesse sentido, que o próprio Bobbio, tão consciente da natureza histórica de todos os direitos humanos, encara-as como uma categoria "ainda excessivamente heterogênea e vaga, o que nos impede de compreender do que efetivamente se trata"[15].

As resistências doutrinárias à aceitação dessa nova categoria de direitos têm, sem dúvida, respeitável embasamento jurídico. São todos, em princípio, ou à primeira vista, de titularidade exclusivamente coletiva, o que contraria o individualismo em que se baseia a conceituação tradicional dos direitos humanos pela ótica do Ocidente. Não são, tampouco, jurisdicionados – embora passíveis de controle pelo direito internacional. Seus sujeitos passivos, destinatários das obrigações a eles correspondentes, são "indeterminados" – a comunidade internacional ou, na interpretação de Vasak, "todos os centros de poder, qualquer que seja sua natureza jurídica"[16].

Independentemente das resistências teóricas, o fato é, como reconhece Donnelly, que esses novos direitos "chegaram para ficar"[17]. Na observação de Celso Lafer, ao ser consagrado no Artigo 1º dos dois Pactos internacionais de direitos humanos, o direito à autodeterminação dos povos "é concebido como um direito de titularidade coletiva, que se insere como um dos exemplos, pacificamente aceito por todos os Estados, de *jus cogens* no plano internacional"[18].

Quanto ao direito ao desenvolvimento, cumpre sublinhar que sua titularidade, de acordo com a cautelosa redação da Declaração sobre o assunto, aprovada – com alguns votos negativos – pela Assembléia-Geral das Nações Unidas em 1986, seria *in-*

---
15. Norberto Bobbio, *A Era dos Direitos*, Rio de janeiro, Campus, 1992, p. 6.
16. Citado por Kooijmans, *op. cit.*, p. 326. Minha tradução.
17. "Furthermore, the right to development is proceeding steadily through the process of international legal codification and is clearly held to be an internationally recognized human right by a number of states and publicists. Therefore, whatever the merits of the arguments against collective human rights above, it is clear that the language of peoples' rights is here to stay". Jack Donnelly, *op. cit.*, p. 147.
18. Celso Lafer, *A Reconstrução dos Direitos Humanos: um Diálogo com o Pensamento de Hannah Arendt*, São Paulo, Companhia das Letras, 1988, p. 131.

dividual e coletiva. Ela estabelece que: "O direito ao desenvolvimento é um direito humano inalienável, em virtude do qual *toda pessoa humana e todos os povos* têm o direito de ("are entitled to") participar, contribuir e usufruir do desenvolvimento econômico, social, cultural e político, no qual todos os direitos humanos e liberdades fundamentais podem ser realizados" (Artigo 1º, parágrafo 1º). Colocado nesses termos, o direito ao desenvolvimento, mais do que qualquer outro, corresponderia ao verdadeiro *direito de ter direitos*, para pessoas e povos – expandindo, em outro contexto, a expressão de Hannah Arendt a propósito da cidadania[19].

Diferentemente do que já ocorre com o direito à autodeterminação, o direito ao desenvolvimento, assim como os demais "de terceira geração", não está ainda fixado em instrumento internacional de natureza jurídica, não dispondo, pois, de força de obrigação. A Conferência de Viena, não obstante, deu-lhe importante respaldo, no Artigo 10º da Declaração consensualmente adotada, pelo qual se reafirma "o direito ao desenvolvimento, conforme estabelecido na Declaração sobre o Direito ao Desenvolvimento, como um direito universal e inalienável e parte integrante dos direitos humanos fundamentais"[20].

Deixando de lado a caracterização doutrinária mais correta para o direito ao desenvolvimento, assim como a dos demais direitos "de terceira geração", o dado fundamental a ser levado em conta é que *todos* os direitos humanos sempre tiveram, e continuam a ter, função reivindicatória, com vistas à alteração do *status quo*, tanto na esfera internacional, quanto na órbita interna dos Estados. Se os valores aos quais eles dão conteúdo jurídico fossem regularmente obedecidos nas relações intersociais e internacionais, não haveria necessidade de diferenciá-los dos demais direitos de qualquer sistema com a adjetivação des-

---

19. Para Hannah Arendt, a participação em uma comunidade igualitária construída é a condição *sine qua non* para que se possa aspirar ao gozo dos direitos humanos individuais (*The Origins of Totalitarianism*, Nova York, Harcourt Brace Jovanovich, 1973, pp. 299-302). O conceito arendtiano da cidadania como o "direito de ter direitos" é amplamente explicitado por Celso Lafer, para quem, aliás, "... a proposta de Hannah Arendt contém um ideal redistributivo necessário para reduzir, na esfera do privado, as diferenças sociais derivadas da desigualdade econômica à escala do razoável..." (*op. cit.*, p. 152). O direito ao desenvolvimento expande o direito fundamental de ter direitos para a esfera econômico-social, individual e coletiva, em escala mundial.

20. Para uma breve descrição do tratamento dado pela Conferência M... de 1993 ao direito ao desenvolvimento, v. *supra* "O Significado Político...

tinada a realçar sua inerência ao ser humano. Como diz Celso Lafer: "... no processo de asserção histórica dos direitos humanos, aqueles que, na linguagem da ONU, têm sido contemporaneamente denominados direitos de terceira e até mesmo de quarta geração [...], como os das gerações anteriores, têm servido como ponto de apoio para as reivindicações jurídicas dos desprivilegiados"[21].

As resistências teóricas e políticas à aceitação do direito ao desenvolvimento e dos demais direitos "de terceira geração" se vinculam inextricavelmente às resistências encontradas ao reconhecimento dos direitos econômicos e sociais, assim como à noção de que os direitos civis e políticos seriam de *realização imediata*, pela simples *inação ou prestação negativa*.

É fato, sem dúvida, que alguns Estados de sistemas não-liberais procuram deliberadamente confundir o tratamento internacional dos direitos humanos, introduzindo elementos que atrapalham os conceitos estabelecidos e dificultam o monitoramento dos direitos mais facilmente supervisionáveis. Ao longo de toda a Guerra Fria os países do "socialismo real" levavam para a Comissão dos Direitos Humanos todas as suas postulações mais adequadamente discutidas em outros foros, inclusive quanto ao desarmamento, à coexistência pacífica e à boa vizinhança. Tal fato, entretanto, não deve ofuscar a evidência de que as condições econômicas prevalecentes na esfera internacional, longe de auxiliar, dificultam enormemente a realização das prestações positivas necessárias ao pleno cumprimento dos direitos humanos em todos os países em desenvolvimento, inclusive os politicamente mais democráticos. É, portanto, natural e necessário que os países do Terceiro Mundo incluam o tema do desenvolvimento na agenda internacional dos direitos humanos.

Ainda que o direito ao desenvolvimento e quase todos os direitos humanos permaneçam, de modo geral, no reino da utopia, a luta por sua implementação é válida, externa e internamente. Salvo para aqueles Estados e indivíduos a quem a ordem ou desordem vigente se apresenta satisfatória, a tríade da Revolução Francesa e os direitos a ela correspondentes – inclusive os "direitos da fraternidade ou da solidariedade" – são bandeiras que não podem ser abandonadas, tanto na esfera internacional como na nacional.

Para que o Brasil possa cumprir, pelo menos, as obrigações mais fáceis perante o sistema internacional de proteção aos di-

---

21. Celso Lafer, *op. cit.*, p. 131.

reitos humanos – as de informar os órgãos de controle sobre providências tomadas internamente – é necessário que o Estado brasileiro se reorganize. Para que logremos aprimorar o grau de observância efetiva dos direitos civis mais elementares é imprescindível que busquemos realizar, Governo e sociedade civil, nos níveis federal, estadual e municipal, com ou sem apoio externo, por nossos próprios meios, as *prestações positivas* necessárias. Estas envolverão medidas legislativas, administrativas e judiciais, assim como, naturalmente, investimentos – a par do saneamento de instituições aviltadas. É ilusório, porém, imaginar o aprimoramento real da situação dos direitos humanos no país sem o fortalecimento de nossa democracia política, praticada sobre tantas camadas de miséria e privilégios, de forma a abranger também a esfera econômico-social.

8. Os Direitos Humanos no Mundo "Pós-Viena"

> *A mudança histórica não deve ser vista como um caótico processo natural que escapa ao controle dos homens, à maneira de um furacão. Tampouco deve ser comparada a uma peça de teatro, cujo enredo e desenlace são conhecidos pelo autor e pelos atores, e que os espectadores vão descobrindo aos poucos. A metáfora mais apropriada para se entender as lições da experiência histórica é a do labirinto, que articulam um modo de conceber a História que, na vida individual e coletiva, destaca a sua imprevisibilidade, mas não recusa a criativa racionalidade dos homens e dos povos. Esta consiste em apontar, pelo método de aproximações sucessivas, os caminhos bloqueados nos labirintos da convivência coletiva, e em reconhecer que existem saídas e lutar para alcançá-las.*
>
> CELSO LAFER[1]

Tendo iniciado estes escritos, em 1992, com uma menção a Francis Fukuyama[2], e a ele retornado em 1993, ao falar do significado político da Conferência de Viena[3], parece-me natural a ele recorrer, mais uma vez, nestas reflexões conclusivas, até como homenagem "póstuma" a um exercício criticável de otimismo, de longo fôlego e curta vida. Os cinco anos decorridos desde o fim da Guerra Fria e da publicação do "The End of History?" pela revista *The National Interest*, em 1989, transfor-

---

1. Celso Lafer, Discurso na sessão de abertura da XLVII Assembléia-Geral das Nações Unidas, Nova York, 21 de setembro de 1992. Texto datilografado.
2. V. supra "Os Direitos Humanos como Tema Global".
3. V. *supra* Cap. 2.

maram de tal maneira a realidade internacional que o triunfalismo por ele disseminado no Primeiro Mundo, embora mitigado no livro de 1992[4], mais do que soar obsoleto, tem hoje ares de elegia, quase perdida na memória.

A continuação das guerras por ele prevista para países periféricos e subdesenvolvidos alcançou o continente europeu, totalmente redemocratizado, e neste se vem eternizando. Se é fato que as batalhas se desenrolam nos teatros, menos desenvolvidos e mais distantes, dos Bálcãs e de ex-Repúblicas Soviéticas, a incapacidade das nações supostamente "pós-históricas" para resolvê-las, apesar das ameaças e efeitos paralelos que lhes trazem, é patente.

Na esfera econômica, a "ética do mercado", longe de garantir a prosperidade e a estabilidade esperadas nas democracias capitalistas desenvolvidas, implantou a crise, particularmente na forma de um desemprego assustador – 25% na Espanha e cifras igualmente desconcertantes em outros países da União Européia – no seio da comunidade que se imaginava o modelo de organização associativa do futuro. As "guerras comerciais" entre os Estados Unidos e o Japão e entre os Estados Unidos e a Europa evidenciam que a riqueza e o liberalismo político não são suficientes para assegurar a harmonia e o pleno emprego das democracias afluentes, vencedoras da Guerra Fria. O protecionismo intra-europeu, associado ao nacionalismo redivivo, ameaça os projetos de integração laboriosamente costurados em Maastricht. O protecionismo do Primeiro Mundo com relação aos países em desenvolvimento mascara-se agora nas acusações de *"dumping* social". E a violência criminal e social assola a única superpotência remanescente em níveis equiparáveis aos do Terceiro Mundo.

Na esfera ideológica a democracia é ainda a única opção válida existente em termos seculares. O fundamentalismo religioso, porém, continua a crescer em todas as partes, e não somente na vertente muçulmana. Também no seio do cristianismo a proliferação de seitas radicais e messiânicas, juntamente com o recrudescimento de um integrismo intransigente, católico e protestante, começam a alterar as próprias noções de liberdades individuais, tão acalentadas como valores ocidentais de escopo universal. E no espectro político, o ambiente se confunde pelo apoio das democracias ao ataque militar de Yeltsin a um Parla-

---

4. Francis Fukuyama, *The End of History and the Last Man*, Nova York, Free Press, 1992.

mento rebelado, mas eleito; pelo crescimento generalizado da direita nacionalista na Europa Ocidental; pela eleição de ex-integrantes dos regimes stalinistas, sem dúvida agora mais moderados, na Europa Central; pelo ressurgimento do fascismo, já no poder na Itália pela via eleitoral; pela emergência – caricata, mas não desprezível – de um Jirinovski na Rússia; pela persistência de bolsões neonazistas na Alemanha e alhures, agravada pela surpreendente revelação de que 24% dos alemães consideram que as idéias de Hitler "não eram tão ruins", segundo pesquisa recentemente divulgada[5]. Isto sem falar das continuadas manifestações de racismo, anti-semitismo e xenofobia do Ocidente.

Ao invés da convergência que se deveria esperar entre os Estados europeus redemocratizados, as forças centrífugas do micronacionalismo exacerbado, que já esfacelaram a unidade territorial de antigos Estados da Europa Central e Oriental, disseminam-se na África, no Iêmen e em muitas outras áreas – com reflexos, felizmente irrisórios ou risíveis, até mesmo no sul do Brasil.

Seja no mundo em desenvolvimento, seja no Ocidente desenvolvido, tanto pela ótica dos fatos, quanto no campo da filosofia, a História não terminou, cabendo ainda à razão humana – conforme as palavras de Celso Lafer na epígrafe – decifrar os caminhos do labirinto por onde o Espírito hegeliano poderá encontrar a saída. Enquanto Fukuyama se vê desautorizado, a miséria, os flagelos naturais e as guerras, já havendo engendrado mais de vinte milhões de refugiados e deslocados, tendem a conferir ainda maior consistência à outra previsão, ominosa, de Jean-Christophe Rufin, em 1991, também mencionada no Cap. 1 deste livro: a de um Primeiro Mundo crescentemente fechado aos "novos bárbaros" do resto da humanidade[6].

Diante desse quadro, é difícil situar a relevância real de um documento internacional da magnitude – e da grandeza – da Declaração de Viena para o melhoramento da situação dos direitos humanos no mundo. Não obstante, a tarefa pode ser tentada.

Como um ano é muito pouco para uma avaliação razoável, o exame será necessariamente tendencial, baseado nas impressões que se podem recolher nesse período tão curto. Ele se li-

---

5. A pesquisa, realizada pelo Instituto Forsa para o semanário *Die Woche*, por ocasião do 50° aniversário do desembarque das forças aliadas na Normandia, apurou também, em contrapartida, que 64% dos alemães consideram a ideologia nazista "falsa e ruim" e a derrota do *III Reich*, "uma libertação" (*Folha de S. Paulo*, Caderno 2, p. 12, 1.6.94).
6. V. *supra* p. 1.

mitará ao trabalho multilateral, que é o campo coberto por estes textos. E porque seria inviável acompanhar todas as situações concretas em escala planetária.

Dois importantes acontecimentos históricos do período, pelo menos, são alvissareiros, para a paz e para os direitos humanos: os acordos entre Israel e a Organização para a Liberação da Palestina (OLP), e o fim do *apartheid* na África do Sul, concretizado na posse de Nelson Mandela como Presidente de uma nação unificada, em 9 de maio de 1994.

Sem pretender ser exaustivo, é possível acompanhar o desenvolvimento que tiveram no ano transcorrido algumas das recomendações e os avanços conceituais mais significativos da Conferência de Viena.

8.1. AS RECOMENDAÇÕES DE VIENA

Os capítulos anteriores já apontaram algumas novidades importantes no campo normativo – como as duas convenções recém-aprovadas pela OEA – e na área dos mecanismos de controle – como os novos relatores estabelecidos pela CDH –, todas as quais reforçam o sistema internacional de proteção dos direitos humanos, objetivo essencial da Conferência Mundial de 1993. Outros dados e recomendações, naturalmente, permanecem ainda pouco definidos, e exigirão desenvolvimento e maturação mais longa e complexa. São estes que o trecho a seguir procurará examinar.

8.1.1. *O Alto Comissário e as Situações de Conflito*

Conforme já registrado no Cap. 2, o posto de Alto Comissário para os Direitos Humanos, recomendado pela Conferência Mundial, foi criado nas Nações Unidas, consensualmente, pela Resolução 48/141 da Assembléia Geral, em 20 de dezembro de 1993. Foi nomeado para o cargo o equatoriano José Ayala Lasso, experiente diplomata que, na função de Representante Permanente de seu país junto à ONU, presidira as negociações para a resolução finalmente adotada sobre a matéria. Havendo tomado posse, em Nova York, em fevereiro de 1994, deslocou-se para Genebra, onde vem procurando definir suas linhas de atuação, todas obviamente pioneiras, com apoio do Centro para os Direitos Humanos das Nações Unidas.

Em discurso pronunciado em maio, Ayala Lasso anunciou a intenção de promover contactos de alto nível com as instit...

ções financeiras e econômicas multilaterais, bem como com Chefes de Estado, para avaliar o impacto dos programas de ajuste estrutural decorrentes da dívida externa sobre a implementação do direito ao desenvolvimento. Os resultados deverão ser apresentados, na forma de relatório, à Comissão dos Direitos Humanos.

A propósito das atividades eventualmente desenvolvidas pelo Alto Comissário para a proteção dos direitos civis e políticos, pouco se sabe até agora (junho de 1994). Uma ação, importante e corajosa, é, porém, conhecida. No apogeu do conflito interétnico de Ruanda, no início de maio, viajou ele a Kigali para inspecionar *in loco* a situação.

Foi a partir de suas conclusões que a Comissão dos Direitos Humanos, reunida em sessão extraordinária, decidiu, *inter alia*: a) designar um relator especial, com mandato de um ano, para investigar a situação dos direitos humanos em Ruanda, inclusive os responsáveis e as causas profundas (*root causes*) das atrocidades; b) solicitar a todos os demais relatores e grupos de trabalho temáticos que cooperem com o relator para Ruanda, acompanhando-o em suas viagens ao país, sempre que necessário; c) determinar que o relatório a ser preparado seja apresentado à Assembléia Geral, ao ECOSOC e ao Conselho de Segurança; d) solicitar ao relator especial que colete informações sobre atos que possam constituir violações do direito internacional humanitário e crimes contra a humanidade, inclusive atos de genocídio; e) pedir ao Alto Comissário que providencie assistência ao relator especial por equipe de monitores que atue em cooperação com a força de paz do Conselho de Segurança – UNAMIR ("United Nations Assistance Mission to Rwanda"); f) apoiar a decisão do Conselho de Segurança de expandir o mandato da UNAMIR de forma a oferecer proteção à população civil e segurança às operações de auxílio humanitário; g) estabelecer a responsabilidade individual de todas as pessoas "que perpetrem ou autorizem violações do direito internacional humanitário", devendo a comunidade internacional "realizar todos os esforços para trazer a julgamento os responsáveis, de acordo com os princípios internacionalmente reconhecidos para um processo justo", observando, contudo, que a responsabilidade primária pelo julgamento dessas pessoas cabe aos sistemas judiciários nacionais.

A crise de Ruanda, assim como a da ex-Iugoslávia, traz à tona, de maneira clara, várias das tendências em curso no tratamento internacional dos direitos humanos, observadas na Con ferência de Viena e por ela abordadas de forma inconclusiva em função das resistências encontradas. São elas:

1. a crescente imbricação entre direitos humanos e direito humanitário

O direito internacional humanitário, que inclui, em sua acepção mais ampla, o direito internacional dos refugiados, tem por motivação e objetivo a proteção aos direitos mais fundamentais, inerentes à pessoa humana, em situações de conflito. Constitui, portanto, em suas duas vertentes, ramos especializados do direito internacional dos direitos humanos[7]. Seus marcos referenciais e suas agências executoras são, porém, distintos daqueles que compõem regularmente o sistema internacional de proteção aos direitos humanos *stricto sensu*.

O direito internacional humanitário, no sentido estrito mais habitual, é regido essencialmente pelas Convenções de Genebra de 1949 e seus Protocolos Adicionais de 1977. Tendo como destinatários as populações civis, os militares feridos, náufragos, doentes e prisioneiros de guerra, sua principal agência é o Comitê Internacional da Cruz Vermelha (CICV). O direito internacional dos refugiados baseia-se fundamentalmente na Convenção sobre a Condição dos Refugiados de 1951 e seu Protocolo de 1967, sendo o Alto Comissariado das Nações Unidas para os Refugiados (ACNUR) o órgão da "família" da ONU com competência primária na matéria.

Embora a CDH e o Comitê Internacional da Cruz Vermelha venham, há anos, atuando em apoio mútuo em situações específicas (a CDH costuma instar os governos respectivos a aceitarem inspeções do CICV, e este, quando pode, faz visitas a presídios e centros de detenção, muitas vezes entrevistando prisioneiros políticos), a atual multiplicação de conflitos e a intensificação das atividades humanitárias internacionais, inclusive de

---

7. Nas palavras de Héctor Gross Espiel: "Este sistema general, que toma al hombre como sujeto de derechos internacionales garantizados, aunque su capacidad procesal sea esencialmente distinta según los diferentes casos y situaciones existentes en el Derecho Internacional de los Derechos Humanos *strictu sensu*, en el Derecho Internacional Humanitario y en el Derecho Internacional de los Refugiados, reposa en principios fundamentales comunes, que informan a las distintas ramas del Derecho Internacional dirigidas a proteger y garantizar derechos de la persona humana". ("Derechos humanos, derecho internacional humanitario y derecho internacional de los refugiados", *in* Christophe Swinarski (org.), *Etudes et essais sur le droit international humanitaire et sur les principes de la Croix Rouge, en l'honneur de Jean Pictet*, C.I.C.R., Martinus Nijhoff, Dordrecht, 1984, p. 703).

organizações não-governamentais, torna cada vez mais necessária uma maior coordenação entre as diversas agências atuantes. Isso é difícil de obter, nas condições presentes, tanto pela autonomia de que gozam – e que defendem arraigadamente – as próprias entidades integrantes do sistema das Nações Unidas, como o Departamento de Assuntos Humanitários e o Alto Comissariado para Refugiados (ACNUR), quanto pelo fato de o Comitê Internacional da Cruz Vermelha – inquestionavelmente ativo e meritório – ser uma instituição suíça, de direito privado. Por essas razões, a Declaração de Viena, no parágrafo 96 do Programa de Ação, simplesmente recomendou "que as Nações Unidas assumam um papel mais ativo na promoção e proteção dos direitos humanos e nas medidas destinadas a garantir a plena observância do direito humanitário internacional em todas as situações de conflito armado, *em conformidade com os propósitos e princípios da Carta*" (grifo meu – na verdade o princípio fundamental que se tinha em mente era o da não-intervenção em assuntos internos, sem o consentimento das partes ou do governo envolvido).

Com relação aos refugiados, a Declaração, no Artigo 23, reconheceu, "...em sintonia com o espírito de solidariedade internacional e com a necessidade de compartilhar responsabilidades", a necessidade de um "planejamento abrangente" para a coordenação de atividades e para a maior cooperação "com países e organizações pertinentes nessa área, levando em consideração o mandato do Alto Comissário das Nações Unidas para os Refugiados", devendo tal planejamento incluir "estratégias que abordem as causas e os efeitos dos movimentos de refugiados e de outras pessoas deslocadas" (causas estas que, sabidamente, englobam as violações maciças de direitos humanos, envolvendo tais estratégias implicações para as soberanias).

Cabe ressaltar, a propósito da crescente imbricação do direito humanitário com os direitos humanos, que a Declaração de Viena, entre as diversas recomendações e disposições conceituais referentes à aplicação das Convenções de Genebra de 1949 e outros instrumentos internacionais pertinentes, reafirmou em termos claros "o direito das vítimas à assistência oferecida por organizações humanitárias" – governamentais ou não-governamentais –, apelando para que "o acesso a essa assistência seja seguro e oportuno" (Artigo 29, terceiro parágrafo). O difícil, como se verá a seguir, é definir regras para sua implementação que não violem as bases em que se assentam as relações e o direito internacionais;

2. *a inevitabilidade da imisção do Conselho de Segurança em questões de direitos humanos "lato sensu" nas situações de conflito*

Em casos específicos, o Conselho de Segurança tem, historicamente, atuado em questões de direitos humanos quando elas configuram ameaça à paz e à segurança internacional. Foi ele que determinou sanções comerciais mandatórias contra a Rodésia, quando da declaração unilateral de independência pelo regime branco de Ian Smith, assim como o embargo de armas à África do Sul aparteísta. Em situação de conflito interno, a ONUSAL – força de paz para El Salvador – foi estabelecida, em acordo com as partes beligerantes, com o mandato precípuo de monitorar os direitos humanos no país, e o tem feito com empenho e eficiência dignos de elogios.

Apesar desses dados, existem fortes reações contrárias à atribuição de qualquer competência ao Conselho de Segurança para agir em questões de direitos humanos. As razões são várias. Conforme observa Gilberto Sabóia, a matéria é de competência da Assembléia Geral, de composição universal – e do ECOSOC, com 54 membros – e sua atribuição ao Conselho de Segurança, de composição reduzida, com enorme ascendência dos cinco membros permanentes, enfraqueceria o órgão político superior da Organização. Por esse e outros motivos, as propostas surgidas na Conferência de Viena com vistas a estabelecer canais diretos de comunicação entre os procedimentos e mecanismos da CDH com o Conselho, ou que implicavam transferência de competência sobre o assunto àquele órgão, foram rejeitadas categoricamente[8]. O máximo que se conseguiu na Declaração foi reconhecer o óbvio, *i.e.*, "o importante papel dos componentes de direitos humanos em arranjos específicos concernentes a operações de manutenção de paz das Nações Unidas", recomendando-se ao Secretário Geral "que leve em consideração os relatórios, a experiência e as capacidades do Centro para os Direitos Humanos e dos mecanismos de direitos humanos, em conformidade com a Carta das Nações Unidas" (parágrafo 97 do Programa de Ação).

Do emaranhado de argumentos contrários à atuação do Conselho de Segurança na esfera em questão, o elemento essencial é, sem dúvida, a preocupação com a soberania. Num período em que o Conselho vem multiplicando, com forma e freqüência

---

8. Gilberto Vergne Sabóia, "Um Improvável Consenso: a Conferência Mundial de Direitos Humanos e o Brasil", p. 16, *Política Externa*, vol. 2, n. 3, dez. 1993, Paz e Terra, pp. 3-18.

inéditas – e resultados questionáveis – suas operações, o maior temor dos países menos poderosos consiste em que o "diretório" dos cinco membros permanentes, com o apoio de alguns outros membros não-permanentes, passe a intervir, contra a vontade dos governos envolvidos, em qualquer situação por ele considerada ameaçadora, no exercício do chamado "dever de ingerência", supostamente humanitário. A experiência histórica da "missão civilizatória" da Europa no resto do mundo dá sólido fundamento a tal temor.

A recente intervenção na Somália, em princípio justificada por todas as razões – até pela inexistência de um governo que a pudesse autorizar ou rejeitar –, acaba de demonstrar a possibilidade de efeitos catastróficos nesse tipo de operação. Por outro lado, não se pode aceitar passivamente que, por motivos principistas – ou receios de que ações empreendidas em situações de anomia e conflito armado possam servir de precedentes para intervenções em tempos de paz –, a ONU se veja impedida de agir em defesa das populações civis afetadas por disputas cruentas de facções domésticas[9].

O assunto é realmente delicado e necessita ser equacionado com urgência, em negociações amplas e democráticas, que permitam ao direito internacional evoluir de forma a acompanhar e orientar a rápida inflexão da realidade contemporânea. Do contrário, a própria credibilidade das Nações Unidas, recuperada com o fim da Guerra Fria, corre o risco de desvanecer-se;

3. a intensificação das exigências de punição internacional para perpetradores de violações maciças de direitos humanos

No Cap. 2 já foram indicadas as razões pelas quais as propostas de constituição de um tribunal internacional para os direitos humanos não chegaram a ser acolhidas na Declaração de Viena. Os horrores praticados na guerra da Bósnia, entre os quais a chamada "limpeza étnica" e o estupro sistemático de mulheres – que, em sua modalidade coletiva, também é uma tática de "purificação nacional"[10] –, já levaram, contudo, a ONU a constituir, por resolução do Conselho de Segurança, uma Cor-

---
9. Cf. *supra* Cap. 3.
10. Além de monstruosa, a "limpeza" ou "purificação étnica" é uma denominação absurda, pois o que diferencia os "nacionais" bósnios dos sérvios e croatas é tão-somente a religião.

te *ad hoc* para o julgamento de violadores de direitos humanos e do direito humanitário naquele conflito.

Embora essa Corte ainda não tenha exercido qualquer função judicial – até porque não conta com réus a ela submetidos e para poder funcionar necessitará da cooperação das partes beligerantes –, as atrocidades em Ruanda vêm inspirando propostas para o estabelecimento de Corte similar para o caso ruandês. As sugestões nesse sentido não foram incluídas na resolução pertinente da CDH, acima resumida. Esta, porém, conforme assinalado, afirmou a responsabilidade individual de todas as pessoas "que perpetrem ou autorizem violações", assim como a necessidade de a comunidade internacional esforçar-se para impedir sua impunidade, com a ressalva de que a responsabilidade primária é dos sistemas judiciários nacionais. O Conselho de Segurança, por sua vez, ao renovar o mandato da força de paz para Ruanda, levou em consideração a resolução da sessão extraordinária da CDH, e mencionou, pela primeira vez, sua preocupação com os indícios de atos de genocídio no país, recordando que "genocídio constitui crime passível de punição pelo direito internacional" (quinto parágrafo preambular da Resolução 925, de 8 de junho de 1994).

Tal como se verifica nas duas outras tendências problemáticas aqui expostas, a dificuldade desta terceira também decorre da preocupação com as soberanias nacionais. Dada a impossibilidade de aceitação de um tribunal internacional com jurisdição universal num mundo desigual e não-democrático, é de prever que, em face da multiplicação de conflitos da atualidade, multipliquem-se igualmente as exigências de julgamento por tribunais internacionais, estabelecidos caso a caso, dos indivíduos responsáveis por chacinas e outros tipos de transgressões maciças aos direitos humanos em sentido lato.

8.1.2. *A Questão do Terrorismo*

A questão do terrorismo era, até recentemente, evitada ou abordada de maneira muito superficial pelos órgãos internacionais competentes em matéria de direitos humanos. Várias razões, de ordem prática e doutrinária, influíam nessa atitude.

Sendo os direitos humanos, essencialmente, a afirmação dos direitos dos indivíduos e coletividades não-políticas com relação ao Estado, historicamente originada da luta contra a arbitrariedade do poder, a Declaração Universal de 1948 reafirmou, em seu preâmbulo, a legitimidade, "como último recurso", da "rebelião contra a tirania e a opressão" (terceiro parágrafo preambular). Ante os desenvolvimentos do processo de descolonização e com o reconhecimento internacional do direito à autodeterminação dos povos sob domínio colonial, as discussões e resoluções da ONU sempre procuraram ressaltar a legitimidade dos movimentos de libertação de territórios colonizados, ocupados em conflitos bélicos e na luta pelo fim do *apartheid*. O assunto nunca chegou a ser consensual, porque, para as potências colonizadoras e ocupantes e os governos de minoria branca na África do Sul e na antiga Rodésia, assim como para seus aliados, esses movimentos eram invariavelmente rotulados de terroristas. O mesmo rótulo era – e tende ainda a ser – utilizado por todos os governos autoritários confrontados por grupos ilegais de oposição, na forma de movimentos guerrilheiros ou "subversivos". A oposição aos regimes autoritários, assim como seus simpatizantes internos e externos, por sua vez, qualificavam – e qualificam – de terroristas os governos combatidos. Nessas condições, até recentemente, os textos da ONU que eventualmente expressassem condenação ao terrorismo invariavelmente incluíam igual condenação ao "terrorismo de Estado".

Com o fim da Guerra Fria, a desativação da maioria dos movimentos de guerrilha, muitos dos quais hoje transformados em partidos legalizados, e a instalação de regimes politicamente democráticos na maioria dos países antes governados por regimes autoritários e totalitários, a utilização do termo tornou-se, em princípio, menos ambígua. Pode-se, hoje, mais claramente qualificar de terroristas os atos de violência indiscriminada como forma de contestação às autoridades constituídas. Pôde, assim, a Conferência de Viena incluir, consensualmente, o terrorismo entre as violações e obstáculos ao pleno exercício dos direitos humanos (Artigo 30), além de recomendar cooperação internacional para o combate ao fenômeno, nos seguintes termos (Artigo 17):

Os atos, métodos e práticas terroristas em todas as suas formas e manifestações [...] são atividades que visam à destruição dos direitos humanos, das liberdades fundamentais e da democracia e que ameaçam a integridade territorial e a segurança dos países, *desestabilizando Governos legitimamente constituídos*. A comunidade internacional deve tomar as medidas necessárias para fortalecer a cooperação na prevenção e combate ao terrorismo [grifo meu].

Desde a Conferência de Viena tem sido mais fácil a adoção de resoluções condenatórias ao terrorismo pelos órgãos multilaterais que lidam com direitos humanos. Embora algumas delegações de países desenvolvidos ocidentais ainda expressem reservas ao tratamento da questão, reiterando a interpretação clássica de que somente os Estados violam direitos humanos, a Assembléia Geral da ONU, a CDH e a Assembléia Geral da OEA, em suas últimas sessões, adotaram, sem voto, resoluções que retomam o tema, intensificando os apelos à cooperação internacional.

Do ponto de vista prático, o monitoramento de movimentos de oposição ilegais pelos mecanismos de controle é, obviamente, muito mais problemático do que o das autoridades constituídas em qualquer Estado. Ainda assim é importante observar que os relatores especiais para países específicos vêm crescentemente procurando cobrir também a atuação de tais movimentos em matéria de direitos humanos – sem pretender, eles ou eu, com isso, qualificá-los como terroristas. O dado é importante *per se*, e pela evolução doutrinária que pode proporcionar.

8.1.3. *Os Direitos da Mulher*

De todas as áreas cobertas pela Declaração de Viena, aquela em que o consenso logrado em 1993 tem-se mantido com maior regularidade diz respeito aos direitos da mulher. Para isso vem contribuindo significativamente o fato de a ONU haver programado para setembro de 1995, em Pequim, a IV Conferência Mundial sobre a Mulher, enquadrada na seqüência de grandes eventos da década para os temas globais da agenda social internacional.

A Declaração de Viena deu grande atenção aos direitos da mulher. O Artigo 18 de sua parte conceitual abriu o caminho para o amplo tratamento acordado ao tema no Programa de Ação, ao afirmar:

> Os direitos humanos das mulheres e das meninas são inalienáveis e constituem parte integral e indivisível dos direitos humanos universais. [...] A violência e todas as formas de abuso e exploração sexual, incluindo o preconceito cultural e o tráfico internacional de pessoas, são incompatíveis com a dignidade e o valor da pessoa humana e devem ser eliminadas. [...] Os direitos humanos das mulheres devem ser parte integrante das atividades das Nações Unidas na área dos direitos humanos...

O maior capítulo do Programa de Ação – do parágrafo 36 ao 44 – tem por título "A igualdade de condições e os direitos humanos das mulheres". Dentre suas inúmeras recomendações, duas já produziram resultados relevantes na esfera normativa e para o controle de violações.

No parágrafo 38 do Programa de Ação a Conferência Mundial recomendava à Assembléia Geral das Nações Unidas que adotasse o projeto de Declaração sobre a Violência contra a Mulher, elaborado em várias sessões anteriores da Comissão sobre a Condição Jurídica e Social da Mulher, órgão subsidiário do ECOSOC de nível equivalente à Comissão dos Direitos Humanos.

Conforme a recomendação de Viena, a XLVIII Sessão da Assembléia Geral adotou, por unanimidade, em 20 de dezembro de 1993, a Resolução 48/104, que proclamou a Declaração. Ela é importante *inter alia* porque define essa modalidade específica de violência, e estabelece o compromisso – é bem verdade que não-jurídico – dos Estados e da comunidade internacional com sua eliminação. Mais abrangente do que o Artigo 1º, que define a violência contra a mulher, essencialmente, como "qualquer ato de violência baseado no gênero", o Artigo 2º estabelece, de maneira não-limitativa, os tipos por ela englobados:

a) violência física, sexual e psicológica na família, inclusive espancamentos, abuso sexual de meninas no lar, violência relacionada a dote, estupro marital, mutilação genital feminina e outras práticas danosas à mulher, violência não-marital e violência relacionada à exploração;
b) violência física, sexual e psicológica no âmbito da comunidade, inclusive estupro, abuso sexual, assédio sexual e intimidação no trabalho, em estabelecimentos educacionais e em outros lugares, tráfico de mulheres e prostituição forçada;
c) violência física, sexual e psicológica perpetrada pelo Estado ou com sua conivência, onde quer que ocorra.

Com essa Declaração, e graças, em parte, à Conferência de Viena, existe agora, portanto, definição legal internacional para a violência de gênero, sabidamente uma das formas de violações de direitos humanos mais recorrentes e abafadas, porque freqüentemente praticada no recesso do lar e nos recintos de trabalho, e dissimuladas pelos costumes. Dentro do sistema interamericano, por outro lado, a OEA aprovou, em junho de 1994, a "Convenção de Belém do Pará" para prevenir, punir e erradicar a violência contra a mulher, conforme já visto no Cap. 5, item 3, *supra*.

Igualmente importante, e sem dúvida impulsionada pela recomendação de Viena nesse sentido (parágrafo 40, *in fine*, do Programa de Ação), foi a recente criação, também consensual, pela Comissão dos Direitos Humanos de um(a) relator(a) temático(a) especial para monitorar o fenômeno da violência contra a mulher em todo o mundo. O novo instrumento de controle é tanto mais significativo porque, estabelecido no âmbito da CDH e equiparado aos demais relatores temáticos, insere plenamente a questão da violência de gênero no sistema internacional de proteção aos direitos humanos. Tendo em conta que propostas anteriores nesse sentido haviam encontrado objeções várias, o consenso obtido na 50ª Sessão da CDH, em 1994, reflete, indubitavelmente, o espírito construtivo alcançado na Conferência Mundial de 1993 sobre a matéria.

Tais fatos auspiciosos da diplomacia multilateral constrastam, entretanto, com a dura realidade enfrentada pelas mulheres, agravada neste período pós-Guerra Fria.

O alastramento da pobreza em todo o mundo tem afetado de forma particularmente perniciosa a população feminina. Com o fim do "socialismo real" no Leste europeu, 70% dos indivíduos que perderam seus empregos são mulheres[11]. Entre os 20 milhões de pessoas refugiadas ou deslocadas de suas regiões de origem pelas guerras e cataclismas naturais, quase 80% são mulheres e crianças[12]. O fundamentalismo islâmico volta a restringir as conquistas gradualmente conseguidas pela população feminina dos países predominantemente muçulmanos em termos de liberação de costumes e participação na vida social, e o recrudescimento do integrismo religioso de todos os credos ameaça o avanço da mulher no objetivo de conseguir plena equiparação de *status* com o homem. Revestem-se, assim, de particular interesse a IV Conferência Mundial sobre a Mulher: Ação para a Igualdade, Desenvolvimento e Paz, a ser realizada em 1995, e a mobilização nacional e internacional por seu processo preparatório.

8.1.4. *O Direito ao Desenvolvimento*

Enquanto as questões dos direitos da mulher e a delicada recomendação sobre o estabelecimento da figura do Alto Comissário das Nações Unidas para os Direitos Humanos têm tido seqüência promissora, pelo menos do ponto de vista da diplomacia multilateral, a do direito ao desenvolvimento continua longe de produzir otimismo.

Após uma retomada positiva do assunto pela Assembléia Geral, que, no espírito de Viena, logrou adotar, pela primeira

---

11. Cifra recolhida da matéria "The War Against Women". U. S. News & World Report, 28 de março, 1994, p. 44.
12. Working Group on Refugee Women and Children, *Discussion Paper*, 15 de abril, 1994, United Nations High Commissioner for Refugees.

vez, uma resolução consensual sobre o tema – a Resolução 48/130, de 20 de dezembro de 1993 –, já na 50ª Sessão da Comissão dos Direitos Humanos, em 1994, o consenso foi rompido. Para tanto contribuíram as posturas maximalistas de alguns países do Movimento Não-Alinhado, as quais ocasionaram, por sua vez, igual intransigência de países desenvolvidos, dissociando-se do texto contemplado.

O Programa de Ação de Viena, além de reafirmar que o "direito universal e inalienável ao desenvolvimento, previsto na Declaração sobre o Direito ao Desenvolvimento, deve ser aplicado e concretizado", acolhia a indicação pela CDH de um Grupo de Trabalho para "formular prontamente, em regime de consultas e cooperação com outros órgãos [...] medidas abrangentes e eficazes para eliminar obstáculos à aplicação" da Declaração de 1986, para "consideração imediata" pela Assembléia Geral (parágrafo 72).

O texto apresentado à consideração da CDH, em Genebra, dando seqüência à recomendação de Viena, de autoria do Movimento dos Não-Alinhados, tradicional iniciador de projetos sobre a matéria, procurava conferir ao Grupo de Trabalho, por insistência de alguns, poucos, países, de orientação mais confrontacionista, o caráter de um "mecanismo permanente de avaliação". No entender dos ocidentais, isso o equipararia aos instrumentos de controle temáticos, existentes para violações de direitos humanos específicos. Como resultado da inflexibilidade de ambos os lados, a Resolução 1994/21, de 1º de março de 1994, a exemplo de todas as precedentes na CDH, foi objeto de votação, e aprovada por 42 a 3, com 8 abstenções.

As posições maximalistas nessa questão, talvez ainda mais do que nas concernentes a direitos humanos definidos há mais tempo, tendem inevitavelmente a ser contraproducentes. Não somente porque o direito ao desenvolvimento ainda está, doutrinariamente, pouco sedimentado, mas, sobretudo, porque afeta, no mundo real, os interesses estabelecidos dos países desenvolvidos – assim como, nas órbitas domésticas, dos segmentos dominantes. E de pouco adianta, em termos práticos, aos principais interessados a adoção de resoluções que não contem com o apoio dos países desenvolvidos, controladores dos meios efetivos para sua implementação.

O grande avanço proporcionado à matéria pela Conferência Mundial foi de ordem conceitual: em Viena, pela primeira vez, a comunidade internacional reconheceu, *consensualmente*, o direito ao desenvolvimento como parte integrante dos direitos humanos, recomendando cooperação para sua implementação[13].

Se, por um lado, o reconhecimento do direito ao desenvolvimento em Viena representou um avanço referencial significativo para os países do Terceiro Mundo, por outro, o que se tem visto na prática, ao longo do ano transcorrido desde a Conferência Mundial, a par do agravamento da crise econômica internacional, são iniciativas bastante diversas daquilo que eles tinham em mente. Dentre elas ressalta a da chamada "cláusula social".

Vinculando os temas do comércio, do desenvolvimento social e dos direitos humanos, a "cláusula social", em discussão para adoção pela Organização Mundial do Comércio, a suceder o GATT com o término das negociações da Rodada Uruguai, permitiria a supressão de preferências comerciais para países ou produtos que não respeitem as normas internacionais existentes nas áreas social e dos direitos humanos, como, por exemplo, bens produzidos com trabalhos forçados, com a utilização de trabalho de crianças, ou sistemas de organização que não respeitem os direitos trabalhistas. Os países desenvolvidos chegam ao ponto de acusar o Terceiro Mundo de fazer "*dumping* social" com suas exportações, uma vez que os salários pagos aos trabalhadores são nitidamente inferiores aos praticados no Primeiro Mundo.

Sem dúvida a preocupação com o desenvolvimento social deve ser prioridade para qualquer governo. Nesse sentido se enquadra, e se justifica amplamente, a decisão das Nações Unidas de convocar uma Cúpula sobre o Desenvolvimento Social em 1995, no conjunto de grandes eventos dedicados aos temas globais. A "cláusula social" e as acusações de *dumping* por salários, nos termos em que têm sido formuladas, são, contudo, absurdas. Não há possibilidade, nas condições existentes, de os países em desenvolvimento, por mais bem-intencionados, remunerarem seus trabalhadores nos mesmos níveis dos países afluentes. Como observa Celso Lafer, "não existe *dumping social* quando num regime democrático as relações de trabalho atendem a um *standard* internacional consagrado no plano interno pela positivação dos direitos econômicos e sociais", com "a tutela da liberdade de associação sindical, do direito de greve, da jornada de trabalho delimitada, do descanso semanal remunerado, das férias, da distinção entre horas extras e horas normais, de mecanismos de seguridade social, da limitação ao trabalho de me-

---

13. V. *supra* Cap. 2.

nores etc., ou seja, basicamente aquilo que vem previsto nas convenções da OIT"[14].

Em situações extremas e mais dramáticas, o trabalho infantil, por menos adequado que seja a padrões internacionais, constitui, muitas vezes, a única alternativa à miséria e ao abandono. E as formas de trabalho assemelhadas aos trabalhos forçados, quando não impostas por autoridades governamentais, nem administradas criminosamente pela força ou por fraude às legislações internas, são, igualmente, propiciadas pelas condições de miséria de populações em desespero, em troca de alimento.

É claro que incumbe aos Estados a obrigação de tomar as providências necessárias para evitar os abusos e punir os responsáveis. Muitos são omissos e necessitam ser instigados à ação. Outros fazem o que podem em meio a dificuldades organizacionais e à escassez de recursos. Em qualquer circunstância, porém, as cláusulas propostas mais parecem repetir as pressões do Ocidente sobre seus antigos antagonistas da Guerra Fria, agora dirigidas indiscriminadamente contra os países do Terceiro Mundo, democráticos ou não. Se adotadas, ao invés de auxiliarem o desenvolvimento social ou propiciarem melhores condições para a implementação do direito ao desenvolvimento, legitimariam, na esfera internacional, o protecionismo dos ricos contra os pobres, desfazendo as esperanças de cooperação internacional recomendada por Viena. Podem, inclusive, ser interpretadas como uma forma espúria e iníqua de proporcionar aos países desenvolvidos uma maneira de enfrentar a situação de desemprego que os assola às custas dos empregos, inegavelmente mal-remunerados, mas que garantem a sobrevivência, dos trabalhadores do Terceiro Mundo.

A questão da "cláusula social" tem sido discutida inclusive no âmbito da OIT, que acaba de constituir um grupo de trabalho para examinar "as dimensões sociais da liberalização do comércio internacional". A matéria é controversa até mesmo entre os países desenvolvidos, todos os quais, individualmente e nas organizações econômicas regionais que integram, apresentam disparidades salariais entre seus trabalhadores.

8.2. OS AVANÇOS CONCEITUAIS

Ademais do reconhecimento ao direito ao desenvolvimento, acima abordado pela ótica das recomendações frustradas, os ou-

---

14. Celso Lafer, *"Dumping* Social", *Folha de S. Paulo,* 24 de abril de 1994.

tros avanços conceituais da Declaração de Viena indicados no Cap. 2 dizem respeito à legitimidade das preocupações internacionais com os direitos humanos, a interdependência entre democracia, desenvolvimento e direitos humanos e a questão da universalidade de tais direitos. Todos esses avanços, assim como todos os direitos, são interligados. Ainda assim, para maior clareza da exposição, é viável indicar separadamente a evolução tendencial de cada um no ano transcorrido.

8.2.1. A Legitimidade da Preocupação Internacional

Erigida gradualmente a partir da proclamação da Declaração Universal em 1948, e reconhecida consensualmente por toda a comunidade internacional no Artigo 4º da Declaração de Viena, a legitimidade da preocupação internacional com os direitos humanos parece ser hoje ponto pacífico. Os países mais monitorados, inclusive aqueles objeto de supervisão por relator especial ostensivo da CDH, têm, sim, com freqüência, questionado e, até, repudiado a *forma* em que se dá o acompanhamento. Mas nenhum deles tem atualmente levantado objeções à legitimidade das atenções internacionais.

Dois casos, entre muitos, parecem ilustrativos dessa tendência: os de Cuba e da China.

O Governo cubano, desde o estabelecimento na CDH da figura de um relator especial para a situação do país, tem-se recusado a permitir visitas *in loco* ou a realizar outros gestos de cooperação e diálogo com o relator, assumidamente porque sua criação partiu de iniciativa norte-americana. Encara-o, pois, como um instrumento a mais da pressão dos Estados Unidos contra Havana, não o reconhecendo como mecanismo de controle multilateral. Em compensação, com os relatores temáticos, não-seletivos, da CDH, o Governo cubano dialoga regularmente, fornecendo-lhes as informações solicitadas.

Outro caso significativo é o da China. Esta conseguiu evitar, pela segunda vez, em 1994, tentativas ocidentais de fazer passar resoluções, orientadas originalmente pela situação do Tibete, situando-as sempre no contexto de antagonismos políticos e interesses externos no desmembramento do país.

Conforme antes assinalado, a politização da Comissão dos Direitos Humanos é fato inegável e inelutável. O mesmo se verifica no tratamento bilateral da matéria, evidenciado inclusive na duplicidade (*double standards*) com que os países "cobradores" abordam as questões junto a seus aliados mais próximos mais distantes ou junto a adversários políticos – muitos dos quais são importantes parceiros comerciais.

No ano transcorrido desde a Conferência de Viena aumentaram as pressões bilaterais norte-americanas sobre a China, em matéria de direitos humanos, inclusive em viagens de autoridades de Washington a Pequim, em vista da decisão a ser tomada sobre a prorrogação ou não do *status* de "nação mais favorecida" concedido no acordo comercial sino-norte-americano desde a Administração Carter. A questão terá gerado ansiedades dos dois lados. A cláusula da "nação mais favorecida" para a China foi, afinal, renovada em maio de 1994, num delicado processo de diálogo, com gestos e concessões recíprocos[15]. O dado importante a observar, contudo, é que, pelo que se conhece da matéria, a China não chegou a utilizar-se do argumento da soberania, e do domínio reservado dos Estados em questões de direitos humanos, assim como não o fez na CDH ao apelar para o voto contra a designação de um relator especial para o país.

8.2.2. *A Interdependência entre Democracia, Desenvolvimento e Direitos Humanos*

Conforme observado no Cap. 2, a interdependência da tríade democracia, desenvolvimento e direitos humanos, mais do que um novo conceito, é o dado essencial que inspira toda a Declaração e Programa de Ação de Viena. Nos termos do Artigo 8º:

> A democracia, o desenvolvimento e o respeito pelos direitos humanos e liberdades fundamentais são conceitos interdependentes que se reforçam mutuamente. A democracia se baseia na vontade livremente expressa pelo povo de determinar seus próprios sistemas políticos, econômicos, sociais e culturais e em sua plena participação em todos os aspectos de suas vidas. Nesse contexto, a promoção e proteção dos direitos humanos e liberdades fundamentais, em níveis nacional e internacional, devem ser universais e incondicionais. A comunidade internacional deve apoiar o fortalecimento e a promoção da democracia e o desenvolvimento e o respeito aos direitos humanos e liberdades fundamentais no mundo inteiro.

Em termos teóricos, ninguém jamais questionaria essa vinculação. As dificuldades são de ordem prática.

Em primeiro lugar, todos os governos legítimos, não-decorrentes de golpes, propõem-se ser democráticos, apenas variando

---

15. São ilustrativas desse processo as declarações de Warren Christopher, objeto da matéria de Daniel Williams, "Christopher cites progress on human rights in China – report could result in lesser trade sanctions", publicada no *Washington Post*, em 24 de maio de 1994.

as formas de expressão da vontade do povo e de sua "plena participação em todos os aspectos de suas vidas".

Em segundo lugar, todos os membros da comunidade internacional devem, em teoria, ser favoráveis à promoção do desenvolvimento e dos direitos humanos em escala mundial. Apenas, como visto acima, os detentores dos meios efetivos para promover o desenvolvimento, na esfera internacional como na órbita doméstica, não demonstram qualquer intenção de abdicar de seus privilégios em prol da harmonia desejada.

No âmbito multilateral, é inegável que a democracia representativa passou a ser apoiada, ultimamente, por medidas concretas, concertadas internacionalmente, na ONU e na OEA, na forma do envio de assessores e monitores eleitorais a diversos países. É também inegável que os governos democráticos e as instâncias multilaterais passaram a coordenar melhor suas posições perante casos de ruptura da ordem institucional em terceiros, e vêm multiplicando reuniões sobre o tema do fortalecimento da democracia.

Não foi possível, contudo, ainda, visualizar um sistema internacional adequado para lidar com golpes de Estado, do que tem sido exemplo patente o caso do Haiti. Por mais que a ONU e a OEA, em associação ou isoladamente, venham tratando da questão, o governo ilegítimo implantado em 1991 se vem perpetuando, com ou sem reconhecimento internacional; as violações de direitos humanos se acumulam perante os olhos dos monitores de organismos multilaterais, alguns dos quais, exasperados, propõem abertamente uma intervenção armada no país; as sanções econômicas não produzem os resultados desejados; prosseguem incessantemente os fluxos de refugiados para destinações cada dia mais fechadas; e Jean-Bertrand Aristide circula pelos foros internacionais com o título de Presidente e as homenagens cabíveis, sem poder retornar à função e ao território nacional.

Não há, quanto a essa matéria, sequer tendências perceptíveis. De qualquer forma, as soluções eventuais, pela força, pela negociação, pelo isolamento ou pelo desgaste interno dos detentores do poder, não serão encontradas dentro do sistema internacional de proteção aos direitos humanos em sua configuração existente.

8.2.3. *A Universalidade dos Direitos Humanos*

Mais do que todas as outras, a principal conquista conceitual proporcionada pela Conferência de Viena para o mundo pós-

Guerra Fria terá sido o reconhecimento, desta feita por uma comunidade internacional representada em sua integralidade por Estados soberanos, da universalidade dos direitos definidos na Declaração Universal dos Direitos Humanos de 1948[16]. Esta é a única referência normativa citada no preâmbulo do documento de Viena – além da Carta das Nações Unidas, que lhe serve de base, e dos Pactos Internacionais, que a complementam. O fato é tanto mais significativo porque, diante dele, já não se pode mais, coerentemente, acusar de etnocêntricos os direitos proclamados em 48, nem fazer uso do relativismo cultural como justificativa para sua inobservância. Havendo o Artigo 1º da Declaração de Viena afirmado que "A natureza universal desses direitos e liberdades não admite dúvidas", o máximo que a abertura propiciada pelo Artigo 5º oferece são diferenças em sua *forma de aplicação*, mas não em sua essência.

Conforme assinalado no Cap. 1 *supra*, os poucos Estados que, até recentemente, ainda questionavam alguns dos direitos definidos na Declaração Universal eram islâmicos, onde os ordenamentos secular e religioso se confundem. Faziam-no, entretanto, quase sempre, individualmente, pois vários países muçulmanos, como o Marrocos, a Tunísia e o Senegal, entre outros, jamais levantaram objeções. Na Conferência de Viena, em decorrência, aparentemente, das novas tensões surgidas no cenário internacional pós-Guerra Fria, outros Estados, não-muçulmanos, puseram em dúvida, nas intervenções formais, a validade universal de tais direitos, chegando a mencioná-los como uma imposição de valores do Ocidente sobre o resto do mundo.

A preocupação muçulmana com a questão havia levado a Organização da Conferência Islâmica, na XIX Reunião de Chanceleres, em 1990, a aprovar uma Declaração do Cairo sobre Direitos Humanos no Islã, toda articulada com referência à *Shari'ah*. Contudo, não havendo a declaração islâmica sido incluída como referência no texto da Declaração de Viena – apesar de alguns países muçulmanos o terem proposto –, assim como não o foram a Declaração Americana dos Direitos e Deveres do Homem, da OEA, ou a Carta Africana de Direitos Humanos e dos Povos, da OUA, e vencidas as resistências dos demais, o único marco hoje inquestionavelmente universal sobre a matéria é a Declaração Universal dos Direitos Humanos de 1948.

Do ponto de vista da diplomacia e do direito, o avanço é extraordinário. Apesar disso, porém, não se pode afirmar que,

---

16. V. *supra* Cap. 2.

no campo operativo, o universalismo tenha realmente suplantado o relativismo. E os exemplos mais ilustrativos podem ser observados também em dois casos específicos: do Irã e do Sudão.

A preocupação da CDH com a situação dos direitos humanos no Irã não é recente, nem exclusivamente dirigida à República Islâmica. As violações ocorridas no regime imperial haviam gerado comunicações e a consideração da situação iraniana dentro do procedimento confidencial. Após a queda do Xá os atos de violência no país foram amplamente divulgados pela imprensa de todo o mundo. Não obstante, o dado principal que levou à transferência do caso iraniano do tratamento confidencial para o tratamento ostensivo, com a designação de relator especial, em 1984, foi a situação particular de uma minoria, alegadamente objeto de discriminações e perseguições específicas: os *baha'i*.

De acordo com o ponto de vista oficial iraniano, os seguidores da fé *baha'i* não constituem uma minoria religiosa, reconhecida e protegida pela Constituição, como o são os judeus, os cristãos e os zoroastristas, mas sim uma seita herética artificialmente criada e sustentada de fora desde os tempos do Império Otomano. Segundo folheto explicativo, obtido da delegação do Irã à XLIII Sessão da Assembléia Geral das Nações Unidas, em 1988, a República Islâmica do Irã atribui aos seguidores do "bahaísmo" desde crimes históricos – como ações de sabotagem e provocações para fomentar conflitos civis no país, a desunião entre muçulmanos nas diversas nações islâmicas, bem como a propagação da corrupção e do pecado –, até, no período atual, a colaboração com contra-revolucionários através da participação em conspirações e da transferência irregular de divisas para o exterior. A posição oficial de Teerã é peremptória:

> De acordo com a Constituição, desde que os seguidores da fé *baha'i* não perpetrem atos de espionagem, não agridam as propriedades do povo, não propaguem a corrupção, não interfiram nos fundamentos da República Islâmica, nem mantenham relações com o regime ocupador da Palestina, todos os direitos lhes serão garantidos como os dos cidadãos iranianos [...]. Mas os líderes e membros desse partido imperialista que tentem aplicar os velhos objetivos imperialistas e continuem sua relação com Israel e com os inimigos internos e externos da Revolução serão tratados severamente ..."[17]

A Comunidade Baha'i Internacional, acreditada junto ao ECOSOC como organização não-governamental com *status* con-

---

17. Anônimo, *Bahaism – its Origin and Role*, impresso na Haia, s. d. Tradução minha.

sultivo afirma, por sua vez, que os *baha'i* são seguidores de religião independente, ainda que originária do Islã, caracterizada basicamente pela fé na unicidade de Deus, da religião e da espécie humana, cuja unidade, em todos os aspectos – político, econômico, financeiro, lingüístico etc. – propõe-se promover. Sua orientação seria estabelecida pelos trabalhos do Profeta Fundador Mirzá Husayn Ali, conhecido como Bahá'u'llah ("Glória de Deus"), e as interpretações de seus filho e neto, segundo os quais a verdade religiosa não é absoluta, mas relativa. Com comunidades espalhadas por todo o mundo, os *baha'i* seriam proibidos pelos preceitos religiosos de exercer atividades políticas. Seus santuários e seu Centro Mundial localizam-se em Akka e Haifa, em Israel[18].

Todo o trabalho da CDH e da Assembléia-Geral, desde o estabelecimento de um relator especial para a situação do Irã, em 1984, concentrou-se na tentativa de obtenção de cooperação por parte do Governo iraniano com o monitor designado. De 1984 a 1988, os contatos do relator com o governo iraniano limitaram-se ao âmbito das Nações Unidas. As delegações iranianas criticavam a "seletividade política" na designação de monitor específico, declarando que seria inútil, para a adequada compreensão da realidade iraniana, a visita ao país de personalidade não-familiarizada com o sistema judiciário islâmico. Rejeitavam, ainda, as resoluções e os relatórios apresentados, em particular as menções de nomes de "certos grupos não-reconhecidos", considerados "terroristas"[19]. Grande parte do diálogo entre o relator e o Governo iraniano girava em torno do que o primeiro entendia como "adesão seletiva" às normas dos instrumentos internacionais de direitos humanos de que o Irã era parte. Em 1988, pela primeira vez, o relatório reproduzia declaração do Representante Permanente do Irã junto às Nações Unidas que dizia claramente: "... não há problema insolúvel decorrente da compatibilidade do direito islâmico com o direito internacional.

---

18. Baha'i International Community, *The Baha'is in Iran*, 2 ed., Nova York, 1982. Em conversa comigo, durante a Assembléia Geral das Nações Unidas, em 1988, representante da Comunidade Internacional Baha'i opinou que os principais problemas da República Islâmica do Irã com o credo consistiram, do ponto de vista prático, em sua insistência na igualdade entre homens e mulheres e, do ponto de vista teológico, no reconhecimento de um novo profeta pós-Maomé. Indagada sobre o assunto, a representante dos *baha'i* confirmou que são também matéria de atrito as transferências de dinheiro que fazem para seu Centro Mundial, localizado em território israelense.
19. Documento das Nações Unidas A/42/648.

Acentuo que o Irã não segue um enfoque seletivo em sua abordagem do direito internacional"[20].

De 1989 a 1991 a cooperação do Governo iraniano com o relator especial – o salvadorenho Galindo Pohl – estreitou-se, permitindo-lhe visitas ao país para exame da situação *in loco*. As resoluções pertinentes passaram a ser adotadas por consenso, e os relatórios apresentados geralmente registravam melhoras na situação, embora continuassem a apontar casos de violações, inclusive com relação ao *baha'is*. Desde 1992, contudo, o Governo iraniano voltou a rejeitar visitas do relator especial, alegando que este não proporcionava em seus informes visão adequada da realidade, e que as resoluções da CDH sobre o país são politicamente motivadas.

O ponto fundamental de discórdia continua a ser a condição jurídica e prática dos *baha'is*. Esta, para ser alterada mais significativamente, exigiria reformas na Constituição, dificilmente aceitáveis pelo regime. Outro grande problema é a *fatwa* mantida contra o escritor Salman Rushdie.

A situação do Sudão foi examinada pela CDH dentro do procedimento confidencial de 1991 a 1993, quando se decidiu passar o assunto a tratamento ostensivo e designar relator especial. Diferentemente do ocorrido com o Irã, o Governo de Khartoum não impôs objeções a visitas do relator, que esteve no país duas vezes no primeiro ano de seu mandato (setembro e dezembro de 1993). Essa posição de abertura não deverá, em princípio, ser mantida, à luz das controvérsias provocadas pelo primeiro informe apresentado à Comissão em 1994. Mais do que o relato das violações apuradas, o fulcro da discórdia decorreu da análise feita pelo relator do sistema penal sudanês.

Conforme o relatório do perito Gáspár Biró, de nacionalidade húngara, o sistema penal sudanês contém dois componentes principais "radicalmente opostos às provisões das convenções internacionais de que o Sudão é parte": "crimes absolutos" e a instituição da "retribuição". Os "crimes absolutos" são imperdoáveis e passíveis de punição corporal ou pena de morte, não contemplando isenções de responsabilidade baseadas em gênero ou idade: a partir da puberdade, havendo completado quinze anos, e até os 70, todos os ofensores são punidos, podendo as crianças entre sete anos e a puberdade ter a sentença transformada pelas Cortes em "açoitamento, que não excederá vinte chibatadas". Classificam-se como "crimes absolutos" o assalto a

---

20. Documento das Nações Unidas A/43/705, p. 17.

mão armada – punível com morte, ou crucificação e morte, ou amputação da mão direita e do pé esquerdo; "roubo capital" – punido pela amputação da mão direita; apostasia – objeto de pena de morte se o acusado insistir na apostasia; adultério feminino – punido com morte por apedrejamento se a ré for casada, ou 100 chibatadas, se solteira; adultério masculino – o homem pode ser punido com açoitamento e, adicionalmente, com expatriação por um ano; falsa acusação de falta de castidade – pena de 80 chibatadas; ingestão de bebida alcoólica – pena de 40 chibatadas, agravável com um ano de prisão ou multa. A "retribuição" consiste na punição de delito premeditado com o mesmo ato delituoso cometido. O Código Penal prevê ainda a instituição da "retribuição múltipla" pela qual "um indivíduo pode ser executado em lugar de um grupo e um grupo no lugar de um indivíduo". Em resposta a explicações ouvidas do Governo de que algumas dessas práticas são parte do direito islâmico, "profundamente enraizadas nas tradições do país", declarou o relator que, havendo o Sudão ratificado o Pacto Internacional de Direitos Civis e Políticos e a Convenção sobre os Direitos da Criança, o argumento é irrelevante. Em suas palavras: "As disposições acima referidas, que são parte integrante da legislação do Estado, foram promulgadas por órgãos competentes num Código Penal coerente e abrangente, que constitui a fonte suprema do direito em assuntos penais do país. Não importa, nesse contexto, quem é o legislador, nem que fontes de inspiração têm tais normas"[21].

Independentemente das demais partes do relatório, algumas das quais até elogiam ações do Governo – e, o que é relevante, cobrem também violações de direitos humanos praticadas pelas facções do movimento armado de oposição Sudan People's Liberation Army (SPLA) nas áreas por ele controladas no centro e sul do país –, foram essas observações doutrinárias que mais ofenderam as autoridades sudanesas. Estas, na 50ª Sessão da CDH, além de buscarem congregar os países muçulmanos em repúdio ao relatório – com êxitos variáveis, mas pouco visíveis –, chegaram a proferir ameaças ao relator, caso ele retornasse ao Sudão. O mandato do relator foi, ainda assim, renovado pela CDH por mais um ano.

Dessas duas descrições exemplificativas – e muitas outras poderiam ser feitas –, depreende-se que a universalidade dos direitos humanos, conquanto aceita formalmente por todos os Es-

---

21. Documento das Nações Unidas E/CN. 4/1994/48, pp. 15-16.

tados e culturas na Conferência de Viena, ainda enfrentará longo caminho para ser observada. O caminho não é, contudo, impérvio, nem totalmente ignoto. Também pareciam ínvios, até há pouco, os caminhos da legitimidade da preocupação internacional com os direitos humanos. E o próprio fato de o Irã e o Sudão, malgrado as objeções expostas, virem dialogando com os órgãos e relatores para eles designados pela comunidade internacional, evidencia, uma vez mais, que essa preocupação é agora dada como legítima.Como diz Todorov:

> [...] os discursos são, eles mesmos, acontecimentos, motores da história, e não apenas suas representações. É preciso evitar aqui a alternativa do tudo ou nada. Sozinhas, as idéias não fazem história, as forças sociais e econômicas também agem; mas as idéias não são apenas puro efeito passivo. De início tornam os atos possíveis; em seguida permitem que sejam aceitos: trata-se afinal de atos decisivos[22].

8.3. CONCLUSÃO

No labirinto da história contemporânea, em que se multiplicam os conflitos nacionalistas e interétnicos, o mundo "se desseculariza"[23], e o fundamentalismo se espraia, a perspectiva de um "choque de civilizações" é fácil de prever. O maior mérito de Huntington terá sido o de verbalizá-la[24]. À razão e ao trabalho humanos incumbe a difícil tarefa de evitá-la.

Embora a ONU represente o mais importante esforço, semidemocrático, para o ordenamento das relações internacionais, e apesar da existência de um direito internacional que se expan-

---

22. Tzvetan Todorov, *Nós e os Outros – a Reflexão Francesa sobre a Diversidade Humana*, vol. I, trad. Sérgio Goes de Paula, Rio de Janeiro, Jorge Zahar, 1993, pp. 14-15.
23. A expressão é de George Weigel, citada por Samuel Huntington em *The Clash of Civilizations?*, p. 24 (Cf. Cap. 2, *supra*, nota 12).
24. Já que Huntington e Fukuyama são citados neste livro mais de uma vez, parece-me adequado assinalar meu reconhecimento, ainda que crítico, da solidez intelectual do segundo, comparada, sobretudo, à ligeireza do primeiro, nos textos em questão. Por maior irritação que tenha causado na esquerda e em todo o Terceiro Mundo, com suas teses difíceis de "engolir", inclusive para mim, e por mais enganosos que se tenham provado seus prognósticos, é justa a observação de Perry Anderson sobre o livro, não sobre o artigo inicial, de Fukuyama: "Pode-se afirmar sem receio que ninguém jamais tentou uma síntese comparável – simultaneamente tão profunda em premissas ontológicas e tão próxima da superfície da política global" (*O Fim da História: de Hegel a Fukuyama*, trad. Álvaro Cabral, Rio de Janeiro, Jorge Zahar, 1992, p. 94). Daí a idéia de homenagem "póstuma" que inseri no início deste texto.

de continuamente, a "comunidade internacional" ainda é uma expressão mais retórica do que semanticamente correta. O que existe, essencialmente, é um conjunto de Estados que interagem, dentro ou fora do direito, sem o substrato de uma verdadeira sociedade mundial. As nações já não convivem no "estado da natureza", mas seu "contrato social" é incoativo e imperfeito, pois não transferiram – e nem o devem fazer nas condições vigentes – a um "poder supranacional soberano" os meios efetivos para protegê-las da voracidade recíproca, ou para tutelar os direitos dos "cidadãos do mundo".

Como explica Celso Lafer, interpretando Bobbio:

> A nomia internacional contemporânea tem alguns ingredientes democráticos importantes, como o princípio de igualdade de todos os Estados e o reconhecimento crescente dos direitos humanos. É isso que permite falar na superação da anarquia sem incidir necessariamente no despotismo da paz pelo império.

Convivem, porém, ainda dois sistemas na vida mundial: um novo, "haure sua legitimidade do consenso tácito ou explícito da maior parte dos membros da comunidade internacional que mantém viva a ONU"; o outro, velho, é o

> do medo recíproco, do estado de natureza hobbesiano, caracterizado pela anarquia entre iguais e pelo despotismo entre desiguais. Na convivência entre esses dois sistemas, o velho é dotado de efetividade, mas perdeu legitimidade, e o novo é legítimo, mas tem sua efetividade contida pela realidade dos fatos[25].

O controle internacional dos direitos humanos – que ainda não constitui a garantia, nos termos descritos por Bobbio[26] e idealizados por Kant – faz parte do novo sistema. É visto, sem dúvida, com desconfianças pelos teóricos do realismo conservador, pois acreditam que ele tende – e repito, apenas tende – a substituir a pretensa estabilidade de uma *sociedade internacional* por uma *sociedade mundial de homens e mulheres*[27]. Não é, porém, apenas na área dos direitos humanos que tal tendência se materializa, mas, sim, principalmente, no fenômeno generalizado da globalização, propiciado pela técnica e pela economia da modernidade.

A situação dos direitos humanos como tema global não necessita ser entendida necessariamente como uma ameaça ao sis-

---

25. Celso Lafer, *Ensaios Liberais*, São Paulo, Siciliano, 1991, pp. 57-58.
26. V. Cap. 1 *supra*, nota 20.
27. R. J. Vincent, *Human Rights and International Relations*, Cambridge, Cambridge University Press, 1991, p. 150.

tema de relações entre Estados soberanos. Ela pode, ao contrário, fortalecer tal sistema, oferecendo aos Estados maior legitimidade, através do respeito a tais direitos, monitorados pelos órgãos competentes da "comunidade internacional"[28]. Desde, naturalmente, que os Estados não decidam exumar de seu vetusto ataúde o conceito absolutista de soberania[29].

Para a construção de uma verdadeira comunidade internacional sem aspas, a Declaração Universal dos Direitos Humanos e os demais documentos dela decorrentes, entre os quais a Declaração de Viena, serão, sem dúvida, instrumentos importantes.

Resta saber, em termos mais concretos, até que ponto é possível imaginar a transposição, para a esfera do real, da universalidade dos direitos definidos em Paris em 1948 e reconfirmados, agora por representantes oficiais de *toda* a "comunidade internacional", em Viena em 1993. O exercício não é impossível, nem desvinculado de tendências perceptíveis.

Para a superação do relativismo absoluto o fenômeno mais vital, e pouco divulgado, é identificado por Mahmoud Hussein como "a emergência do indivíduo no Terceiro Mundo". As mutações históricas das antigas sociedades coloniais, que levaram à luta pela independência, à afirmação de Estados nacionais paternalistas e, mais recentemente, à democratização dos países em desenvolvimento em diversas regiões do globo, produziram, nesse universo, uma nova figura, e por ela foram produzidas: o *indivíduo*, antes dissolvido nas relações coletivas, de parentesco, tribo e religião. Se ontem esse indivíduo incipiente, oriundo de clãs e de tribos, recorreu aos vínculos das coletividades primitivas para, com os valores antigos e os projetos de modernização assimilados do colonizador, buscar na nação independente seu espaço de realização, hoje o mesmo indivíduo, mais maduro e mais "moderno", pouco se adapta ao horizonte limitado de um Estado nacional, seu, mas dominador. Daí a nova luta, pela democracia, com tantos êxitos obtidos no final dos anos 80[30]. E tantas regressões na época atual.

A luta pela democracia não se pode delimitar à esfera do político. Conforme assinala Etienne Balibar, com seu conceito – de expressão reconhecidamente barroca – de *égaliberté*, a tríade da Revolução Francesa, e dos direitos humanos, não pode ser

---

28. *Ibid.*, pp. 151-152.
29. V. *supra* Cap. 3.
30. Mahmoud Hussein, *Versant sud de la liberté – Essais sur l'émergence de l'individu dans le tiers monde*, Paris, La Découverte, 1993.

desmembrada. Sem o mínimo de condições de igualdade, a liberdade é fictícia. E sem a fraternidade, construída ou conquistada pela própria sociedade, a igualdade é inviável[31].

Para conter e superar o fundamentalismo ascendente o indivíduo apenas não será suficiente. Tampouco será suficiente a insistência externa e doméstica nos direitos civis e políticos. O elemento igualitário da tríade da *Révolution* necessitará ser minimamente atendido. Para isto será imprescindível, além de esforços vigorosos dos governos nas órbitas nacionais, a assimilação efetiva do direito ao desenvolvimento pela chamada comunidade internacional – que hoje engloba também, entre outros vetores do fenômeno da globalização, as grandes corporações, as agências de comunicações e as organizações não-governamentais.

O universalismo dos direitos humanos pode e deve ser concretizado. Tais direitos, de primeira, segunda e terceira geração, há muito deixaram de ser eurocêntricos. E até mesmo a propósito dos primeiros, civis e políticos, é bom lembrar, por exemplo, que não foram os países ocidentais os líderes da longa luta, bem-sucedida, por seu estabelecimento na África do Sul.

Assim como a insistência dos países do Terceiro Mundo, juntamente com o extinto "bloco socialista", logrou fazer prevalecer a noção da indivisibilidade e interdependência de todos os direitos humanos sobre as tradicionais posições ocidentais, a mesma persistência externa, associada às resistências internas que se afirmam no seio das sociedades coletivistas autoritárias – de tipo religioso e de tipo secular[32] – poderá, um dia, fazer prevalecerem nas práticas dessas sociedades, sem necessidade de rejeição de seus valores essenciais, os direitos da liberdade e da igualdade entre homens e mulheres. E, tendo em conta que a aculturação positiva é sempre via de mão dupla, talvez a "modernidade" globalizada possa, igualmente, beneficiar-se de alguns valores coletivos importantes, descartados pelo mercado e

---

31. Etienne Balibar, *Les frontières de la démocratie*, Paris, La Découverte, 1992, p. 134.
32. São expressivas, nesse sentido, as declarações de William F. Schulz, diretor executivo da seção norte-americana da Anistia Internacional, a propósito da China: "... the calls for observance of human rights need not be mixed up with an ideological battle. The US must show the Chinese government, in public actions and private diplomacy, that its concerns are identical with many of those expressed by respected *mainline* figures within China itself" (*The problem with MFN – human rights questions must not be limited to China's trade status*, The Christian Science Monitor, abril de 1994).

pela técnica, mas ainda cultivados em culturas menos "desenvolvidas".

É possível, portanto, que as civilizações não se choquem, que a história prossiga no rumo da verdadeira democracia, que o Homem e a Mulher universais, com os aportes culturais respectivos, possam definir e realizar seus destinos numa realidade mais racional e, esperemos, menos injusta.

Apêndice

DECLARAÇÃO E PROGRAMA DE AÇÃO DE VIENA*
(Adotada consensualmente, em Plenário, pela Conferência Mundial dos Direitos Humanos, em 25 de junho de 1993)

A CONFERÊNCIA MUNDIAL SOBRE DIREITOS HUMANOS,

Considerando que a promoção e proteção dos direitos humanos são matéria prioritária para a comunidade internacional e que a Conferência oferece oportunidade singular para uma análise abrangente do sistema internacional dos direitos humanos e dos mecanismos de proteção dos direitos humanos, para que se acentue e promova a maior observância desses direitos de forma justa e equilibrada,

Reconhecendo e afirmando que todos os direitos humanos derivam da dignidade e do valor inerentes à pessoa humana, e que esta é o sujeito central dos direitos humanos e liberdades fundamentais, razão pela qual deve ser a principal beneficiária desses direitos e liberdades e participar ativamente de sua realização,

Reafirmando o compromisso com os propósitos e princípios enunciados na Carta das Nações Unidas e na Declaração Universal dos Direitos Humanos,

---

* Tradução não-oficial, feita a partir da versão original em inglês. A redação confusa, repetitiva e, às vezes, ambígua de muitos parágrafos, típica da linguagem multilateral, é decorrência dos múltiplos aportes e objeções, cujo reflexo no texto foi imprescindível para a obtenção do consenso.

Reafirmando o compromisso contido no Artigo 56 da Carta das Nações Unidas de tomar medidas conjuntas e separadas, com ênfase adequada no desenvolvimento de uma cooperação internacional eficaz, visando à realização dos propósitos estabelecidos no Artigo 55, incluindo o respeito e observância universais dos direitos humanos e liberdades fundamentais de todos,

Ressaltando as responsabilidades de todos os Estados, em conformidade com a Carta das Nações Unidas, de desenvolver e estimular o respeito aos direitos humanos e liberdades fundamentais de todos, sem distinção de raça, sexo, idioma ou religião,

Recordando o Preâmbulo da Carta das Nações Unidas, particularmente a determinação de reafirmar a fé nos direitos humanos fundamentais, na dignidade e valor da pessoa humana e nos direitos iguais de homens e mulheres e de nações grandes e pequenas,

Recordando também a determinação expressa no Preâmbulo da Carta das Nações Unidas de preservar as gerações vindouras do flagelo da guerra, de estabelecer condições sob as quais a justiça e o respeito às obrigações emanadas de tratados e outras fontes do direito internacional possam ser mantidos, de promover o progresso social e melhores padrões de vida dentro de um conceito mais amplo de liberdade, de praticar a tolerância e a boa vizinhança e de empregar mecanismos internacionais para promover avanços econômicos e sociais em benefício de todos os povos,

Ressaltando que a Declaração Universal dos Direitos Humanos, que constitui um padrão comum de realização para todos os povos e todas as nações, é fonte de inspiração e tem sido a base utilizada pelas Nações Unidas no progresso feito para o estabelecimento das normas contidas nos instrumentos internacionais de direitos humanos existentes, particularmente no Pacto Internacional dos Direitos Civis e Políticos e no Pacto Internacional dos Direitos Econômicos, Sociais e Culturais,

Considerando as importantes mudanças em curso no cenário internacional e as aspirações de todos os povos por uma ordem internacional baseada nos princípios consagrados na Carta das Nações Unidas, incluindo a promoção dos direitos humanos e liberdades fundamentais de todos e o respeito pelo princípio dos direitos iguais e autodeterminação dos povos, em condições de paz, democracia, justiça, igualdade, estado de direito, pluralismo, desenvolvimento, melhores padrões de vida e solidariedade,

Profundamente preocupada com as diversas formas de discriminação e violência às quais as mulheres continuam expostas em todo o mundo,

Reconhecendo que as atividades das Nações Unidas na esfera dos direitos humanos devem ser racionalizadas e aprimoradas com vistas a fortalecer o instrumental das Nações Unidas nessa esfera e a promover os objetivos de respeito universal e observância das normas internacionais dos direitos humanos,

Tendo levado em consideração as Declarações adotadas nas três reuniões regionais realizadas em Túnis, São José e Bangkok e as contribuições dos Governos, bem como as sugestões apresentadas por organizações intergovernamentais e não-governamentais e os estudos desenvolvidos por peritos independentes durante o processo preparatório da Conferência Mundial sobre Direitos Humanos,

Saudando o Ano Internacional do Índio de 1993 como uma reafirmação do compromisso da comunidade internacional de garantir aos indígenas todos os direitos humanos e liberdades fundamentais e de respeitar suas culturas e identidades,

Reconhecendo também que a comunidade internacional deve conceber formas e meios para eliminar os obstáculos existentes e superar desafios à plena realização de todos os direitos humanos e para evitar a continuação de violações de direitos humanos em todo o mundo,

Imbuída do espírito de nossa era e da realidade de nossos tempos, que exigem que todos os povos do mundo e todos os Estados-membros das Nações Unidas empreendam com redobrado esforço a tarefa de promover e proteger todos os direitos humanos e liberdades fundamentais, de modo a garantir a plena e universal realização desses direitos,

Determinada a tomar novas medidas com relação ao compromisso da comunidade internacional de promover avanços substanciais na área dos direitos humanos mediante esforços renovados e continuados de cooperação e solidariedade internacionais,

Adota solenemente a Declaração e o Programa de Ação de Viena.

I

1. A Conferência Mundial sobre Direitos Humanos reafirma o compromisso solene de todos os Estados de promover o respeito universal e a observância e proteção de todos os direitos

humanos e liberdades fundamentais de todos, em conformidade com a Carta das Nações Unidas, outros instrumentos relacionados aos direitos humanos e o direito internacional. A natureza universal desses direitos e liberdades não admite dúvidas.

Nesse contexto, o fortalecimento da cooperação internacional na área dos direitos humanos é essencial para a plena realização dos propósitos das Nações Unidas.

Os direitos humanos e as liberdades fundamentais são direitos originais de todos os seres humanos; sua proteção e promoção são responsabilidades primordiais dos Governos.

2. Todos os povos têm direito à autodeterminação. Em virtude desse direito, determinam livremente sua condição política e procuram livremente seu desenvolvimento econômico, social e cultural.

Levando em consideração a situação particular dos povos submetidos a dominação colonial ou outras formas de dominação estrangeira, a Conferência Mundial sobre Direitos Humanos reconhece o direito dos povos de tomar medidas legítimas, em conformidade com a Carta das Nações Unidas, para garantir seu direito inalienável à autodeterminação. A Conferência Mundial sobre Direitos Humanos considera que a negação do direito à autodeterminação constitui uma violação dos direitos humanos e assinala a importância da efetiva realização desse direito.

De acordo com a Declaração sobre os Princípios do Direito Internacional concernentes às Relações Amigáveis e à Cooperação entre Estados em conformidade com a Carta das Nações Unidas, nada do que foi exposto acima será entendido como uma autorização ou encorajamento a qualquer ação destinada a desmembrar ou prejudicar, total ou parcialmente, a integridade territorial ou unidade política de Estados soberanos e independentes que se conduzam de acordo com o princípio da igualdade de direitos e autodeterminação dos povos e que estejam, assim, dotados de um Governo que represente todo o povo pertencente ao território, sem nenhuma forma de distinção.

3. Devem ser adotadas medidas internacionais eficazes para garantir e monitorar a aplicação das normas de direitos humanos às pessoas submetidas a ocupação estrangeira, e deve ser fornecida proteção legal efetiva contra a violação de seus direitos humanos, de acordo com as normas de direitos humanos e com o direito internacional, particularmente a Convenção de Genebra sobre a Proteção de Civis em Tempos de Guerra, de 14 de agosto de 1949, e outras normas aplicáveis do direito humanitário.

4. A promoção e proteção de todos os direitos humanos e liberdades fundamentais devem ser consideradas como um objetivo prioritário das Nações Unidas, em conformidade com seus propósitos e princípios, particularmente o propósito da cooperação internacional. No contexto desses propósitos e princípios, a promoção e proteção de todos os direitos humanos constituem uma preocupação legítima da comunidade internacional. Os órgãos e agências especializados relacionados com os direitos humanos devem, portanto, reforçar a coordenação de suas atividades com base na aplicação coerente e objetiva dos instrumentos internacionais de direitos humanos.

5. Todos os direitos humanos são universais, indivisíveis, interdependentes e inter-relacionados. A comunidade internacional deve tratar os direitos humanos globalmente de forma justa e eqüitativa, em pé de igualdade e com a mesma ênfase. As particularidades nacionais e regionais devem ser levadas em consideração, assim como os diversos contextos históricos, culturais e religiosos, mas é dever dos Estados promover e proteger todos os direitos humanos e liberdades fundamentais, independentemente de seus sistemas políticos, econômicos e culturais.

6. Os esforços do sistema das Nações Unidas para garantir o respeito universal e a observância de todos os direitos humanos e liberdades fundamentais de todos contribuem para a estabilidade e bem-estar necessários às relações pacíficas e amigáveis entre as nações e para melhorar as condições de paz e segurança e o desenvolvimento social e econômico, em conformidade com a Carta das Nações Unidas.

7. O processo de promoção e proteção dos direitos humanos deve ser desenvolvido em conformidade com os propósitos e princípios da Carta das Nações Unidas e com o direito internacional.

8. A democracia, o desenvolvimento e o respeito pelos direitos humanos e liberdades fundamentais são conceitos interdependentes que se reforçam mutuamente. A democracia se baseia na vontade livremente expressa pelo povo de determinar seus próprios sistemas políticos, econômicos, sociais e culturais e em sua plena participação em todos os aspectos de sua vida. Nesse contexto, a promoção e proteção dos direitos humanos e liberdades fundamentais, em níveis nacional e internacional, devem ser universais e incondicionais. A comunidade internacional deve apoiar o fortalecimento e a promoção da democracia e o desenvolvimento e o respeito aos direitos humanos e liberdades fundamentais no mundo inteiro.

9. A Conferência Mundial sobre Direitos Humanos reafirma que os países menos desenvolvidos comprometidos com processos de democratização e reformas econômicas, muitos dos quais situam-se na África, devem ter o apoio da comunidade internacional para terem êxito em sua transição para a democracia e no desenvolvimento econômico.

10. A Conferência Mundial sobre Direitos Humanos reafirma o direito ao desenvolvimento, conforme estabelecido na Declaração sobre o Direito ao Desenvolvimento, como um direito universal e inalienável e parte integrante dos direitos humanos fundamentais.

Como afirma a Declaração sobre o Direito ao Desenvolvimento, a pessoa humana é o sujeito central do desenvolvimento.

Embora o desenvolvimento facilite a realização de todos os direitos humanos, a falta de desenvolvimento não poderá ser invocada como justificativa para se limitarem direitos humanos internacionalmente reconhecidos.

Os Estados devem cooperar uns com os outros para garantir o desenvolvimento e eliminar obstáculos ao mesmo. A comunidade internacional deve promover uma cooperação internacional eficaz visando à realização do direito ao desenvolvimento e à eliminação de obstáculos ao desenvolvimento.

O progresso duradouro necessário à realização do direito ao desenvolvimento exige políticas eficazes de desenvolvimento em nível nacional, bem como relações econômicas eqüitativas e um ambiente econômico favorável em nível internacional.

11. O direito ao desenvolvimento deve ser realizado de modo a satisfazer eqüitativamente as necessidades ambientais e de desenvolvimento de gerações presentes e futuras. A Conferência Mundial sobre Direitos Humanos reconhece que a prática de descarregar ilicitamente substâncias e resíduos tóxicos e perigosos constitui uma grave ameaça em potencial aos direitos humanos à vida e à saúde de todos.

Conseqüentemente, a Conferência Mundial sobre Direitos Humanos apela a todos os Estados para que adotem e implementem vigorosamente as convenções existentes sobre o descarregamento de produtos e resíduos tóxicos e perigosos e para que cooperem na prevenção do descarregamento ilícito.

Todas as pessoas têm o direito de desfrutar dos benefícios do progresso científico e de suas aplicações. A Conferência Mundial sobre Direitos Humanos observa que determinados avanços, principalmente na área das ciências biomédicas e biológicas, podem ter conseqüências potencialmente adversas para a integridade, dignidade e os direitos humanos do indivíduo, e apela à cooperação internacional para que se garanta pleno respeito aos direitos humanos e à dignidade nessa área de interesse universal.

12. A Conferência Mundial sobre Direitos Humanos insta à comunidade internacional que empreenda todos os esforços para ajudar a aliviar a carga da dívida externa dos países em desenvolvimento, visando a complementar os esforços dos Governos desses países para garantir plenamente os direitos econômicos, sociais e culturais de seus povos.

13. Os Estados e as organizações internacionais, em regime de cooperação com organizações não-governamentais, devem criar condições favoráveis nos níveis nacional, regional e internacional para garantir o pleno e efetivo exercício dos direitos humanos. Os Estados devem eliminar todas as violações de direitos humanos e suas causas, bem como os obstáculos à realização desses direitos.

14. A existência generalizada de situações de extrema pobreza inibe o pleno e efetivo exercício dos direitos humanos; a comunidade internacional deve continuar atribuindo alta prioridade a medidas destinadas a aliviar e finalmente eliminar situações dessa natureza.

15. O respeito aos direitos humanos e liberdades fundamentais, sem distinções de qualquer espécie, é uma norma fundamental do direito internacional dos direitos humanos. A rápida e abrangente eliminação de todas as formas de racismo e discriminação racial, da xenofobia e da intolerância associada a esses comportamentos deve ser uma tarefa prioritária para a comunidade internacional. Os Governos devem tomar medidas eficazes para preveni-las e combatê-las. Os grupos, instituições, organizações intergovernamentais e não-governamentais e indivíduos devem intensificar seus esforços de cooperação e coordenação de atividades contra esses males.

16. A Conferência Mundial sobre Direitos Humanos saúda o progresso alcançado no sentido de desmantelar o *apartheid* e solicita à comunidade internacional e ao sistema das Nações Unidas que prestem auxílio nesse processo.

A Conferência Mundial sobre Direitos Humanos também deplora os persistentes atos de violência que têm por objetivo frustrar o desmantelamento pacífico do *apartheid*.

17. Os atos, métodos e práticas terroristas em todas as suas formas e manifestações, bem como os vínculos existentes em alguns países entre eles e o tráfico de drogas são atividades que

visam à destruição dos direitos humanos, das liberdades fundamentais e da democracia e que ameaçam a integridade territorial e a segurança dos países, desestabilizando Governos legitimamente constituídos. A comunidade internacional deve tomar as medidas necessárias para fortalecer a cooperação na prevenção e combate ao terrorismo.

18. Os direitos humanos das mulheres e das meninas são inalienáveis e constituem parte integral e indivisível dos direitos humanos universais. A plena participação das mulheres, em condições de igualdade, na vida política, civil, econômica, social e cultural nos níveis nacional, regional e internacional e a erradicação de todas as formas de discriminação sexual são objetivos prioritários da comunidade internacional.

A violência de gênero e todas as formas de assédio e exploração sexual, inclusive as resultantes de preconceito cultural e o tráfico de pessoas, são incompatíveis com a dignidade e o valor da pessoa humana e devem ser eliminadas. Pode-se conseguir isso por meio de medidas legislativas, ações nacionais e cooperação internacional nas áreas do desenvolvimento econômico e social, da educação, da maternidade segura e assistência de saúde e do apoio social.

Os direitos humanos das mulheres devem ser parte integrante das atividades das Nações Unidas na área dos direitos humanos, que devem incluir a promoção de todos os instrumentos de direitos humanos relacionados à mulher.

A Conferência Mundial sobre Direitos Humanos insta todos os Governos, instituições e organizações governamentais e não-governamentais a intensificarem seus esforços em prol da proteção e promoção dos direitos humanos da mulher e da menina.

19. Considerando a importância da promoção e proteção dos direitos das pessoas pertencentes a minorias e a contribuição dessa promoção e proteção à estabilidade política e social dos Estados onde vivem, a Conferência Mundial sobre Direitos Humanos reafirma a obrigação dos Estados de garantir a pessoas pertencentes a minorias o pleno e efetivo exercício de todos os direitos humanos e liberdades fundamentais, sem qualquer forma de discriminação e em plena igualdade perante a lei, em conformidade com a Declaração das Nações Unidas sobre os Direitos das Pessoas Pertencentes a Minorias Nacionais, Étnicas, Religiosas e Lingüísticas.

As pessoas pertencentes a minorias têm o direito de desfrutar de sua própria cultura, de professar e praticar sua própria religião e de usar seu próprio idioma privadamente ou em público, com toda a liberdade e sem qualquer interferência ou forma de discriminação.

20. A Conferência Mundial sobre Direitos Humanos reconhece a dignidade inerente e a contribuição singular das populações indígenas ao desenvolvimento e à pluralidade da sociedade e reafirma vigorosamente o compromisso da comunidade internacional em relação ao bem-estar econômico, social e cultural desses povos e ao seu direito a usufruir dos frutos do desenvolvimento sustentável. Os Estados devem garantir a plena e livre participação de populações indígenas em todos os aspectos da sociedade, particularmente nas questões que lhes dizem respeito. Considerando a importância da promoção e proteção dos direitos das populações indígenas e a contribuição dessa promoção e proteção à estabilidade política e social dos Estados onde vivem, os Estados devem tomar medidas positivas e harmonizadas, em conformidade com o direito internacional, para garantir o respeito a todos os direitos humanos e liberdades fundamentais das populações indígenas em bases iguais e não-discriminatórias, reconhecendo o valor e a diversidade de suas distintas identidades, culturas e formas de organização social.

21. A Conferência Mundial sobre Direitos Humanos, acolhendo positivamente a pronta ratificação da Convenção sobre os Direitos da Criança por parte de um grande número de Estados e observando o reconhecimento dos direitos humanos das crianças na Declaração Mundial sobre a Sobrevivência, Proteção e Desenvolvimento das Crianças e no Plano de Ação adotado na Cúpula Mundial sobre a Criança, insta à ratificação universal da Convenção até 1995 e a sua efetiva implementação por todos os Estados-partes mediante a adoção de todas as medidas legislativas, administrativas e de outra natureza que se façam necessárias, bem como mediante a alocação do máximo possível de recursos disponíveis. A não-discriminação e o interesse superior das crianças devem ser considerações fundamentais em todas as atividades dirigidas à infância, levando na devida consideração a opinião dos próprios interessados. Os mecanismos e programas nacionais e internacionais de defesa e proteção da nfância devem ser fortalecidos, particularmente em prol de uma maior defesa e proteção das meninas, das crianças abandonadas, das crianças de rua, das crianças econômica e sexualmente exploradas, inclusive as que são vítimas da pornografia e prostituição infantis e da venda de órgãos, das crianças acometidas por doenças, entre as quais a síndrome da imunodeficiência, das crianças refugiadas e deslocadas, das crianças detidas, das

crianças em situações de conflito armado, bem como das crianças que são vítimas da fome, da seca e de outras emergências. Deve-se promover a cooperação e solidariedade internacionais com vistas a apoiar a implementação da Convenção e os direitos da criança devem ser prioritários em todas as atividades das Nações Unidas na área dos direitos humanos.

A Conferência Mundial sobre Direitos Humanos assinala também que o pleno e harmonioso desenvolvimento da personalidade dos meninos e das meninas exige que eles cresçam num ambiente familiar que merece, por essa razão, mais proteção.

22. Atenção especial deve ser prestada às pessoas portadoras de deficiências, visando a assegurar-lhes um tratamento não-discriminatório e eqüitativo no campo dos direitos humanos e liberdades fundamentais, garantindo sua plena participação em todos os aspectos da sociedade.

23. A Conferência Mundial sobre Direitos Humanos reafirma que todas as pessoas, sem qualquer distinção, têm direito a solicitar e gozar de asilo político em outros países em caso de perseguição, bem como a retornar a seu próprio país. Nesse particular, assinala a importância da Declaração Universal dos Direitos Humanos, da Convenção de 1951 sobre a Condição dos Refugiados, de seu Protocolo de 1967 e dos instrumentos regionais. Expressa seu reconhecimento aos Estados que continuam a aceitar e acolher grandes números de refugiados em seus territórios e ao Alto Comissário das Nações Unidas para os Refugiados pela dedicação com que desempenha sua tarefa. Expressa também seu reconhecimento ao Organismo de Obras Públicas e Socorro das Nações Unidas para Refugiados Palestinos no Oriente Próximo.

A Conferência Mundial sobre Direitos Humanos reconhece que violações flagrantes de direitos humanos, particularmente aquelas cometidas em situações de conflito armado, representam um dos múltiplos e complexos fatores que levam ao deslocamento de pessoas.

Em vista da complexidade da crise mundial dos refugiados, a Conferência Mundial sobre Direitos Humanos reconhece, em conformidade com a Carta das Nações Unidas e com os instrumentos internacionais pertinentes e em sintonia com o espírito de solidariedade internacional e com a necessidade de compartilhar responsabilidades, que a comunidade internacional deve adotar um planejamento abrangente em seus esforços para coordenar atividades e promover uma maior cooperação com países e organizações pertinentes nessa área, levando em consideração o mandato do Alto Comissário das Nações Unidas para os Refugiados. Esse planejamento deve incluir o desenvolvimento de estratégias que abordem as causas e os efeitos dos movimentos de refugiados e de outras pessoas deslocadas, o fortalecimento da preparação e de mecanismos de resposta para emergências, a concessão de proteção e assistência eficazes, levando em consideração as necessidades especiais das mulheres e das crianças, e a identificação de soluções duradouras, preferencialmente mediante a repatriação voluntária de refugiados em condições de segurança e dignidade, incluindo soluções como aquelas adotadas pelas conferências internacionais sobre refugiados. Nesse contexto, a Conferência Mundial sobre Direitos Humanos salienta as responsabilidades dos Estados, particularmente no que diz respeito aos países de origem.

À luz de tal abordagem global, a Conferência Mundial sobre Direitos Humanos ressalta a importância de se prestar atenção especial, particularmente por meio de organizações intergovernamentais e humanitárias, e de se encontrarem soluções duradouras, para a questão das pessoas deslocadas internamente, incluindo seu retorno voluntário e reabilitação.

Em conformidade com a Carta das Nações Unidas e com os princípios do direito humanitário, a Conferência Mundial sobre Direitos Humanos assinala também a importância e necessidade da assistência humanitária às vítimas de todos os desastres, sejam eles naturais ou produzidos pelo homem.

24. Grande importância deve ser dada à promoção e proteção dos direitos humanos de pessoas pertencentes a grupos que se tornaram vulneráveis, como o dos trabalhadores migrantes, visando à eliminação de todas as formas de discriminação contra os mesmos e ao fortalecimento e implementação mais eficaz dos instrumentos de direitos humanos existentes. Os Estados têm a obrigação de criar e manter mecanismos nacionais adequados, particularmente nas áreas de educação, saúde e apoio social, para promover e proteger os direitos das pessoas em setores vulneráveis de suas populações e garantir a participação das pessoas desses setores interessadas na busca de soluções para seus problemas.

25. A Conferência Mundial sobre Direitos Humanos afirma que a pobreza extrema e a exclusão social constituem uma violação da dignidade humana e que devem ser tomadas medidas urgentes para se ter um conhecimento maior do problema da extrema pobreza e suas causas, particularmente aquelas relacionadas ao problema do desenvolvimento, visando a promover os

direitos humanos das camadas mais pobres, a pôr fim à pobreza extrema e à exclusão social e a promover uma melhor distribuição dos frutos do progresso social. É essencial que os Estados estimulem a participação das camadas mais pobres no processo decisório das comunidades onde vivem, na promoção dos direitos humanos e nos esforços para combater a extrema pobreza.

26. A Conferência Mundial sobre Direitos Humanos vê com bons olhos o progresso alcançado na codificação dos instrumentos de direitos humanos, que constitui um processo dinâmico e evolutivo, e insta à ratificação universal dos tratados de direitos humanos existentes. Todos os Estados devem aderir a esses instrumentos internacionais; e todos os Estados devem evitar ao máximo a formulação de reservas.

27. Cada Estado deve ter uma estrutura eficaz de recursos jurídicos para reparar infrações ou violações de direitos humanos. A administração de justiça, por meio dos órgãos encarregados de velar pelo cumprimento da lei e de promotoria e, particularmente, de um poder judiciário e uma advocacia independentes, plenamente harmonizados com as normas previstas nos instrumentos internacionais dos direitos humanos, é essencial para a realização plena e não-discriminatória dos direitos humanos e indispensável aos processos da democracia e ao desenvolvimento sustentável. Nesse contexto, as instituições responsáveis pela administração da justiça devem ser adequadamente financiadas e a comunidade internacional deve oferecer um nível mais elevado de assistência técnica e financeira às mesmas. Cabe às Nações Unidas estabelecer, como prioridade, programas especiais de serviços de consultoria com vistas a uma administração de justiça forte e independente.

28. A Conferência Mundial sobre Direitos Humanos expressa sua consternação diante do registro de inúmeras violações de direitos humanos, particularmente na forma de genocídio, "limpeza étnica" e violação sistemática de mulheres em situações de guerra, que criam êxodos em massa de refugiados e pessoas deslocadas. Ao mesmo tempo que condena firmemente essas práticas abomináveis, a Conferência reitera seu apelo para que os autores desses crimes sejam punidos e essas práticas imediatamente interrompidas.

29. A Conferência Mundial sobre Direitos Humanos expressa profunda preocupação com as violações de direitos humanos registradas em todas as partes do mundo, em desrespeito às normas previstas nos instrumentos internacionais de direitos huma-

nos e no direito humanitário internacional, e com a falta de recursos jurídicos suficientes e eficazes para as vítimas.

A Conferência Mundial sobre Direitos Humanos está profundamente preocupada com as violações de direitos humanos durante conflitos armados, que afetam a população civil, particularmente as mulheres, as crianças, os idosos e os portadores de deficiências. Assim sendo, a Conferência apela aos Estados e a todas as partes de conflitos armados que observem estritamente o direito humanitário internacional, estabelecido nas Convenções de Genebra de 1949 e previsto em outras normas e princípios do direito internacional, bem como os padrões mínimos de proteção dos direitos humanos, estabelecidos em convenções internacionais.

A Conferência Mundial sobre Direitos Humanos reafirma o direito das vítimas à assistência oferecida por organizações humanitárias, como prevêem as Convenções de Genebra de 1949 e outros instrumentos pertinentes do direito humanitário internacional, e apela para que o acesso a essa assistência seja seguro e oportuno.

30. A Conferência Mundial sobre Direitos Humanos expressa também sua consternação e condenação diante da persistência, em diferentes partes do mundo, de violações flagrantes e sistemáticas que constituem sérios obstáculos ao pleno exercício de todos os direitos humanos. Essas violações e obstáculos incluem, além da tortura e de tratamentos ou punições desumanos e degradantes, execuções sumárias e arbitrárias, desaparecimentos, detenções arbitrárias, todas as formas de racismo, discriminação racial e *apartheid*, ocupação estrangeira e dominação externa, xenofobia, pobreza, fome e outras formas de negação de direitos econômicos, sociais e culturais, intolerância religiosa, terrorismo, discriminação contra as mulheres e a falta do estado de direito.

31. A Conferência Mundial sobre Direitos Humanos apela aos Estados para que não tomem medidas unilaterais contrárias ao direito internacional e à Carta das Nações Unidas que criem obstáculos às relações comerciais entre os Estados e impeçam a plena realização dos direitos humanos enunciados na Declaração Universal dos Direitos Humanos e nos instrumentos internacionais de direitos humanos, particularmente o direito de todas as pessoas a um nível de vida adequado à sua saúde e bem-estar, que inclui alimentação e acesso a assistência de saúde, moradia e serviços sociais necessários. A Conferência Mundial sobre Di-

reitos Humanos afirma que a alimentação não deve ser usada como instrumento de pressão política.

32. A Conferência Mundial sobre Direitos Humanos reafirma a importância de se garantir universalidade, objetividade e não-seletividade na consideração de questões relativas a direitos humanos.

33. A Conferência Mundial sobre Direitos Humanos reafirma o dever dos Estados, previsto na Declaração Universal dos Direitos Humanos, no Pacto Internacional dos Direitos Econômicos, Sociais e Culturais e em outros instrumentos internacionais de direitos humanos, de orientar a educação no sentido de que a mesma reforce o respeito aos direitos humanos e liberdades fundamentais. A Conferência Mundial sobre Direitos Humanos ressalta a importância de incorporar-se a questão dos direitos humanos nos programas educacionais e solicita aos Estados que assim procedam. A educação deve promover o entendimento, a tolerância, a paz e as relações amigáveis entre as nações e todos os grupos raciais ou religiosos, além de estimular o desenvolvimento de atividades voltadas para esses objetivos no âmbito das Nações Unidas. Por essa razão, a educação sobre direitos humanos e a divulgação de informações adequadas, tanto de caráter teórico quanto prático, desempenham um papel importante na promoção e respeito aos direitos humanos em relação a todos os indivíduos, sem qualquer distinção de raça, idioma ou religião, e devem ser elementos das políticas educacionais em níveis nacional e internacional. A Conferência Mundial sobre Direitos Humanos observa que a falta de recursos e restrições institucionais podem impedir a realização imediata desses objetivos.

34. Devem ser empreendidos esforços mais vigorosos para auxiliar países que solicitem ajuda no sentido de estabelecerem condições adequadas para garantir a todos os indivíduos o exercício dos direitos humanos universais e das liberdades fundamentais. Os Governos, o sistema das Nações Unidas e outras organizações multilaterais são instados a aumentar consideravelmente os recursos alocados a programas voltados ao estabelecimento e fortalecimento da legislação, das instituições e das infra-estruturas nacionais que defendem o estado de direito e a democracia, a assistência eleitoral, a promoção da consciência dos direitos humanos por meio de treinamento, ensino e educação e a participação popular e da sociedade civil.

Devem-se fortalecer e tornar mais eficientes e transparentes os programas de consultoria e cooperação técnica do Centro para os Direitos Humanos, para que os mesmos tornem-se importantes meios de promover maior respeito pelos direitos humanos. Solicita-se aos Estados que aumentem suas contribuições a esses programas, promovendo a alocação de mais recursos do orçamento regular das Nações Unidas e por meio de contribuições voluntárias.

35. A plena e efetiva execução das atividades das Nações Unidas voltadas para a promoção e proteção dos direitos humanos deve refletir a elevada importância atribuída aos direitos humanos na Carta das Nações Unidas e a demanda por atividades das Nações Unidas na área dos direitos humanos, conforme o mandato conferido pelos Estados-membros. Para esse fim, as atividades das Nações Unidas na área dos direitos humanos devem contar com recursos ampliados.

36. A Conferência Mundial sobre Direitos Humanos reafirma o importante e construtivo papel desempenhado pelas instituições nacionais na promoção e proteção dos direitos humanos, particularmente no assessoramento das autoridades competentes, na reparação de violações de direitos humanos, na divulgação de informações sobre esses direitos e na educação em direitos humanos.

A Conferência Mundial sobre Direitos Humanos estimula o estabelecimento e fortalecimento de instituições nacionais, tendo em vista os "Princípios relativos à condição das instituições nacionais" e reconhecendo o direito de cada Estado de estabelecer a estrutura que melhor convenha às suas necessidades particulares em nível nacional.

37. Os acordos regionais desempenham um papel fundamental na promoção e proteção dos direitos humanos. Eles devem reforçar as normas universais de direitos humanos previstas nos instrumentos internacionais de direitos humanos, bem como protegê-las. A Conferência Mundial sobre Direitos Humanos endossa os esforços que estão sendo empreendidos no sentido de fortalecer esses acordos e melhorar sua eficácia, salientando igualmente a importância da cooperação com as atividades das Nações Unidas na área dos direitos humanos.

A Conferência Mundial sobre Direitos Humanos reitera a necessidade de se considerar a possibilidade de estabelecer, onde não existam, acordos regionais e sub-regionais visando à promoção e proteção dos direitos humanos.

38. A Conferência Mundial sobre Direitos Humanos reconhece o importante papel desempenhado por organizações não-governamentais na promoção dos direitos humanos e em ativi-

dades humanitárias em níveis nacional, regional e internacional. A Conferência Mundial sobre Direitos Humanos aprecia a contribuição dessas organizações na conscientização pública das questões de direitos humanos, nas atividades de educação, treinamento e pesquisa nessa área e na promoção e proteção de todos os direitos humanos e liberdades fundamentais. Reconhecendo que a responsabilidade primordial pela adoção de normas cabe aos Estados, a Conferência aprecia também a contribuição oferecida por organizações não-governamentais nesse processo. Nesse contexto, a Conferência Mundial sobre Direitos Humanos ressalta a importância da continuidade do diálogo e da cooperação entre Governos e organizações não-governamentais. As organizações não-governamentais e seus membros efetivamente ativos na área dos direitos humanos devem desfrutar dos direitos e liberdades reconhecidos na Declaração Universal dos Direitos Humanos e gozar da proteção da legislação nacional. Esses direitos e liberdades não podem ser exercidos de forma contrária aos propósitos e princípios das Nações Unidas. As organizações não-governamentais devem ter liberdade para desempenhar suas atividades na área dos direitos humanos sem interferências, em conformidade com a legislação nacional e em sintonia com a Declaração Universal dos Direitos Humanos.

39. Assinalando a importância de se dispor de informações objetivas, responsáveis e imparciais sobre questões humanitárias e de direitos humanos, a Conferência Mundial sobre Direitos Humanos incentiva a maior participação dos meios de comunicação de massa nesse esforço, aos quais a legislação nacional deve garantir liberdade e proteção.

II*

A. Aumento da Coordenação do Sistema das Nações Unidas na Área dos Direitos Humanos

1. A Conferência Mundial sobre Direitos Humanos recomenda uma maior coordenação em apoio aos direitos humanos e liberdades fundamentais no âmbito do sistema das Nações Unidas. Com essa finalidade em vista, a Conferência Mundial sobre Direitos Humanos insta todos os órgãos e organismos especializados das Nações Unidas cujas atividades envolvam direi-

---

* Embora a Declaração de Viena seja um documento só, esta é a parte denominada Programa de Ação.

tos humanos a cooperarem uns com os outros no sentido de fortalecer, racionalizar e simplificar suas atividades, levando em consideração a necessidade de evitar duplicações desnecessárias. A Conferência Mundial sobre Direitos Humanos recomenda também ao Secretário Geral que, em suas reuniões anuais, funcionários de alto nível de órgãos ou organismos especializados pertinentes das Nações Unidas, além de coordenarem suas atividades, avaliem também o impacto de suas estratégias e políticas sobre a fruição de todos os direitos humanos.

2. Além disso, a Conferência Mundial sobre Direitos Humanos insta as organizações regionais e as principais instituições internacionais e regionais de financiamento e desenvolvimento a avaliarem o impacto de suas políticas e programas sobre a fruição dos direitos humanos.

3. A Conferência Mundial sobre Direitos Humanos reconhece que os organismos especializados e órgãos e instituições pertinentes do sistema das Nações Unidas, bem como outras organizações intergovernamentais cujas atividades envolvem direitos humanos, desempenham um papel vital na formulação, promoção e implementação de normas relativas a direitos humanos em suas respectivas competências, e que esses organismos, órgãos e organizações devem levar em consideração o resultado da Conferência Mundial sobre Direitos Humanos nas áreas de sua competência.

4. A Conferência Mundial sobre Direitos Humanos recomenda firmemente que se empreenda um esforço coordenado no sentido de estimular e facilitar a ratificação, adesão ou sucessão dos tratados e protocolos internacionais de direitos humanos adotados no âmbito do sistema das Nações Unidas, visando a torná-los universalmente aceitos. Em regime de consultas com os órgãos estabelecidos por esses tratados, o Secretário Geral deve considerar a possibilidade de iniciar um diálogo com Estados que não aderiram a ditos tratados de direitos humanos, visando a identificar os obstáculos a sua adesão e os meios para superá-los.

5. A Conferência Mundial sobre Direitos Humanos solicita que os Estados considerem a possibilidade de limitar o alcance de quaisquer reservas que porventura tenham adotado em relação a instrumentos internacionais de direitos humanos, que formulem tais reservas da forma mais precisa e estrita possível, que não adotem reservas incompatíveis com o objetivo e propósito do tratado em questão e que reconsiderem regularmente tais reservas com vistas a eliminá-las.

6. A Conferência Mundial sobre Direitos Humanos, reconhecendo a necessidade de manter uma estrutura normativa compatível com a elevada qualidade das normas de direitos humanos existentes, reafirma as diretrizes para a elaboração de novos instrumentos internacionais previstas na resolução 41/120, de 4 de dezembro de 1986, da Assembléia Geral das Nações Unidas, e solicita aos órgãos de direitos humanos das Nações Unidas que, ao considerarem a possibilidade de elaborar novas normas internacionais, levem em consideração essas diretrizes, consultem os órgãos de direitos humanos criados por tratados sobre a necessidade de elaborar novas normas, e solicitem ao Secretariado que realize exames técnicos dos novos instrumentos propostos.

7. Sempre que necessário, a Conferência Mundial sobre Direitos Humanos recomenda que, mediante solicitação dos Estados-membros interessados, sejam designados funcionários graduados aos escritórios regionais das Nações Unidas para divulgarem informações e oferecerem treinamento e outras formas de assistência técnica na área dos direitos humanos. Devem-se organizar cursos de treinamento na área dos direitos humanos para funcionários internacionais designados para trabalhar em áreas relacionadas a esses direitos.

8. A Conferência Mundial sobre Direitos Humanos considera positiva a iniciativa da Comissão de Direitos Humanos de realizar sessões de emergência e solicita aos órgãos pertinentes do sistema das Nações Unidas que examinem outros meios de responder a violações flagrantes de direitos humanos.

Recursos

9. A Conferência Mundial sobre Direitos Humanos, preocupada com a crescente disparidade entre as atividades do Centro para os Direitos Humanos e os recursos humanos, financeiros e de outra natureza disponíveis para a sua execução, e levando em consideração os recursos necessários para a implementação de outros programas importantes das Nações Unidas, solicita ao Secretário Geral e à Assembléia Geral que tomem medidas imediatas no sentido de aumentar substancialmente os recursos disponíveis a programas de direitos humanos nos orçamentos existentes e futuros das Nações Unidas, bem como medidas urgentes para obter mais recursos extra-orçamentários.

10. Nesse contexto, deve-se alocar uma proporção maior do orçamento regular ao Centro para os Direitos Humanos, com

vistas a cobrir seus custos e outros custos por ele assumidos, inclusive aqueles correspondentes aos órgãos de direitos humanos das Nações Unidas. O financiamento voluntário das atividades de cooperação técnica do Centro deve reforçar esse incremento orçamentário; a Conferência Mundial sobre Direitos Humanos solicita contribuições voluntárias generosas aos fundos fiduciários existentes.

11. A Conferência Mundial sobre Direitos Humanos solicita ao Secretário Geral e à Assembléia Geral que forneçam uma quantidade suficiente de recursos humanos, financeiros e de outra natureza ao Centro para os Direitos Humanos, para que o mesmo possa desempenhar suas tarefas de forma eficaz, eficiente e rápida.

12. A Conferência Mundial sobre Direitos Humanos, observando a necessidade de garantir a disponibilidade de recursos humanos e financeiros para o desempenho de atividades de direitos humanos, em conformidade com o mandato conferido por órgãos intergovernamentais, solicita ao Secretário Geral, de acordo com o Artigo 101 da Carta das Nações Unidas, e aos Estados-membros que adotem critérios coerentes para garantir a disponibilidade dos recursos necessários em virtude da ampliação dos mandatos do Secretariado. A Conferência Mundial sobre Direitos Humanos convida o Secretário Geral a examinar a necessidade ou utilidade de se modificarem os procedimentos do ciclo orçamentário no sentido de garantir a oportuna e efetiva implementação de atividades de direitos humanos, em conformidade com os mandatos outorgados pelos Estados-membros.

Centro para os Direitos Humanos

13. A Conferência Mundial sobre Direitos Humanos ressalta a importância de se fortalecer o Centro para os Direitos Humanos das Nações Unidas.

14. O Centro para os Direitos Humanos deve desempenhar um papel importante na coordenação de todo o trabalho desenvolvido pelo sistema das Nações Unidas na área dos direitos humanos. A melhor forma de viabilizar o papel focal do Centro é permitir que o mesmo coopere plenamente com outros organismos e órgãos das Nações Unidas. O papel coordenador do Centro para os Direitos Humanos exige também que o seu escritório em Nova York seja fortalecido.

15. Devem-se fornecer ao Centro para os Direitos Humanos meios adequados para o sistema de relatores temáticos e por países, peritos, grupos de trabalho e órgãos criados em virtude de

tratados. O exame da implementação de suas recomendações deve ser questão prioritária para a Comissão dos Direitos Humanos.

16. O Centro para os Direitos Humanos deve assumir papel mais abrangente na promoção dos direitos humanos. Pode-se concretizar esse papel através da cooperação com os Estados-membros e do fortalecimento do programa de consultoria e assistência técnica. Os fundos voluntários existentes devem ser substancialmente expandidos para que esses objetivos sejam logrados, bem como administrados de forma mais eficiente e coordenada. Todas as atividades devem observar normas rígidas e transparentes na administração de projetos, e devem ser feitas avaliações periódicas regulares dos programas e projetos. Os resultados dessas avaliações e outras informações pertinentes devem ser regularmente divulgados. O Centro deve, particularmente, organizar reuniões informativas pelo menos uma vez por ano, abertas a todos os Estados-membros e organizações diretamente envolvidas nesses projetos e programas.

Adaptação e fortalecimento dos mecanismos das Nações Unidas na área dos Direitos Humanos, incluindo a questão da criação de um Alto Comissário das Nações Unidas para os Direitos Humanos

17. A Conferência Mundial sobre Direitos Humanos reconhece a necessidade de se adaptarem continuamente os mecanismos das Nações Unidas na área dos direitos humanos às necessidades presentes e futuras de promoção e defesa dos direitos humanos, em conformidade com a presente Declaração e no contexto do desenvolvimento equilibrado e sustentável de todos os povos. Em particular, os órgãos de direitos humanos das Nações Unidas devem melhorar sua coordenação, eficiência e eficácia.

18. A Conferência Mundial sobre Direitos Humanos recomenda à Assembléia Geral que, ao examinar o relatório da Conferência em sua quadragésima oitava sessão, comece, com prioridade, a consideração da questão do estabelecimento de um Alto Comissário para Direitos Humanos, para promover e proteger todos os direitos humanos.

B. Igualdade, Dignidade e Tolerância

1. Racismo, discriminação racial, xenofobia e outras formas de intolerância

19. A Conferência Mundial sobre Direitos Humanos considera a eliminação do racismo e da discriminação racial, particu-

larmente em suas formas institucionalizadas como o *apartheid* ou as resultantes de doutrinas de superioridade ou exclusividade racial ou fòrmas e manifestações contemporâneas de racismo, um objetivo primordial da comunidade internacional e um programa mundial de promoção no campo dos direitos humanos. Os órgãos e organismos das Nações Unidas devem fortalecer seus esforços para implementar tal programa de ação, relativo à terceira década de combate ao racismo e à discriminação racial, e desenvolver ações subseqüentes, no âmbito de seus mandatos, com a mesma finalidade. A Conferência Mundial sobre Direitos Humanos solicita vigorosamente à comunidade internacional que faça contribuições generosas ao Fundo do Programa para a Década de Ação de Combate ao Racismo e à Discriminação Racial.

20. A Conferência Mundial sobre Direitos Humanos insta todos os Governos a tomarem medidas imediatas e desenvolverem políticas vigorosas no sentido de evitar e combater todas as formas de racismo, xenofobia ou manifestações análogas de intolerância, onde seja necessário, promulgando leis adequadas, adotando medidas penais cabíveis e estabelecendo instituições nacionais para combater fenômenos dessa natureza.

21. A Conferência Mundial sobre Direitos Humanos saúda a decisão da Comissão dos Direitos Humanos de designar um Relator Especial para examinar formas contemporâneas de racismo, discriminação racial, xenofobia e manifestações análogas de intolerância. A Conferência Mundial sobre Direitos Humanos apela também a todos os Estados-partes da Convenção Internacional sobre a Eliminação de Todas as Formas de Discriminação Racial para que considerem a possibilidade de fazer a declaração prevista no artigo 14 da Convenção.

22. A Conferência Mundial sobre Direitos Humanos insta todos os Governos a tomarem todas as medidas adequadas, em conformidade com suas obrigações internacionais e levando na devida consideração seus respectivos sistemas jurídicos, para fazer frente à intolerância e formas análogas de violência baseadas em posturas religiosas ou crenças, incluindo práticas de discriminação contra as mulheres e a profanação de locais religiosos, reconhecendo que todos os indivíduos têm direito à liberdade de pensamento, de consciência, de expressão e de religião. A Conferência convida também todos os Estados a aplicarem, na prática, as disposições da Declaração sobre a Eliminação de Todas as Formas de Intolerância e Discriminação Racial Baseadas em Religião ou Crença.

23. A Conferência Mundial sobre Direitos Humanos assinala que todas as pessoas que cometem ou autorizam atos criminosos de limpeza étnica são individualmente responsáveis por essas violações de direitos humanos e devem responder pelas mesmas, e que a comunidade internacional deve empreender todos os esforços necessários para entregar à justiça as pessoas legalmente responsáveis por essas violações.

24. A Conferência Mundial sobre Direitos Humanos solicita a todos os Estados que tomem medidas imediatas, individual ou coletivamente, para combater a prática da limpeza étnica e eliminá-la rapidamente. As vítimas da abominável prática da limpeza étnica têm direito a reparações adequadas e efetivas.

2. Pessoas pertencentes a minorias nacionais, étnicas, religiosas e lingüísticas

25. A Conferência Mundial sobre Direitos Humanos insta a Comissão dos Direitos Humanos a examinar formas e meios para promover e proteger eficazmente os direitos das pessoas pertencentes a minorias previstos na Declaração sobre os Direitos das Pessoas Pertencentes a Minorias Étnicas, Religiosas e Lingüísticas. Nesse contexto, a Conferência Mundial sobre Direitos Humanos solicita ao Centro para os Direitos Humanos que forneça, mediante solicitação de Governos interessados e no âmbito de seu programa de consultoria e assistência técnica, peritos qualificados em questões de minorias e direitos humanos, bem como na prevenção e resolução de controvérsias, para ajudar esses Governos a resolverem situações existentes ou latentes que envolvam minorias.

26. A Conferência Mundial sobre Direitos Humanos insta os Estados e a comunidade internacional a promoverem e protegerem os direitos das pessoas pertencentes a minorias nacionais, étnicas, religiosas ou lingüísticas, em conformidade com a Declaração sobre os Direitos das Pessoas Pertencentes a Minorias Étnicas, Religiosas e Lingüísticas.

27. As medidas a serem tomadas devem, onde for adequado, facilitar sua plena participação em todos os aspectos da vida política, econômica, social, religiosa e cultural da sociedade e no progresso econômico e desenvolvimento de seu país.

Populações indígenas

28. A Conferência Mundial sobre Direitos Humanos insta o Grupo de Trabalho sobre Populações Indígenas da Subcomis-

são de Prevenção da Discriminação e Proteção das Minorias a concluir a elaboração de um projeto de declaração sobre os direitos das populações indígenas no seu décimo-primeiro período de sessões.

29. A Conferência Mundial sobre Direitos Humanos recomenda que a Comissão dos Direitos Humanos considere a possibilidade de renovar e atualizar o mandato do Grupo de Trabalho sobre Populações Indígenas uma vez concluída a elaboração de uma declaração sobre os direitos das populações indígenas.

30. A Conferência Mundial sobre Direitos Humanos recomenda também que os programas de consultoria e assistência técnica no âmbito do sistema das Nações Unidas respondam positivamente às solicitações dos Estados de programas de assistência que possam produzir benefícios diretos para as populações indígenas. A Conferência Mundial sobre Direitos Humanos recomenda ainda que recursos humanos e financeiros adequados sejam colocados à disposição do Centro para os Direitos Humanos dentro do objetivo geral de fortalecer as atividades do Centro, como prevê o presente documento.

31. A Conferência Mundial sobre Direitos Humanos insta todos os Estados a garantirem a plena e livre participação das populações indígenas em todos os aspectos da sociedade, particularmente em questões de seu interesse.

32. A Conferência Mundial sobre Direitos Humanos recomenda que a Assembléia Geral proclame uma década internacional das populações indígenas do mundo a partir de janeiro de 1994, que compreenda programas de ação a serem definidos em parceria com populações indígenas. Deve-se estabelecer um fundo adequado para tal fim. No contexto dessa década, deve-se examinar a criação de um foro permanente para as populações indígenas no âmbito do sistema das Nações Unidas.

Trabalhadores migrantes

33. A Conferência Mundial sobre Direitos Humanos insta todos os Estados a garantirem a proteção dos direitos humanos de todos os trabalhadores migrantes e suas famílias.

34. A Conferência Mundial sobre Direitos Humanos considera particularmente importante a criação de condições que estimulem uma maior harmonia e tolerância entre trabalhadores migrantes e o resto da sociedade do Estado onde residem.

35. A Conferência Mundial sobre Direitos Humanos convida os Estados a considerarem a possibilidade de assinar e rati-

ficar, na maior brevidade possível, a Convenção Internacional sobre os Direitos de Todos os Trabalhadores Migrantes e seus Familiares.

3. A igualdade de condição e os Direitos Humanos das mulheres

36. A Conferência Mundial sobre Direitos Humanos insta a que as mulheres tenham pleno e igual acesso aos direitos humanos e a que isso seja uma prioridade para os Governos e as Nações Unidas. A Conferência Mundial sobre Direitos Humanos assinala também a importância da integração e da plena participação das mulheres como agentes e beneficiárias do processo de desenvolvimento, e reitera os objetivos estabelecidos sobre medidas globais em favor das mulheres para o desenvolvimento sustentável e eqüitativo previsto na Declaração do Rio sobre Meio Ambiente e Desenvolvimento e no cap. 24 da Agenda 21, adotada pela Conferência das Nações Unidas sobre Meio Ambiente e Desenvolvimento (Rio de Janeiro, Brasil, 3 a 14 de junho de 1992).

37. A igualdade de condição das mulheres e seus direitos humanos devem ser integrados no fulcro das atividades de todo o sistema das Nações Unidas. Essas questões devem ser regular e sistematicamente abordadas em todos os órgãos e mecanismos pertinentes das Nações Unidas. Particularmente, devem-se tomar medidas no sentido de aumentar a cooperação e promover uma maior integração de objetivos e metas entre a Comissão da Condição Jurídica e Social da Mulher, a Comissão dos Direitos Humanos, o Comitê para a Eliminação da Discriminação contra a Mulher, o Fundo das Nações Unidas de Desenvolvimento para a Mulher, o Programa das Nações Unidas para o Desenvolvimento e outros órgãos das Nações Unidas. Nesse contexto, deve-se fortalecer a cooperação e coordenação entre o Centro para os Direitos Humanos e a Divisão de Promoção da Condição da Mulher.

38. A Conferência Mundial sobre Direitos Humanos salienta particularmente a importância de se trabalhar no sentido da eliminação de todas as formas de violência contra as mulheres na vida pública e privada, da eliminação de todas as formas de assédio sexual, exploração e tráfico de mulheres, da eliminação de preconceitos sexuais na administração de justiça e da erradicação de quaisquer conflitos que possam surgir entre os direitos da mulher e as conseqüências nocivas de determinadas práticas tradicionais ou costumeiras, do preconceito cultural e do extre-

mismo religioso. A Conferência Mundial sobre Direitos Humanos apela à Assembléia Geral para que adote o projeto de declaração sobre a violência contra a mulher e insta os Estados a combaterem a violência contra a mulher em conformidade com as disposições da declaração. As violações dos direitos humanos da mulher em situações de conflito armado são violações dos princípios fundamentais dos instrumentos internacionais de direitos humanos e do direito humanitário. Todas as violações desse tipo, incluindo particularmente assassinatos, estupros sistemáticos, escravidão sexual e gravidez forçada, exigem uma resposta particularmente eficaz.

39. A Conferência Mundial sobre Direitos Humanos insta à erradicação de todas as formas de discriminação contra a mulher, tanto abertas quanto veladas. As Nações Unidas devem promover a meta da ratificação universal por parte de todos os Estados da Convenção sobre a Eliminação de Todas as Formas de Discriminação contra a Mulher até o ano 2000. Devem-se estimular formas e meios para solucionar a questão do número particularmente grande de reservas à Convenção. Entre outras medidas, o Comitê para a Eliminação da Discriminação Contra a Mulher deve continuar examinando as reservas à Convenção. Os Estados são instados a retirar todas as reservas contrárias ao objeto e propósito da Convenção ou que de outra maneira sejam incompatíveis com o direito internacional dos tratados.

40. Os órgãos de monitoramento de tratados devem divulgar informações necessárias para que as mulheres possam recorrer mais eficazmente aos procedimentos de implementação disponíveis em seus esforços para exercer seus direitos humanos plenamente, em condições de igualdade e sem discriminação. Devem-se adotar também novos procedimentos para fortalecer a concretização do compromisso de promover a igualdade da mulher e seus direitos humanos. A Comissão da Condição Jurídica e Social da Mulher e o Comitê para a Eliminação da Discriminação contra a Mulher devem examinar rapidamente a possibilidade de introduzir o direito de petição por meio de um protocolo facultativo à Convenção sobre a Eliminação de Todas as Formas de Discriminação contra a Mulher. A Conferência Mundial sobre Direitos Humanos saúda a decisão da Comissão dos Direitos Humanos de considerar a possibilidade de designar um relator especial para o tema da violência contra as mulheres no seu qüinquagésimo período de sessões.

41. A Conferência Mundial sobre Direitos Humanos reconhece a importância do usufruto de elevados padrões de saúde

física e mental por parte da mulher durante todo o seu ciclo de vida. No contexto da Conferência Mundial sobre a Mulher e da Convenção sobre a Eliminação de Todas as Formas de Discriminação contra a Mulher, bem como da Proclamação de Teerã de 1968, a Conferência Mundial sobre Direitos Humanos reafirma, com base no princípio de igualdade entre mulheres e homens, o direito da mulher a uma assistência de saúde acessível e adequada e ao leque mais amplo possível de serviços de planejamento familiar, bem como ao acesso igual à educação em todos os níveis.

42. Os órgãos de supervisão criados em virtude de tratados devem incluir a questão da condição das mulheres e dos direitos humanos das mulheres em suas deliberações e verificações, utilizando, para esse fim, dados discriminados por gênero. Os Estados devem ser estimulados a fornecer informações sobre a situação *de jure* e *de facto* das mulheres em seus relatórios aos órgãos de monitoramento de tratados. A Conferência Mundial sobre Direitos Humanos observa com satisfação que a Comissão para os Direitos Humanos adotou, em seu quadragésimo nono período de sessões, a resolução 1993/46, de 8 de março de 1993, a qual afirma que relatores e grupos de trabalho envolvidos com questões de direitos humanos devem também proceder da mesma maneira. A Divisão para a Promoção da Condição da Mulher também deve tomar medidas, em regime de cooperação com outros organismos das Nações Unidas, particularmente com o Centro para os Direitos Humanos, para garantir que as atividades de direitos humanos das Nações Unidas abordem regularmente os direitos humanos das mulheres, particularmente abusos motivados pela condição feminina. Deve-se estimular o treinamento de funcionários das Nações Unidas especializados em direitos humanos e ajuda humanitária para ajudá-los a reconhecer e fazer frente a abusos de direitos humanos e desempenhar suas tarefas sem preconceitos sexuais.

43. A Conferência Mundial sobre Direitos Humanos insta os Governos e organizações regionais e internacionais a facilitarem o acesso das mulheres a cargos decisórios e a promoverem uma participação maior das mesmas no processo decisório. Defende também a adoção de novas medidas no âmbito do Secretariado das Nações Unidas no sentido de se nomearem funcionárias para seus quadros e de promovê-las, em conformidade com a Carta das Nações Unidas, e incentiva os outros órgãos principais e subsidiários das Nações Unidas a garantirem a participação de mulheres em condições de igualdade.

44. A Conferência Mundial sobre Direitos Humanos saúda a Conferência Mundial sobre a Mulher a se realizar em Beijing em 1995 e insta a que os direitos humanos da mulher ocupem um papel importante em suas deliberações, em conformidade com os temas prioritários da Conferência Mundial sobre a Mulher, a saber, igualdade, desenvolvimento e paz.

4. Os Direitos da criança

45. A Conferência Mundial sobre Direitos Humanos reitera o princípio da "Criança Antes de Tudo" e, nesse particular, ressalta a importância de se intensificarem os esforços nacionais e internacionais, principalmente no âmbito do Fundo das Nações Unidas para a Infância, para promover o respeito pelos direitos da criança à sobrevivência, proteção, desenvolvimento e participação.

46. Devem-se também tomar medidas no sentido de garantir a ratificação universal da Convenção das Nações Unidas sobre os Direitos da Criança até o ano de 1995 e a assinatura universal da Declaração Mundial sobre a Sobrevivência, a Proteção e o Desenvolvimento da Criança e do Plano Mundial de Ação adotados na Cúpula Mundial sobre a Criança, bem como sua efetiva implementação. A Conferência Mundial sobre Direitos Humanos insta os Estados a retirarem reservas à Convenção sobre os Direitos da Criança que sejam contrárias ao objeto e propósito da Convenção ou de outra maneira não-compatíveis com o direito internacional dos tratados.

47. A Conferência Mundial sobre Direitos Humanos insta todos os países a colocarem em prática, no grau máximo permitido pelos recursos disponíveis, medidas voltadas para a realização das metas do Plano Mundial de Ação da Cúpula Mundial, com o apoio da cooperação internacional. A Conferência apela aos Estados no sentido de que integrem a Convenção sobre os Direitos da Criança em seus planos nacionais de ação. Mediante esses planos nacionais de ação e esforços internacionais, deve-se dar prioridade especial à redução das taxas de mortalidade materno-infantis, à redução das taxas de desnutrição e analfabetismo e ao acesso a fontes seguras de água potável e à educação básica. Sempre que necessário, planos nacionais de ação devem ser projetados para combater emergências devastadoras resultantes de desastres naturais e conflitos armados e o problema igualmente grave das crianças que vivem em situação de extrema pobreza.

48. A Conferência Mundial sobre Direitos Humanos insta todos os Estados a abordarem, com o apoio da cooperação internacional, o agudo problema das crianças que vivem em circunstâncias particularmente difíceis. A exploração e o abuso de crianças devem ser ativamente combatidos, atacando-se suas causas. Devem-se tomar medidas eficazes contra o infanticídio feminino, o emprego de crianças em trabalhos perigosos, a venda de crianças e de órgãos, a prostituição infantil, a pornografia infantil e outras formas de abuso sexual.

49. A Conferência Mundial sobre Direitos Humanos apóia todas as medidas tomadas pelas Nações Unidas e seus órgãos especializados no sentido de garantir a proteção e promoção efetivas dos direitos humanos das meninas. A Conferência Mundial sobre Direitos Humanos insta os Estados a repelirem leis e regulamentos discriminatórios e prejudiciais às meninas e a eliminarem costumes e práticas da mesma natureza.

50. A Conferência Mundial sobre Direitos Humanos apóia firmemente a proposta de que o Secretário Geral inicie um estudo sobre meios para melhorar a proteção de crianças em conflitos armados. Devem-se implementar normas e medidas com vista a proteger e facilitar a assistência de crianças em zonas de guerra. Essas medidas devem incluir a proteção das crianças contra o uso indiscriminado de armas de guerra, particularmente minas antipessoais. A necessidade de cuidados posteriores e reabilitação de crianças traumatizadas por guerras é uma questão a ser abordada em regime de urgência. A Conferência apela ao Comitê dos Direitos da Criança para que estude a possibilidade de aumentar a idade mínima de recrutamento para as forças armadas.

51. A Conferência Mundial sobre Direitos Humanos recomenda que as questões relacionadas aos direitos humanos e à situação das crianças sejam regularmente examinadas e acompanhadas por todos os órgãos e mecanismos pertinentes do sistema das Nações Unidas e pelos órgãos supervisores dos organismos especializados, no âmbito de seus mandatos.

52. A Conferência Mundial sobre Direitos Humanos reconhece o importante papel desempenhado por organizações não-governamentais na efetiva implementação de todos os instrumentos de direitos humanos, particularmente da Convenção dos Direitos da Criança.

53. A Conferência Mundial sobre Direitos Humanos recomenda que o Comitê dos Direitos da Criança, com a assistência do Centro para os Direitos Humanos, seja dotado dos meios

necessários para cumprir seu mandato rápida e eficazmente, particularmente em vista do volume sem precedentes de ratificações e da subseqüente submissão de relatórios nacionais.

5. Direito de não ser submetido a tortura

54. A Conferência Mundial sobre Direitos Humanos celebra a ratificação, por parte de muitos Estados-membros, da Convenção das Nações Unidas contra a Tortura e Outras Formas de Tratamento ou Punição Cruéis, Desumanas ou Degradantes e insta os demais Estados-membros a ratificá-la sem demora.

55. A Conferência Mundial sobre Direitos Humanos assinala que uma das violações mais atrozes da dignidade humana é o ato da tortura, que destrói a dignidade e prejudica a capacidade das vítimas de retomarem suas vidas e atividades.

56. A Conferência Mundial sobre Direitos Humanos reafirma que, no âmbito das normas de direitos humanos e do direito humanitário internacional, o direito de não ser torturado deve ser protegido em todas as circunstâncias, mesmo em períodos de distúrbios internos ou internacionais ou de conflitos armados.

57. A Conferência Mundial sobre Direitos Humanos insta, portanto, todos os Estados a eliminarem imediatamente a prática da tortura e a erradicarem esse mal para sempre mediante a plena implementação da Declaração Universal dos Direitos Humanos e convenções pertinentes, fortalecendo também, quando necessário, os mecanismos existentes. A Conferência Mundial sobre Direitos Humanos apela a todos os Estados no sentido de que cooperem plenamente com o Relator Especial para a questão da tortura no desempenho de seu mandato.

58. É particularmente importante que se garanta o respeito universal e a efetiva implementação dos Princípios de Ética Médica aplicáveis ao Pessoal de Saúde, especialmente Médicos, na Proteção de Prisioneiros e Pessoas Detidas contra a Tortura e outras Formas de Tratamento ou Punição Cruéis, Desumanas ou Degradantes, adotados pela Assembléia Geral das Nações Unidas.

59. A Conferência Mundial sobre Direitos Humanos ressalta a importância de outras medidas concretas no âmbito das Nações Unidas no sentido de se prestar assistência a vítimas de tortura e de se garantirem recursos mais eficazes para sua reabilitação física, psicológica e social. Deve-se conferir alta prioridade ao aporte dos recursos necessários para esse fim, parti-

cularmente mediante contribuições adicionais para o Fundo Voluntário das Nações Unidas para as Vítimas de Tortura.

60. Os Estados devem ab-rogar leis que favoreçam a impunidade de pessoas responsáveis por graves violações de direitos humanos como a tortura, e punir criminalmente essas violações, proporcionando, assim, uma base sólida para o estado de direito.

61. A Conferência Mundial sobre Direitos Humanos reafirma que os esforços para erradicar a tortura devem, acima de tudo, concentrar-se na prevenção e, portanto, solicita a pronta adoção de um protocolo facultativo à Convenção contra a Tortura e outras Formas de Tratamento ou Punição Cruéis, Desumanas ou Degradantes, para que se estabeleça um sistema preventivo de visitas regulares a locais de detenção.

Desaparecimentos forçados

62. A Conferência Mundial sobre Direitos Humanos, acolhendo a adoção, pela Assembléia Geral, da Declaração sobre a Proteção de Todas as Pessoas contra Desaparecimentos Forçados, apela a todos os Estados no sentido de que tomem medidas legislativas, administrativas, judiciais ou de outra natureza para prevenir, eliminar e punir eficazmente os desaparecimentos forçados. A Conferência Mundial sobre Direitos Humanos reafirma que é dever de todos os Estados, em qualquer circunstância, abrir investigações sempre que surgirem suspeitas de desaparecimento forçado em um território de sua jurisdição e, sendo confirmadas as suspeitas, processar criminalmente os responsáveis.

6. Os Direitos das pessoas portadoras de deficiências

63. A Conferência Mundial sobre Direitos Humanos reafirma que todos os direitos humanos e liberdades fundamentais são universais e, portanto, aplicáveis sem qualquer reserva às pessoas portadoras de deficiências. Todas as pessoas nascem iguais e com os mesmos direitos à vida e ao bem-estar, à educação e ao trabalho, à independência e à participação ativa em todos os aspectos da sociedade. Qualquer discriminação direta ou outro tratamento discriminatório negativo a uma pessoa portadora de deficiência constitui, portanto, uma violação de seus direitos. A Conferência Mundial sobre Direitos Humanos apela aos Governos no sentido de que, se necessário, adotem leis ou modifiquem sua legislação para garantir o acesso a estes e outros direitos das pessoas portadoras de deficiências.

64. As pessoas portadoras de deficiência devem ter acesso igual a todos os lugares. Devem ter a garantia de oportunidades iguais mediante a eliminação de todas as barreiras socialmente determinadas, sejam elas físicas, financeiras, sociais ou psicológicas, que excluam ou restrinjam sua plena participação na sociedade.

65. Recordando o Programa Mundial de Ação para as Pessoas Portadoras de Deficiências adotado pela Assembléia Geral no seu trigésimo sétimo período de sessões, a Conferência Mundial sobre Direitos Humanos apela à Assembléia Geral e ao Conselho Econômico e Social no sentido de que em suas reuniões de 1993 adotem o projeto de normas padronizadas sobre a igualdade de oportunidades para as pessoas portadoras de deficiências.

C. *Cooperação, desenvolvimento e fortalecimento dos Direitos Humanos*

66. A Conferência Mundial sobre Direitos Humanos recomenda que se dê prioridade à adoção de medidas nacionais e internacionais para promover a democracia, o desenvolvimento e os direitos humanos.

67. Ênfase especial deve ser atribuída a medidas para estabelecer e fortalecer instituições de direitos humanos, promover uma sociedade civil pluralista e proteger grupos vulneráveis. Nesse contexto, a assistência prestada em resposta a solicitações de Governos para a realização de eleições livres e justas, inclusive a assistência relacionada a aspectos de direitos humanos das eleições e informações públicas sobre eleições, é de particular importância. Igualmente importante é a assistência a ser prestada para o fortalecimento do estado de direito, para a promoção da liberdade de expressão e a administração de justiça, e a verdadeira e efetiva participação do povo nos processos decisórios.

68. A Conferência Mundial sobre Direitos Humanos realça a necessidade de se fortalecerem os serviços de consultoria e as atividades de assistência técnica do Centro para os Direitos Humanos. O Centro deve prestar assistência com relação a temas específicos na área dos direitos humanos a países que a solicitarem, inclusive na preparação de relatórios de tratados de direitos humanos e na implementação de planos de ação coerentes e abrangentes para promover e proteger direitos humanos. Serão elementos desses programas o fortalecimento das instituições de

direitos humanos e da democracia, a proteção jurídica dos direitos humanos, o treinamento de funcionários e de outras pessoas, ampla educação e informação pública destinadas a promover o respeito aos direitos humanos.

69. A Conferência Mundial sobre Direitos Humanos recomenda vigorosamente o estabelecimento de um programa abrangente, no âmbito das Nações Unidas, para ajudar os Estados na tarefa de criar ou fortalecer estruturas nacionais adequadas que tenham um impacto direto sobre a observância geral dos direitos humanos e a manutenção do estado de direito. Esse programa, que será coordenado pelo Centro para os Direitos Humanos, deverá oferecer, mediante solicitação dos Governos interessados, assistência técnica e financeira a projetos nacionais de reforma de estabelecimentos penais e correcionais, de educação e treinamento de advogados, juízes e forças de segurança em direitos humanos e a projetos em qualquer outra esfera de atividade relacionada ao bom funcionamento da justiça. O programa deve oferecer assistência aos Estados na implementação de planos de ação e na promoção e proteção dos direitos humanos.

70. A Conferência Mundial sobre Direitos Humanos solicita ao Secretário Geral das Nações Unidas que submeta à Assembléia Geral alternativas para o estabelecimento, estrutura, modalidades operacionais e financiamento do programa proposto.

71. A Conferência Mundial sobre Direitos Humanos recomenda que cada Estado considere a conveniência de elaborar um plano nacional de ação identificando medidas com as quais o Estado em questão possa melhor promover e proteger os direitos humanos.

72. A Conferência Mundial sobre Direitos Humanos reafirma que o direito universal e inalienável ao desenvolvimento, previsto na Declaração sobre o Direito ao Desenvolvimento, deve ser aplicado e concretizado. Nesse contexto, a Conferência Mundial sobre Direitos Humanos acolhe a indicação, por parte da Comissão dos Direitos Humanos, de um Grupo de Trabalho temático sobre o direito ao desenvolvimento e insta o Grupo de Trabalho a formular prontamente, em regime de consultas e cooperação com outros órgãos e organismos das Nações Unidas, para consideração imediata da Assembléia Geral das Nações Unidas, medidas abrangentes e eficazes para eliminar obstáculos à aplicação e concretização da Declaração sobre o Direito ao Desenvolvimento e propor formas e meios para garantir o direito ao desenvolvimento a todos os Estados.

73. A Conferência Mundial sobre Direitos Humanos recomenda que as organizações não-governamentais e outras organizações de base ativas na área do desenvolvimento e/ou dos direitos humanos sejam habilitadas a desempenhar um papel substancial, em nível nacional e internacional, no debate e nas atividades relacionadas ao desenvolvimento e, em regime de cooperação com os Governos, em todos os aspectos pertinentes da cooperação para o desenvolvimento.

74. A Conferência Mundial sobre Direitos Humanos apela aos Governos, órgãos competentes e instituições no sentido de que aumentem consideravelmente os recursos aplicados no desenvolvimento de sistemas jurídicos eficazes para proteger os direitos humanos e em instituições nacionais atuantes nessa área. Os agentes da cooperação para o desenvolvimento devem levar em consideração as relações mutuamente complementares entre o desenvolvimento, a democracia e os direitos humanos. A cooperação deve basear-se no diálogo e na transparência. A Conferência Mundial sobre Direitos Humanos solicita também o estabelecimento de programas abrangentes, com bancos de dados e pessoal especializado, para fortalecer o estado de direito e as instituições democráticas.

75. A Conferência Mundial sobre Direitos Humanos encoraja a Comissão para os Direitos Humanos, em regime de cooperação com o Comitê de Direitos Econômicos, Sociais e Culturais, a continuar examinando protocolos facultativos ao Pacto Internacional dos Direitos Econômicos, Sociais e Culturais.

76. A Conferência Mundial sobre Direitos Humanos recomenda que sejam canalizados mais recursos para o fortalecimento ou estabelecimento de acordos regionais visando à promoção e proteção de direitos humanos, no âmbito da consultoria e assistência técnica prestadas pelo Centro para os Direitos Humanos. Os Estados devem solicitar assistência para atividades regionais e sub-regionais como a realização de *workshops*, seminários e intercâmbio de informações visando a fortalecer acordos regionais de promoção e proteção de direitos humanos, em conformidade com as normas universais dos direitos humanos previstas nos instrumentos internacionais de direitos humanos.

77. A Conferência Mundial sobre Direitos Humanos apóia todas as medidas tomadas pelas Nações Unidas e seus órgãos especializados pertinentes para garantir a efetiva promoção e proteção dos direitos sindicais previstos no Pacto Internacional dos Direitos Econômicos, Sociais e Culturais e em outros instrumentos internacionais pertinentes. Solicita ainda que todos

os Estados observem plenamente suas obrigações nessa área, em conformidade com os instrumentos internacionais.

D. Educação em Direitos Humanos

78. A Conferência Mundial sobre Direitos Humanos considera a educação, o treinamento e a informação pública na área dos direitos humanos como elementos essenciais para promover e estabelecer relações estáveis e harmoniosas entre as comunidades e para fomentar o entendimento mútuo, a tolerância e a paz.

79. Os Estados devem empreender todos os esforços necessários para erradicar o analfabetismo e devem orientar a educação no sentido de desenvolver plenamente a personalidade humana e fortalecer o respeito pelos direitos humanos e liberdades fundamentais. A Conferência Mundial sobre Direitos Humanos solicita a todos os Estados e instituições que incluam os direitos humanos, o direito humanitário, a democracia e o estado de direito como matérias dos currículos de todas as instituições de ensino, em procedimentos formais e informais.

80. A educação em direitos humanos deve incluir a paz, a democracia, o desenvolvimento e a justiça social, tal como previsto nos instrumentos internacionais e regionais de direitos humanos, para que seja possível conscientizar e sensibilizar todas as pessoas em relação à necessidade de fortalecer a aplicação universal dos direitos humanos.

81. Levando em consideração o Plano Mundial de Ação para a Educação em prol dos Direitos Humanos e da Democracia, adotado em março de 1993 pelo Congresso Internacional sobre a Educação em prol dos Direitos Humanos e da Democracia da Organização das Nações Unidas para a Educação, a Ciência e a Cultura, bem como outros instrumentos de direitos humanos, a Conferência Mundial sobre Direitos Humanos recomenda aos Estados que desenvolvam programas e estratégias visando especificamente a ampliar ao máximo a educação em direitos humanos e a divulgação de informações públicas nessa área, levando em conta, particularmente, as necessidades dos direitos humanos da mulher.

82. Os Governos, com a assistência de organizações intergovernamentais, instituições nacionais e organizações não-governamentais, devem promover uma maior conscientização dos direitos humanos e da tolerância mútua. A Conferência Mundial sobre Direitos Humanos assinala a importância de se intensificar a Campanha Mundial de Informação Pública sobre Direitos Hu-

manos lançada pelas Nações Unidas. Os Governos devem iniciar e apoiar a educação em direitos humanos e efetivamente divulgar informações públicas nessa área. Os programas de consultoria e assistência técnica do sistema das Nações Unidas devem atender imediatamente a solicitações de atividades educacionais e de treinamento dos Estados na área dos direitos humanos, bem como a solicitações de atividades educacionais especiais sobre as normas previstas em instrumentos internacionais de direitos humanos e no direito humanitário e sua aplicação a grupos especiais, como forças militares, pessoal encarregado de velar pelo cumprimento da lei, a polícia e os profissionais de saúde. Deve-se considerar a proclamação de uma década das Nações Unidas para a educação em direitos humanos, com vista a promover, estimular e orientar essas atividades educacionais.

E. Métodos de implementação e controle

83. A Conferência Mundial sobre Direitos Humanos insta os Governos a incorporarem as normas previstas em instrumentos internacionais de direitos humanos na legislação interna e a fortalecerem as estruturas e instituições nacionais e órgãos da sociedade ativos na área da promoção e salvaguarda dos direitos humanos.

84. A Conferência Mundial sobre Direitos Humanos recomenda o fortalecimento das atividades e programas das Nações Unidas para atender aos pedidos de assistência dos Estados que desejem estabelecer ou fortalecer suas instituições nacionais de promoção e proteção dos direitos humanos.

85. A Conferência Mundial sobre Direitos Humanos estimula também o fortalecimento da cooperação entre instituições nacionais de promoção e proteção dos direitos humanos, particularmente por meio do intercâmbio de informações e experiências, bem como da cooperação entres estas e as organizações regionais e as Nações Unidas.

86. A Conferência Mundial sobre Direitos Humanos recomenda vigorosamente que representantes de instituições nacionais de promoção e proteção dos direitos humanos realizem reuniões periódicas, sob os auspícios do Centro para os Direitos Humanos, para examinar formas e meios para aperfeiçoar seus mecanismos e compartilhar experiências.

87. A Conferência Mundial sobre Direitos Humanos recomenda aos órgãos criados por tratados, às reuniões dos presidentes desses órgãos e às reuniões de Estados-partes que continuem tomando medidas visando a coordenar as múltiplas nor-

mas e diretrizes aplicáveis à preparação dos relatórios que os Estados devem apresentar em virtude das convenções de direitos humanos e que estudem a sugestão de que se apresente um relatório geral sobre as obrigações assumidas por cada Estado no âmbito de tratados, o que tornaria esses procedimentos mais eficazes e aumentaria seu impacto.

88. A Conferência Mundial sobre Direitos Humanos recomenda que os Estados-partes de instrumentos internacionais de direitos humanos, a Assembléia Geral e o Conselho Econômico e Social considerem a possibilidade de avaliar os órgãos de supervisão criados por tratados e os diversos mecanismos e procedimentos temáticos existentes, com vistas a promover sua maior eficiência e eficácia, mediante uma melhor coordenação entre os diversos órgãos, mecanismos e procedimentos, levando em consideração a necessidade de se evitarem duplicações ou sobreposições desnecessárias de mandatos e tarefas.

89. A Conferência Mundial sobre Direitos Humanos recomenda a realização de um trabalho contínuo para melhorar o funcionamento dos órgãos de supervisão criados por tratados e suas tarefas de controle, levando em consideração as inúmeras propostas apresentadas nesse sentido, particularmente aquelas apresentadas pelos próprios órgãos e pelas reuniões dos presidentes desses órgãos. A abordagem nacional abrangente adotada pelo Comitê dos Direitos da Criança deve ser estimulada.

90. A Conferência Mundial sobre Direitos Humanos recomenda que os Estados-partes de tratados de direitos humanos considerem a possibilidade de aceitar todos os procedimentos facultativos para a apresentação e o exame de comunicações.

91. A Conferência Mundial sobre Direitos Humanos vê com preocupação a questão da impunidade dos autores de violações de direitos humanos e apóia os esforços empreendidos pela Comissão dos Direitos Humanos e pela Subcomissão de Prevenção da Discriminação e Proteção de Minorias no sentido de examinar todos os aspectos da questão.

92. A Conferência Mundial sobre Direitos Humanos recomenda que a Comissão dos Direitos Humanos examine a possibilidade de melhorar a aplicação dos instrumentos de direitos humanos existentes em nível internacional e regional e encoraja a Comissão de Direito Internacional a continuar seus trabalhos visando ao estabelecimento de um tribunal penal internacional.

93. A Conferência Mundial sobre Direitos Humanos apela aos Estados que ainda não aderiram às Convenções de Genebra

de 12 de agosto de 1949 e seus Protocolos no sentido de que o façam e tomem todas as medidas nacionais necessárias, incluindo medidas legislativas, para fazê-los vigorar plenamente.

94. A Conferência Mundial sobre Direitos Humanos recomenda a rápida finalização e adoção do projeto de declaração sobre o direito e a responsabilidade dos indivíduos, grupos e órgãos da sociedade de promover e proteger os direitos humanos e liberdades fundamentais universalmente reconhecidos.

95. A Conferência Mundial sobre Direitos Humanos salienta a importância de se preservar e fortalecer o sistema de procedimentos especiais, relatores, representantes, peritos e grupos de trabalho da Comissão dos Direitos Humanos e da Subcomissão de Prevenção da Discriminação e Proteção de Minorias, para que os mesmos possam desempenhar seus mandatos com os recursos humanos e financeiros necessários. Esses procedimentos e mecanismos devem ser harmonizados e racionalizados por meio de reuniões periódicas. Solicita-se a todos os Estados que cooperem plenamente com esses procedimentos e mecanismos.

96. A Conferência Mundial sobre Direitos Humanos recomenda que as Nações Unidas assumam um papel mais ativo na promoção e proteção dos direitos humanos e nas medidas destinadas a garantir a plena observância do direito humanitário internacional em todas as situações de conflito armado, em conformidade com os propósitos e princípios da Carta das Nações Unidas.

97. A Conferência Mundial sobre Direitos Humanos, reconhecendo o importante papel desempenhado por elementos de direitos humanos em arranjos específicos relativos a operações das Nações Unidas para a manutenção da paz, recomenda que o Secretário Geral leve em consideração os relatórios, a experiência e as capacidades do Centro para os Direitos Humanos e dos mecanismos de direitos humanos, em conformidade com a Carta das Nações Unidas.

98. Para fortalecer os direitos econômicos, sociais e culturais, devem-se examinar outras abordagens, como a aplicação de um sistema de indicadores para medir o progresso alcançado na realização dos direitos previstos no Pacto Internacional de Direitos Econômicos, Sociais e Culturais. Deve-se empreender um esforço harmonizado visando garantir o reconhecimento dos direitos econômicos, sociais e culturais em níveis nacional, regional e internacional.

F. Acompanhamento dos resultados da Conferência Mundial sobre Direitos Humanos

99. A Conferência Mundial sobre Direitos Humanos recomenda que a Assembléia Geral, a Comissão dos Direitos Humanos e outros órgãos e organismos do sistema das Nações Unidas relacionados com os direitos humanos considerem formas e meios para garantir a plena aplicação, sem demora, das recomendações contidas na presente Declaração, incluindo a possibilidade de se proclamar uma década das Nações Unidas para os direitos humanos. A Conferência Mundial sobre Direitos Humanos recomenda também que a Comissão dos Direitos Humanos avalie anualmente o progresso alcançado nessa direção.

100. A Conferência Mundial sobre Direitos Humanos solicita ao Secretário Geral das Nações Unidas que, por ocasião do qüinquagésimo aniversário da Declaração Universal dos Direitos Humanos, convide todos os Estados, órgãos e organismos do sistema das Nações Unidas a apresentarem relatórios sobre o progresso alcançado na aplicação da presente Declaração, e a submeterem relatórios à Assembléia Geral no seu qüinquagésimo terceiro período de sessões, por meio da Comissão dos Direitos Humanos e do Conselho Econômico e Social. Além disso, instituições de direitos humanos regionais e nacionais, bem como organizações não-governamentais, poderão oferecer ao Secretário Geral suas opiniões sobre o progresso alcançado na aplicação da presente Declaração. Atenção especial deve ser dada à avaliação do progresso alcançado em direção à ratificação universal dos tratados e protocolos internacionais de direitos humanos adotados no âmbito do sistema das Nações Unidas.

A Atualidade da Declaração dos Direitos Humanos*

Qual o papel da Declaração Universal dos Direitos Humanos na história da humanidade?

Baseada na idéia de que existe uma "dignidade inerente a todos os membros da família humana" e composta de trinta artigos que estabelecem as liberdades e direitos fundamentais para que o homem e a mulher, em qualquer lugar do planeta, sem discriminações de qualquer espécie, possam viver uma existência condigna, a Declaração Universal dos Direitos Humanos é um dos documentos mais importantes do mundo. Além de influir na legislação e nas práticas de todos os países, ela causou uma verdadeira revolução na maneira de se encarar a Política e o Direito.

Até a proclamação da Declaração Universal dos Direitos Humanos pela Organização das Nações Unidas (ONU) em 1948, a Política, como arte de governar, e o Direito, como forma de regulação das sociedades, tinham como centro o Estado e como objetivo o fortalecimento econômico e militar desse mesmo Estado. A

---

* Depoimento concedido a Evelina Holander e Gita K. Guinsburg, em abril de 2003, para um projeto sobre direitos humanos para estudantes do curso médio do Colégio I. L. Peretz.

Declaração Universal dos Direitos Humanos modificou radicalmente essas premissas, estabelecendo que o ser humano é o centro das preocupações da Política e do Direito, não podendo o Estado intervir arbitrariamente naquilo que é imprescindível à liberdade e à existência dos seres humanos. Deve ele, ao contrário, atuar sempre com vistas a aprimorar as condições de vida das pessoas que compõem sua população.

Se esses fatos parecem atualmente evidentes, isso não ocorria no passado. É fato que alguns países já haviam adotado, desde a independência dos Estados Unidos e da Revolução Francesa, no Século XVIII, declarações de direitos fundamentais para seus cidadãos, e se dispunham a seguí-las, ainda que de maneira distorcida (aprovando a escravidão, por exemplo). Não havia, porém, nenhuma declaração internacional que proclamasse os direitos humanos como direitos universais, acima dos Estados e das legislações nacionais. Foram os horrores praticados imediatamente antes e durante a Segunda Guerra Mundial pelos regimes nazi-fascistas, contra judeus, ciganos, eslavos e todos os seres humanos por eles considerados "inferiores", que levaram a ONU a procurar definir os direitos a que todos os homens e mulheres fazem jus pelo simples fato de serem humanos.

É claro que, na prática, muitos dos direitos e liberdades estabelecidos na Declaração Universal continuam a ser violados em todo o mundo. A própria Declaração diz, em seu preâmbulo, que ela representa um ideal: "o ideal comum a ser atingido por todos os povos e todas as nações". De qualquer forma, ela proporciona o instrumento e a medida para se avaliar o grau de legitimidade dos Governos e das políticas que praticam.

Houve avanço na Declaração após 1948?

Essa pergunta comporta muitas respostas, conforme o ponto de vista de que ela seja abordada. O avanço mais evidente se deu na esfera do Direito Positivo. Todos os países passaram a acolher a maioria das estipulações da Declaração em seu Direito Interno, geralmente nas respectivas Constituições. Por outro lado, a Declaração serviu de base para toda uma nova disciplina do Direito Internacional, o Direito Internacional dos Direitos Humanos, que tem atualmente como principais fontes legais o Pacto Internacional de Direitos Civis e Políticos, o Pacto Internacional de Direitos Econômicos, Sociais e Culturais, a Convenção Internacional sobre a Eliminação de Todas as Formas de Discriminação Racial, a Convenção sobre a Eliminação de Todas as Formas de Discriminação contra a Mulher, a Convenção contra a Tortura e Outros Instrumentos ou Penas Cruéis, Desumanos ou Degradantes e a Convenção sobre os Direitos da Criança. Esses instrumentos jurídicos internacionais, além de darem sentido obrigatório, para os Estados-partes de cada um, aos direitos por eles regulamentados, ampliam o significado da Declaração de 1948 para áreas específicas, como a da proteção contra a tortura, ou para titulares em situação mais vulnerável, como as minorias raciais, as mulheres e as crianças, pormenorizando seus direitos. A Declaração inspirou, ainda, a criação do sistema internacional de proteção aos direitos humanos, no âmbito da ONU, com seus vários órgãos e mecanismos de monitoramento, assim como os sistemas regionais europeu, interamericano e africano. Ela está na origem também de grandes conferências mundiais, como a Conferência de Viena de 1993 sobre os Direitos Humanos, a Conferência de Beijing de 1995 sobre a Mulher e a Conferência de Durban de 2001 contra a Discriminação Racial. Cada uma dessas conferências adotou Declarações e Programas de Ação próprios, que ampliam o escopo da Declaração de 1948. Mais abrangente, porém, porque sensível em todas as áreas, foi o avanço que ela propiciou ao entendimento da Política, conforme indicado na resposta anterior.

Que fatores ainda ameaçam a Declaração dos Direitos Humanos?

Os fatores que ameaçam os direitos humanos concretamente são inúmeros. Em Estados democráticos eles são, entre outros, a incapacidade dos respectivos Governos para controlar adequadamente seus agentes, o crescimento generalizado da criminalidade comum, a persistência de preconceitos arraigados nas respectivas culturas, o fundamentalismo religioso intrinsecamente intolerante, a falta de eqüidade na aplicação das leis, as condições de pobreza absoluta e marginalidade de vastos segmentos populacionais, as deficiências dos sistemas educacionais, a escassez de recursos para as áreas da saúde, emprego e previdência social, assim como, até, a falta de conhecimento dos direitos garantidos a cada pessoa pelo Direito Interno. Em Estados não-democráticos, a resistência à implementação dos direitos políticos facilita o exercício do poder arbitrário, com violações de todos os tipos de direitos civis, em especial na administração da justiça – ainda que, em alguns casos, os direitos econômicos e sociais se afigurem mais respeitados. Na esfera internacional, onde a consciência da importância dos direitos humanos ultimamente mais cresceu, eles se vêem deturpados pelo monitoramento seletivo, seja na denúncia de violações apenas em Estados antagônicos, poupando-se os aliados, seja na preocupação quase exclusiva com os direitos civis e políticos, sem atenção para as condições de deterioração dos direitos econômicos e sociais.

A maior ameaça presente para os direitos humanos em geral é, porém, a forma freqüentemente arbitrária em que alguns Estados com grande poder de influência vêm enfrentando o terrorismo – que, diga-se com toda ênfase, é uma deturpação criminosa (além de muitas vezes suicida) de lutas políticas e religiosas. O desprezo pelo Direito Internacional e pelos Direitos Humanos, que eles mesmos sempre postularam, somente pode produzir descrença, senão a total a falência, nos sistemas de proteção existentes.

A globalização econômica pode se constituir em um fator contrário aos direitos humanos?

Sim, sobretudo nos termos em que ela vem ocorrendo. A globalização econômica sem controles pauta-se apenas pela idéia da competitividade na busca de lucros, sem preocupação com critérios de valores, como os direitos fundamentais. Daí o desemprego crescente, a exclusão social, o conseqüente aumento da criminalidade em todos os quadrantes e, em certas áreas específicas, a aceitação da corrupção e das "máfias" organizadas (cartéis de drogas e de tráfico de pessoas, entre as quais mulheres da Europa Oriental para prostíbulos do Ocidente, migrantes miseráveis do Terceiro Mundo para o trabalho clandestino, semi-escravo, em países do Primeiro, etc.) como um fenômeno incontornável. A falta de controle nas aplicações transnacionais dos capitais financeiros especulativos, por sua vez, torna os Estados muito frágeis, reféns de decisões econômico-políticas que lhes escapam, reduzindo ainda mais a disponibilidade de recursos para promover e garantir os direitos humanos.

Um dos grandes paradoxos da época contemporânea, sobretudo a partir de meados da década passada, consiste precisamente na força com que se realiza a globalização econômica ao mesmo tempo em que se esvazia de conteúdo a noção de direitos humanos. Universalizados como tema na Conferência de Viena de 1993, eles logo passaram a ser novamente encarados como uma criação exclusiva do Ocidente, inaplicável em civilizações distintas. Só não se diz mais, atualmente, que eles são instrumentos do imperialismo econômico porque todos agora competem para participar das benesses lucrativas do mercado global desregulado.

O que significa uma visão multicultural dos Direitos Humanos?

Em primeiro lugar é preciso definir o que entendemos por multiculturalismo, conceito que tem significados distintos na Europa, nos Estados Unidos e em países como o Brasil (e praticamente todos os demais da América Latina). Não falo da Ásia porque, pelo pouco que conheço, a maioria dos países não adere ao multiculturalismo, preferindo apresentar-se como sociedades praticamente monoétnicas (são os casos, por exemplo, do Japão, das Coréias, da China, do Paquistão e de todos os Estados árabes).

Em qualquer das acepções existentes, a idéia positiva do multiculturalismo (há quem o veja negativamente, como os partidos de direita em geral) implica aceitação da diversidade como um fenômeno natural e necessário em todas as sociedades. Na Europa, essa aceitação visa ao estabelecimento de garantias legais para as diferentes "culturas" – na verdade, quase sempre nacionalidades, embora o termo possa referir-se também, por exemplo, aos judeus – com o intuito de protegê-las em sua integralidade, evitando que desapareçam no meio da cultura ou nacionalidade dominante (os bretões na sociedade francesa; os catalães na Espanha; os flamengos e valões da Bélgica; os "romani" da Hungria, os ucranianos da Rússia, etc.). Nos Estados Unidos, assim como no Canadá, o multiculturalismo tem por objetivo valorizar as diferenças identitárias, que podem ser de gênero, de orientação sexual, de aptidão ou deficiência física ou mental, de religião (protestantes, católicos, judeus, hindus, muçulmanos, cientologistas, falun gong e quejandos, mas não cultos africanos), de origens nacionais, ou de "etnias", palavra substitutiva, antropologicamente errada, mas "politicamente correta", para o que sempre foi chamado de raça (nos Estados Unidos ou se é branco ou afro-americano, ou asiático ou indígena, ou hispânico ou "caucasiano", não se reconhecendo a existência de mulatos, caboclos, cafusos ou outros tipos mestiços, embora se aceite a auto-identificação simultânea em dois grupos raciais).

Enquanto na Europa o multiculturalismo, tal como o próprio racismo pós-colonial, é diferencialista, o multiculturalismo norte-americano é hoje microcomunitário e auto-segregacionista, não aceitando misturas (daí a naturalidade com que se formaram no passado e se mantêm atualmente bairros russos, "Little Italies", "Chinatowns", "Japantowns", áreas urbanas exlusivamente judaicas e guetos negros ou hispânicos, sendo estes dois últimos invariavelmente os mais pobres). Na África, a adoção desses critérios diferencialistas é categoricamente rejeitada, porque eternizaria nos países as divisões tribais, com suas línguas, castas e tradições (algumas terríveis, como a da mutilação genital feminina), que os Estados querem superar pelo universalismo legal, na língua do colonizador. E é importante lembrar que a separação "étnica" em mosaico de peças díspares, postulado na Europa e na América do Norte, levada ao paroxismo, serviu de base teórica ao sistema do "apartheid" da África do Sul, denegando constitucionalmente cidadania jurídica aos indivíduos não-brancos.

Resta saber o que pode ser a visão multicultural dos direitos humanos para um país como o Brasil. O tema é muito complexo e não pode ser esgotado em resposta curta. Mas não tenho sombra de dúvida de que o multiculturalismo brasileiro – como o venezuelano, o cubano ou, com outros componentes, o equatoriano, peruano ou mexicano – necessita, por essência, ser integracionista, contrário às segregações.

Há quem pense que a rejeição do modelo norte-americano implique a recusa de ações afirmativas por quotas ou preferências, nas escolas e universidades, assim como no serviço público. Trata-se de um equívoco. O diferencialismo identitário não tem nada de negativo, desde que não adquira feições essencialistas excludentes. O mestiço que o deseje tem todo o direito de afirmar-se branco, indígena ou negro, ou afro-brasileiro na linguagem ora em voga. O que não poderá jamais é anular a figura do mulato, do caboclo, dos indivíduos mesclados que os censos chamam de pardos. As ações afirmativas, recomendadas pela importantíssima Conferência de Durban, parecem-me imprescindíveis no Brasil, por um período limitado (como é previsto, aliás, na Convenção Internacional sobre a Eliminação de Todas as Formas de Discriminação Racial), até que se crie, pelo menos, um núcleo de burguesia negra ou indígena, cujos filhos e outros parentes possam competir em condições de igualdade com os autodesignados brancos. Mas é importante que não rejeitemos o fato – porque no passado ele serviu ao mito da democracia racial brasileira – que o Brasil é mestiço. Dessa verdade antropológica evidente não devemos, nem podemos, escapar. Enquanto nos Estados Unidos e na Europa a separação diferencialista foi a base das nacionalidades (na origem, a democracia norte-americana era só para os brancos anglo-germânicos protestantes, não se aceitendo como "americanos autênticos" nem mesmo os descendentes de irlandeses católicos), no Brasil a mestiçagem racial e o hibridismo cultural constituem o elemento que nos faz brasileiros.

A visão multicultural dos direitos humanos no Brasil há de ser necessariamente mesclada, para não dizer, com Oswald de

Andrade, simbolicamente antropofágica. Valorizará as culturas originais que lhe servem de raiz, para construir um tronco universalizante, naturalmente sincrético. Quando todos os brasileiros aceitarmos seriamente essa verdade e lutarmos pela igualdade cidadã, acredito que aí sim teremos desmitificado o mito. Seremos efetivamente uma democracia racial, como dizia com altivez e alegria, bem mais do que Gilberto Freyre, o brasileiro convicto e progressista que era Darcy Ribeiro, na linha de nosso poeta Vinicius, "o branco mais preto do Brasil".

Bibliografia

ABOU, Sélim. *Cultures et droits de l'homme*. Paris, Hachette, 1992.
AGUILAR, Andrés. "La Comisión Interamericana de Derechos Humanos y la entrada en vigencia de la Convención Americana de Derechos Humanos o Pacto de San José". 2 *Mundo Nuevo*, Caracas, 1979.
AMORIM, Celso. "Discurso Inaugural do Ministro das Relações Exteriores" (em seminário havido em Brasília em novembro de 1993). *in* A. A. Cançado Trindade (ed.), *A Incorporação das Normas Internacionais de Proteção dos Direitos Humanos no Direito Brasileiro*, São José da Costa Rica/Brasília, IIDA, CICR, ACNUR, Comissão da União Européia, 1996.
_____. "Discurso na Abertura do Debate Geral da XLVIII Sessão Ordinária da Assembléia Geral da Organização das Nações Unidas". Nova York, 1993, *in A Palavra do Brasil nas Nações Unidas 1946-1995*, Brasília, FUNAG, 1995.
ANDERSON, Perry. *O Fim da História: de Hegel a Fukuyama*, trad. Álvaro Cabral. Rio de Janeiro, Jorge Zahar, 1992.
ARENDT, Hannah. *The origins of totalitarianism*. Nova York, Harcourt Brace Jovanovitch, 1973.
AZEREDO DA SILVEIRA, Antonio Francisco. "Discurso na Abertura do Debate Geral da XXXII Sessão Ordinária da Assembléia Geral das Nações Unidas". Nova York, 1977, *in Resenha de Política Exterior do Brasil* nº 14, jul.-ago.-set. 1977, Ministério das Relações Exteriores.
BAHA'I International Community. *The Baha'is in Iran*. Nova York, 1982.
BALIBAR, Etienne. *Les frontières de la démocratie*. Paris, La Découverte, 1992.

BERGESEN, Helga Ole. *The Power to Embarrass*. Rio de Janeiro, 1982 (texto datilografado de estudo apresentado ao Congresso Mundial da Associação Internacional de Ciência Política).

BOBBIO, Norberto. "Presente y futuro de los derechos del hombre", *in El Problema de la Guerra y las Vias de la Paz*, Barcelona, GEDISA, 1982.

_____. *A Era dos Direito*, trad. Carlos Nelson Coutinho. Rio de Janeiro, Campus, 1992.

_____. *A Teoria das Formas de Governo*, trad. Sergio Bath. Brasília, Editora da UnB, 1981.

_____. *Direito e Estado no Pensamento de Emanuel Kant*, trad. Alfredo Fait. Brasília, Editora da UnB, 1984.

CALERO Rodrigues, Carlos. *Opening speech at the 37th Session of the United Nations Commission on Human Rights*. Genebra, 1981 (texto datilografado).

CANÇADO TRINDADE, Antônio Augusto. *O Esgotamento dos Recursos Internos no Direito Internacional*. Brasília, Editora da UnB, 1984.

_____. "A Evolução Doutrinária e Jurisprudencial da Proteção dos Direitos Humanos nos Planos Global e Regional: As Primeiras Quatro Décadas", *in Revista de Informação Legislativa*, Ano 23, n. 90, abr.-jun. 1986.

_____. *Formación, Consolidación y Perfeccionamiento del Sistema Interamericano de Protección de los Derechos Humanos*. Washington, Secretaria Geral da OEA, 1991.

_____. "A Implementação do Direito a um Meio Ambiente Sadio no Direito Internacional". *Boletim da Sociedade Brasileira de Direito Internacional*, Ano XLV, n. 77/78, jan.-mar. 1992.

CAPOTORTI, Francesco. "Human Rights: the Hard Road Towards Universality", *in* MacDonald R. St. & Johnston (org.), *The Structure and Process of International Law: Essays in Legal Philosophy and Theory*. Dordrecht, Martinus Nijhoff, 1986.

CHOMSKY, Noam. *The New Military Humanism – Lessons from Kosovo*. Monroe, Common Courage Press, 1999.

COHEN, David. "Beyond Nuremberg: Individual responsibility for war crimes, *in* Carla Hesse & Robert Post, *Human Rights in Political Transitions: Gettisburg to Bosnia*, Nova York, Zone Books, 1999.

COLLOR, Fernando. "Discurso na Abertura do Debate Geral XLV Sessão da Assembléia Geral das Nações Unidas", *in Resenha de Política Exterior do Brasil*, n. 66, jul.-ago.-set. 1990, Ministério das Relações Exteriores.

DEBIÉ, Frack. "La communeauté internationale et lesBalkans", *in* Stéphane Yérasimos (org.) *Le retour des Balkans 1991-2001*. Paris, Éditions Autrement, 2002.

DONNELLY, Jack. *Universal Human Rights in Theory & Practice*. Ithaca, Cornell University Press, 1993.

_____. "International human rights: a regime analysis". *International Organization*, 40, 3, MIT, verão de 1986.

DRINAN, Robert F. *Cry of the Oppressed: the History and Hope of the Human Rights Revolution*. S. Francisco, Harper & Row Publisher, 1987.

FARER, Tom. "The United Nations and human rights: more than a whimper less than a roar", in *Human Rights Quarterly* Vol. 9, The Johns Hopkins University Press, nov. 1987.

FONTOURA, João Neves da. "Discurso na Abertura do Debate Geral da VII Sessão Ordinária da Assembléia Geral da Organização das Nações Unidas", Nova York, 1952, in *A Palavra do Brasil nas Nações Unidas 1946-1995*, Brasília, FUNAG, 1995.

FRANCK, Thomas M. *Nation against nation*. Nova York, Oxford University Press, 1985.

FUKUYAMA, Francis. "The end of history?", in *The National Interest*, verão de 1989.

_____. *The end of history and the last man*. Nova York; The Free Press, 1992

GOMES, Ana Martins. "Statement by the Portuguese Delegate at the 44ª Session of the United Nations Commission on Human Rightson – Item 12". Genebra, 1988 (texto datilografado).

GROSS ESPIEL, Héctor. "Derechos humanos, derecho internacional humanitario y derecho internacional de los refugiados", in Christophe Swinarski (org.), *Etudes et essais sur le droit international humanitaire et sur les principes de la Croix Rouge, en l'honneur de Jean Pictet*, C.I.C.R., Dordrecht, Matinus Nijhoff, 1984.

HEVENER, Natalie Kaufman. "Drafting the Human Rights Covenants". *World Affairs* Vol. 148, n. 4, primavera de 1986.

HOLLANDA FERREIRA, Aurélio Buarque de. *Pequeno Dicionário Brasileiro da Língua Portuguesa*. 11ª edição, quarta impressão, Rio de Janeiro, Civilização Brasileira, 1969.

HUKANOVIC, Rezak. *The Tenth Circle of Hell – A Memoir of Life in the Death Camps of Bosnia*, trad. do bósnio Colleen London e Midhat Ridjanovic. Nova York, Basic Books, 1996.

HUNTINGTON, Samuel P. "The Clash of Civilizations?". *Foreign Affairs*, verão de 1993.

HUSSEIN, Mahmoud. *Versant sud de la liberté – Essais sur l'émergence de l'individu dans le tiers monde*. Paris, La Découverte, 1993.

IZE-CHARRIN, Maria Francisca. "Procedimientos Relativos a Violaciones de Derechos Humanos en el Escenario Internacional", in *Foro Internacional* Vol. XXIV, n. 4, 1986.

KOOIJMANS, P. H. "Human Rights – Universal Panacea?", in *Netherlands International Law Review*. Dordrecht, Martinus Nijhoff Publishers. 1990.

KRAMER, David & WEISSBRODT, David. "The 1980 Commission on Human Rights and the Disappeared", in *Human Rights Quarterly* Vol. 7, n. 1, The Johns Hopkins University Press, fev. 1981.

LAFER, Celso. *A Reconstrução dos Direitos Humanos: um Diálogo com o Pensamento de Hannah Arendt*. S. Paulo, Companhia das Letras, 1988.

_____. *Ensaios Liberais*. São Paulo, Siciliano, 1991.

_____. "Discurso na Abertura do Debate Geral da XLVII Sessão Ordinária da Assembléia Geral das Nações Unidas". Nova York, 1992 (versão datilografada em português, distribuída à imprensa).

_____. "*Dumping* Social". *Folha de S. Paulo*, 24 abr. 1994.

LINDGREN ALVES, José Augusto. "Tortura e Direitos Humanos", in *Jornal do Brasil*, 19 abr. 1994.

———. *Relações Internacionais e Temas Sociais: A Década das Conferências*. Brasília, FUNAG/IBRI, 2001.

———. "O Contrário dos Direitos Humanos (explicitando Zizek)", in *Lua Nova* n. 55-56, 2002.

———. "A Conferência de Durban Contra o Racismo e a Responsabilidade de Todos", in *Revista Brasileira de Política Internacional* Ano 45, n. 2, 2002.

MACFARLANE, Leslie J. *Human Rights as Global Rights*. Washington, 1988 (texto datilografado de estudo apresentado ao Congresso Mundial da Associação Internacional de Ciência Política).

MACDERMOT, Nial. *Palestra na Trocaire Conference on Human Rights*. 1988 (texto datilografado).

MAGALHÃES, Juracy. "Discurso na Abertura do Debate Geral da XXI Sessão Ordinária da Assembléia Geral da Organização das Nações Unidas". Nova York, 1966, in *A Palavra do Brasil nas Nações Unidas 1946-1995*, Brasília, FUNAG, 1995.

MARIE, Jean-Bernard. "La pratique de la Commission des Droits de l'Homme de l'O.N.U. en matière de violations de droits de l'homme", in *Revue Belge de Droit International*, 1980.

MAASS, Peter. *Love thy Neighbor – A Story of War*. Nova York, Vintage Books, 1996.

PARENTI, Michael. *To Kill a Nation – The Attack on Yugoslavia*. Londres e Nova York, Verso, 2000.

PIMENTEL BRANDÃO, Mário de. "Discurso na Abertura do Debate Geral da VI Sessão Ordinária da Assembléia Geral da Organização das Nações Unidas", in *A Palavra do Brasil nas Nações Unidas 1946-1995*, Paris, 1951, Brasília, FUNAG, 1995.

PINHEIRO, Paulo Sergio. "Passado sempre Presente", in *Jornal do Brasil*, 15 mar. 1994.

República Islâmica do Irã. *Bahaism – its origin and role*. Haia, s/d.

RICUPERO, Rubens. "47th Session of the United Nations Commission on Human Rights – Statement on item 12". Genebra, 1991 (texto datilografado).

RUFIN, Jean-Christophe. *L'Empire et les nouveaux barbares*. Paris, J. C. Lattès, 1991.

RUGGIE, John Gerard. "Human Rights and the Future International Community". *Daedalus* 112, n. 4, 1983.

SABÓIA, Gilberto Vergne. *A Proteção Internacional dos Direitos Humanos*. Genebra, 1982 (texto datilografado de tese do Curso de Altos Estudos do Instituto Rio-Branco).

———. "Um Improvável Consenso: a Conferência Mundial de Direitos Humanos e o Brasil", in *Política Externa*, Vol. 2, n. 3, dez. 1993.

SANTOS, Ivanir dos. Entrevista à *Proposta*. Ano 22, FASE, mar. 1994.

SARNEY, José. "Discurso na Abertura do Debate Geral de XL Sessão Ordinária da Assembléia Geral das Nações Unidas", in *Resenha de Política Exterior do Brasil* n. 46, jul.-ago.-set 1985, Ministério das Relações Exteriores

SCHULTZ, William F. "The Problem with MFN – Human Rights Questions Must not be Limited to China's Trade Status", in *The Christian Science Monitor*, abr. 1994.

TESANOVIC, Jasmina. *The Diary of a Political Idiot – Normal Life in Belgrade*, S. Francisco, Midnight Editions, 2000.

"The War Against Women", in *U.S. News & World Report*, 28 mar. 1994.

TODOROV, Tzvetan. *Nós e os Outros – A Reflexão Francesa Sobre a Diversidade Humana*. Vol. I, trad. Sérgio Goes de Paula. Rio de Janeiro, Jorge Zahar, 1993.

TOLLEY, Howard. *The U.N. Commission on Human Rights*. Boulder, Westview Press, 1987.

———. "The Concealed Crack in the Citadel: the United Nations Commission on Human Rights' Response to Confidential Communications". *Human Rights Quarterly* Vol. 6, n.4, The Johns Hopkins University Press, nov. 1984.

United Nations Handbook. Wellington, Ministry of Foreign Affair and Trade of New Zealand, 1993.

UPRIMNY, Rodrigo. "Violência, Ordem Democrática e Direitos Humanos", in *Lua Nova* N. 30, São Paulo, CEDEC, 1993.

VALLE, Cyro de Freitas. "Discurso na Abertura do Debate Geral da IV Sessão Ordinária da Assembléia Geral da Organização das Nações Unidas". Nova York, 1949, in *A Palavra do Brasil nas Nações Unidas 1946-1995*, Brasília, FUNAG, 1995.

———. "Discurso na Abertura do Debate Geral da X Sessão Ordinária da Assembléia Geral Ordinária da Organização das Nações Unidas". Nova York, 1955, in *A Palavra do Brasil nas Nações Unidas 1946-1995*, Brasília, FUNAG, 1995.

VASAK, Karel. "A 30-year Struggle: The Sustained Effort to Give Force of Law to the Universal Declaration of Human Rights". *Courier*, UNESCO, nov. 1977.

VINCENT, R. J. *Human Rights and International Relations*. Cambridge, Cambridge University Press, 1986.

WILLIAMS, Daniel. "Christopher Cites Progress on Human Rights in China – Report Could Result in Lesser Trade Sanctions". *Washington Post*, 24 mai. 1994.

POLÍTICA NA PERSPECTIVA

Peru: da Oligarquia Econômica à Militar
  Arnaldo Pedroso D'Horta (D029)
Entre o Passado e o Futuro
  Hannah Arendt (D064)
Crises da República
  Hannah Arendt (D085)
O Sistema Político Brasileiro
  Celso Lafer (D118)
Poder e Legitimidade
  José Eduardo Faria (D148)
O Brasil e a Crise Mundial
  Celso Lafer (D188)
Do Anti-Sionismo ao Anti-Semitismo
  Léon Poliakov (D208)
Eu Não Disse?
  Mauro Chaves (D300)
Sociedade, Mudança e Política
  Hélio Jaguaribe (E038)
Desenvolvimento Político
  Hélio Jaguaribe (E039)
Crises e Alternativas da América Latina
  Hélio Jaguaribe (E040)
Os Direitos Humanos como Tema Global
  José Augusto Lindgren Alves (E144)

Norbert Elias: A Política e a História
  Alain Garrigou e Bernard Lacroix (orgs.)
  (E167)
O Legado de Violações dos Direitos Humanos
  Luis Roniger e Mário Sznajder (E208)
Os Direitos Humanos na Pós-modernidade
  José Augusto Lindgren Alves (E212)
A Esquerda Difícil: em torno do paradigma e do destino das revoluções do século XX e alguns outros temas
  Ruy Fausto (E239)
Introdução às Linguagens Totalitárias
  Jean-Pierre Faye (E261)
A Politização dos Direitos Humanos
  Benoni Belli (E270)
Outro Dia: Intervenções, Entrevistas, Outros Tempos
  Ruy Fausto (E273)
Norberto Bobbio: Trajetória e Obra
  Celso Lafer (PER)
A Identidade Internacional do Brasil e a Política Externa Brasileira
  Celso Lafer (LSC)
Joaquim Nabuco
  Paula Beiguelman (LSC)

COLEÇÃO ESTUDOS
(Últimos lançamentos)

316. *Entre o Ator e o Performer*, Matteo Bonfitto
317. *Holocausto: Vivência e retransmissão*, Sofia Débora Levy
318. *Missão Italiana: HIstórias de uma Geração de Diretores Italianos no Brasil*, Alessandra Vannucci
319. *Além dos Limites*, Josette Féral
320. *Ritmo e Dinâmica no Espetáculo Teatral*, Jacyan Castilho
321. *A Voz Articulada Pelo Coração*, Meran Vargens
322. *Beckett e a Implosão da Cena: Poética Teatral e Estratégias de Encenação*, Luiz Marfuz
323. *Teorias da Recepção*, Claudio Cajaiba
324. *Revolução Holandesa, A Origens e Projeção Oceânica*, Roberto Chacon de Albuquerque
325. *Psicanálise e Teoria Literária: O Tempo Lógico e as Rodas da Escritura e da Leitura*, Philippe Willemart
326. *Os Ensinamentos da Loucura: A Clínica de Dostoiévski*, Heitor O'Dwyer de Macedo
328. *A Pessoa Humana e Singularidade em Edith Stein*, Francesco Allieri
329. *A Dança do Agit-Prop*, Eugenia Casini Ropa
330. *Luxo & Design*, Giovanni Cutolo
331. *Arte e Política no Brasil*, André Egg, Artur Freitas e Rosane Kaminski (orgs.)
332. *Teatro Hip-Hop*, Roberta Estrela D'Alva
333. *O Soldado Nu: Raízes da Dança Butō*, Éden Peretta
334. *Ética, Responsabilidade e Juízo em Hannah Arendt*, Bethania Assy

Este livro foi impresso na cidade de São Paulo,
nas oficinas da Graphium Gráfica e Editora, em agosto de 2015,
para a Editora Perspectiva